# 大清名相

刘诚龙——著

**SPM** 南方传媒 | 广东人民出版社

·广州·

**图书在版编目（CIP）数据**

大清名相 / 刘诚龙著. -- 广州：广东人民出版社，
2025. 8. -- ISBN 978-7-218-18521-7

Ⅰ. K827=49

中国国家版本馆 CIP 数据核字第 202527B6W6 号

DAQING MINGXIANG

# 大 清 名 相

刘诚龙 著

出 版 人：肖风华

策　　划：李　敏
责任编辑：李　敏　罗　丹
封面设计：仙　境
责任技编：吴彦斌　赖远军

出版发行：广东人民出版社
地　　址：广州市越秀区大沙头四马路 10 号（邮政编码：510199）
电　　话：（020）85716809（总编室）
传　　真：（020）83289585
网　　址：https://www.gdpph.com
印　　刷：广东鹏腾宇文化创新有限公司
开　　本：787 毫米 ×1092 毫米　1/16
印　　张：19　字　　数：253 千
版　　次：2025 年 8 月第 1 版
印　　次：2025 年 8 月第 1 次印刷
定　　价：68.00 元

如发现印装质量问题，影响阅读，请与出版社（020-85716849）联系调换。
售书热线：（020）87716172

# 自序
## 重新确认人在其中的意义

乱读书，读到了一则故事。

楚庄王问詹何曰："治国奈何？"詹何对曰："臣明于治身而不明于治国也。"楚庄王曰："寡人得奉宗庙社稷，愿学所以守之。"詹何对曰："臣未尝闻身治而国乱者也，又未尝闻身乱而国治者也。故本在身，不敢对以末。"楚王曰："善。"

这故事有些不起眼，也没有太大趣味，但从这个故事里，可以明了数千年来宦政密码。华夏数千年宦政最大的优点，在这个故事中；华夏数千年宦政最大的缺点，也在这个故事中。华夏宦政特点，有人概括为修身、治国、平天下，这三个词语，并非并列关系，而是递进逻辑，修身是这个逻辑推演的起点与基点。詹何说修身是本，治国是末，先要修好身，方能治好国，先要治好国，才能平天下；修不好身，则治不好国，治不好国，则平不了天下。

华夏宦政与吏治史，庶几就在这个逻辑上展开，二十四史往往都把吏分为"循吏传""酷吏传""奸臣传""佞幸传"等来评述，循吏与忠臣、奸臣与佞臣，都属于修身范围，前者是把身修好了，后者是没修好身。詹何所要推崇的，正是如今所要推倒的。强调修身，在现代看来就是德治，就是人治，现代观念最要强调的是法治，是制度，从詹何这个故事里，确实可以看到数千年宦政的最大缺陷，他甚至强调人之修身是唯一，他没认识到制度之作用。

若说詹何走向了极端，那么有些人却走向了另外一个极端，詹何走向极端，是他没有发现制度的意义；有些人走向极端，或许是基于拔河原理，使劲地要向另一头拉。在一些人眼里，强调人在政治中也就是修身在政治中的作用，就是在推崇人治，而人治是法治的对立面。小说要写人，要写人性，这才是深刻；历史若写人，若写人性，那就是浅薄。

抱歉，我不这么认为。制与人是非此即彼有你无我，还是亦此亦彼有我有你呢？读历史感觉不是那么简单的。清朝有个海防与塞防之争，李鸿章主张海防，左宗棠主张塞防；李鸿章要海防不要塞防，左宗棠要海防也要塞防。这两种争论，落实到一个具体问题上，就是要不要新疆，李鸿章主张放弃新疆，左宗棠主张保卫新疆，最后是左宗棠抬棺出征，把一百六十多万平方公里的土地重新收到华夏版图。

在海防与塞防这个事件中，你可以看到人的意义，同一个清朝，同一个制度，同一个慈禧太后，但有两个不同的人，就影响着六分之一的中国版图去留，人在政治中的作用大不大呢？曾国藩的故事很多，随便举一个，曾国藩满寿，其他人都不敢来送礼，四川籍战将鲍超可不管："鲍春霆来，带礼物十六包，以余生日也。多珍贵之件，将受小帽一顶，余则全璧耳。"清朝有个不成文的规定或者说潜规则，长官三节两寿，下属都要送礼，不管多少多大礼，收了就是，御史不会来查，这是旧例，旧例等于旧制，他人或许一一笑纳，曾国藩却只收一顶小帽，以示领情。同样一件事，换曾国藩是清官，换"贾国藩"则是贪官。其区别亦大矣哉。

左宗棠在骆秉章手下当幕僚搞文秘时特别出格，他起草的文书，常常不给骆秉章看，砰咚三声响，惊醒酣睡中的骆秉章，他笑一声：左幕又在向朝廷发文书哪。这事，换太监魏忠贤做，便是专权，绝对不能允许，骆秉章如何又允许左宗棠这么做呢？骆秉章知道，左宗棠拟的文书一定是利国利民的，绝对不会来给他添乱。同样，曾国藩领导的湘军，一定程度上是曾国藩的私家军，湘军在曾国藩手下，并没有喧宾夺主，只是清廷保护者，并没成为清朝心腹大患。

左宗棠过后，谁也不能再喧宾夺主；曾国藩过后，私家军又形成了清末军阀格局，人亡政息，这个实在是王朝制下一个死结，正因此，我们要呼唤，我们要重视制度。只是制度与人，彼此之间有扯不断割不开的关系。好人可以制定好制度，在坏制度里努力改善政局；坏人可以把好制度搞坏，在好制度里破坏政局。一个正直官员来当领导，与一个邪恶官员来当领导，给人的感受截然不同，对周围的影响也常常两样。

人在政局中，影响大矣哉，人或是历史进步的动力，或是时代发展的阻力。历史上最能造影响者，我认为当是两个角色，一个是皇帝，一个是丞相。丞相是百官之长，"掌丞天子，助理万机"。我把目光投放到大清相国们身上，就是想看看，不同官人是怎样为政的，其为政又是如何影响政局的。我对制度建设保持着极高敬畏，我对官人修为也抱有浓厚兴趣。我有一个感觉，制与人不是对立的，是矛盾统一的，既相反相成，也相辅相成，好像我们吃饭，不影响吃菜，若说制度是饭，那么官人是菜，饭能饱腹，菜来味道。清朝历史资料丰富，从资料丰富性来说，宋明清是最多的，唐朝人都去写诗了，宋朝人爱记笔记，到了清朝，官人爱写笔记，也爱写日记，正因此，后人可看到他们最生动的细节，最有趣的掌故，从细节与掌故最能看得出其个性其品性，也可一叶知秋、一滴知海，看到当年政局。

需要说明的是，这本《大清名相》，里面写了不少职务没达到"相"级的人物，主要是觉得他们官声好，修为好，其人其事够劲够味够有看头，还有些人掌握的权力或者对政局的影响力达到或超过了相者。要而言之，看相，就是看人。

# 目 录
CONTENTS

**第一辑**

## 前头乌龟爬烂路

第二辑

## 曾国藩也曾要钱不要脸

第三辑

## 世上已无左宗棠

## 第四辑

# 裱糊匠李鸿章

第五辑 ⟶ ꩜

# 湘军那些大佬们

第六辑 ⟶ ꩜

# 凡鸟偏从末世来

第一辑

前头乌龟爬烂路

# 齐之以礼与敏则有功

朱轼先生历任康熙、雍正、乾隆大臣，是三朝元老。他还当过帝王师，乾隆初入学，雍正命朱轼为师，在懋勤殿设讲坛，行拜师礼。朱轼对乾隆要求甚严，家长雍正也觉得过分了，就对朱轼说："教也为王，不教也为王。"意思是说，对皇子，教育他做王，不教育他也做王，先生何必这么严格呢？朱轼答道："教则为尧舜，不教则为桀纣。"这里可以看出，朱先生是非常爱搞意识形态的。

诚如是，朱轼以醇儒而任浙江巡抚，特别喜欢推销儒家理学；治理属下之民，非古不行，非礼勿视。他特别信奉"严是爱，松是害，不管不教会变坏"，要把所有的民众当尧舜来培养，好像不教则人人都会成为桀纣，"按古制婚丧祭燕之仪以教士民，又禁灯棚、水嬉、妇女入寺烧香、游山、听戏诸事"。在他治下，群众不能搞"篝火晚会"，不能搞游泳等体育活动，大概是辖区内曾有个别妇女同志与和尚搞到一块了吧，所以他禁止所有的妇女到寺院里去；男女挤在一起看露天电影与草台杂剧，尤其在严禁之列。也许是群众素质真的很差吧，朱巡抚做出规划，打算把全省群众都培养成为尧舜。可是，群众都不太买账，"如卖浆市饼之流，弛担闭门，默默不得意"。街头村尾，一片死寂。"死寂"这词，我们觉得"糟得很"，但朱巡抚一定觉得"好得很"，把百姓关在屋里老婆孩子热炕头，比到外面与人交头接耳，与人嘻嘻哈哈，省事多了。

朱巡抚造就了一个安定团结的局面，自然也就高升了，之后，是李卫来掌浙江。这个李卫，我们都不陌生，看过煌煌电视剧《雍正王朝》的，都熟悉这个角色，李卫没有读过什么书，不太认字，对那些载在"之乎者也"中的仁啊礼啊，不懂。说起来，李卫是朱巡抚一手提拔起来的，当年，山西闹饥荒，这李卫会武功，于是就当了朱巡抚的随扈，以办事干练与武功高强，在朱巡抚心目中留下了很好的印象。所以，赈灾归来，朱巡抚就向上面推荐了李卫，李卫从此一路高升。

话说李卫来到浙江，其治政方针大异，他不搞"凡是朱巡抚推行的就坚决执行"那一套，而是反其道而行之，除了准许群众搞派对搞舞会等等之外，宽松政策走得更远，"不禁妓女，不擒樗蒲，不废茶坊酒肆"。妓女这事情，在李卫那时代，法无禁止即可行；打字牌打麻将打三打哈（湖南纸牌游戏）等所谓樗蒲之类，除了大赌涉嫌违法，小赌也只是怡情；而喝茶喝酒，开茶馆开酒店，根本就没犯着哪一条啊，所以李卫就"一切听从民便，歌舞太平"。在李卫那里，男女来个荤段子，也不以"性骚扰"绾罪；而甚至穷苦人小偷小摸，也不会严惩，"此盗线也，绝之则盗难踪迹矣"。把小蟊贼的活路全堵死，那他们怎么活？初出茅庐的李卫，在他看来，社区自治或者乡村自治，关键在"自"字而不在"治"字，首先是百姓能够自为，然后呢，可以自在。李卫的治政思路可能真不受官员待见，可是怪得很，老百姓却很高兴，所谓是"细民颂祷焉"。

朱轼全以"精神文明"来治政，被当时称之为"齐之以礼"，李卫不大搞意识形态，被当时称之为"敏之有功"。"齐之以礼"是古已有之的事情，是《论语》中的现成句子，意思是说，如果能用道德来教育百姓，同时又用礼法来约束他们，那么百姓就不但具备羞耻之心，而且能够改过向善。李卫死后被谥号"敏达"，时人把这治理方式称为"敏之有功"，这是时人新概括的新理论成果，用现在的话来讲就是李卫现象，或者是李卫新政。

老实说，在封建时代，能够肯定李卫这种做法，不知是儒家治统闭上了其意识形态的眼睛，还是儒家治统睁开了其意识形态的眼睛。估计是只是闭了一下的可能性更大。素来的治统，都喜欢"齐之以礼"，朱元璋的特务政治，尤其把这种治统推向极致。民国时期，蒋介石搞保甲制度，把行政手段的触角，在军队、警察系统、伸到班排，在社区、乡村，伸到村组，使百姓的一举一动，莫不在其视野之内，莫不在其耳郭当中，莫不在其手掌心板。"敏之有功"模式几曾推广过？即或是李卫，后来也是一反初衷，常常自恃武术高超，带领一般人马到处巡逻，"逻卒四布，以兴大狱"。某次，有位张姓盐商，大概是搞了"连锁经营"吧，发展了一些人，结果被李卫侦探得知，"遂被指为逆谋"，于是"搜其旅邸"，由此牵连五省之人。

清代晚期，两广总督刘坤一，也特别爱搞"齐之以礼"，他常常喜欢微服私访。某日深更半夜，刘总督到百姓家去侧耳听墙角，听到有人语："你这张起夹了"，刘总督以为是百姓关起门在赌博，"公意必斗叶子者"，马上破门而入，门内却只有一寡妇一少女，原来是母女俩在纳鞋底刷糨糊。刘总督连呼"误会"，可是那妇女哪里肯就此放过？"谓己寡妇孤女，汝硬呼门入直入卧室欲何为？"搞得刘总督下不了台，只好"书银票二千与之"，然后"始脱身归署"。在刘总督看来，亲自去民间抓赌，以一竿子精神一抓到底，肯定是没错的，错的是这次太有偶然性了。

## 张伯行本资民用不为殃

张伯行为官清廉，康熙难得开金口，开口即为金誉，"伯行操守为天下第一"。人间事说不清，好事多磨，好人多难。张伯行在清朝做清官，做得不顺。大家都晓得，张公调任江苏巡抚，照大清"潜规则"，张公当照着做，给总督噶礼等一干人马送见面礼，张公却一分钱也不给，便与总督等官僚关系不协，掣肘甚多，自然多是阴着来。后来矛盾公开化，有回，江南乡试的副考官赵晋收取贿赂，张公弹劾赵晋，赵晋后台正是噶礼，官场关系蒙络摇缀，参差披拂，事情闹得蛮大，清官张伯行被"交部议"，部议之议是撤职。

这回是要撤职，那回是要秋后处斩（因海盗张令涛案），不是要掉帽子，就是要掉脑壳，九死一生，做官危险。这是张伯行做清官险遭大厄的大关节，人多知之，不提。这里说的小事，也把张伯行吓得不轻。他做的是救苦救难救人救命事，理当上主席台斜挂红绶带，却差点去了牢房挂牌子，让人感慨：做官难，做好官更难；做事难，做好事更难，清官好官做好人好事，难上加难。

"张清恪公初官济宁道"，按官人说法是运气不好，官人走马上任，不说老百姓该箪食壶浆以迎王官——好吧，春耕忙碌，百姓没空，怎么着也得安排人手持鲜花，热烈欢迎啊。张公新任济宁道，这些场景都见不到，见到的是，百姓箪是持了，壶也持着，箪壶也伸了过来，却非来献与张公，是来向张公乞讨的。

张公赴任济宁道，道上饥民络绎，饿殍遍地，乞丐队伍前不见头后不见尾。原来日前，济宁地区一连下了十天半月倾盆大雨，下了几个黄河水，一个黄河都装不下那么多水，奈何几个黄河！洪水四处横溢，逢山推山，逢谷填谷，棚户区与茅檐屋，更是推了个黄茫茫大地真浑浊。百姓半年粮一年粮，本来装坛坛罐罐与囤囤柜柜里的，都被洪水卷去，做了黄泥巴。

张伯行见之热泪涌，到得府衙，第一件事是去粮库。今日去粮库。张伯行当场泪满襟——粮满库，为何不养人？张公悲喜交集，喜的是，粮库满仓满库，悲的是，这么多的粮食如今却还堆在这里，莫非要喂老鼠？百姓遭了大灾，家里颗粒无存，到处讨米去了，小孩饿死事，更时时有闻，官人哪去了？何以不开仓济民？陪同官员挠脑壳：上面不曾发文件，不曾下政令。张公发火了：百姓饥寒交迫，这就是文件；灾情不是命令，还有什么是命令？

张公动员能力还是蛮强的："倾家财运谷以赈，并载钱及棉衣数船，分给冻馁者。"自个倾家捐出，这自然是个姿态，这么大面积受灾，他一家物资能赈济多少？打汤都嫌少了。这种情况，还真得靠国家，好在张公此时正代表着国家，他下了令，国库里有钱，全发下去；粮库里有粮，全分下去；应急库里有帐篷与板房的，全运下去，车啊船啊，都被动员到救灾上去了。朝廷国库仓里空了，百姓家中坛里实了。百姓有吃了，虽然吃不饱；百姓有穿了，虽然穿不暖；百姓有住了，虽然住不好，百姓力气终于稍有恢复，百姓心情终于稍有提振，于是跟官府一起，投入到灾后重建之中。

这头百姓修复灾情，火扯火（热火朝天），那头张公遭遇灾殃，"鬼扯火"。有人起草弹章，要弹劾张公，为什么？张公发国难财？张公贪污救灾款？都不是的，是张公做了救民救命事，准确说，是张公动用国库去赈灾，"以擅动仓谷数万石，将挂弹章"。救灾还是错了？救灾不是错了，救灾是罪了。上弹章者，他给张公安的罪名是擅动仓谷，上面都没发文件，你这头已发赈济，这是滥用权力，还有没有政令意识？不是政令不畅，是政令乱畅。这当然也是场面话，上弹章者的心底意思还是：官库里的钱与物，麦与谷，是官人用的，你全都搞空了，官人以后没得用了，天下之财，不在官则在民，若都在民了，官呢？上弹章者，主席台上也曾声声口口说过很多民本大话，此时记不得了——怪死了啊，人民财政人民用，用与人民成罪证。

"擅动仓谷"，这罪真戴下来，可不是耍的。不割头，得坐牢；不坐牢，得撤职；不撤职，得流放；不流放，总会给个大处分。为民办实事，救民于苦难，也是罪，没天理了。张公一边厢发动群众，开展灾情自救，一边厢也要对付官僚，开展罪情自救，他人上弹章，他自上辩疏："赈济奉恩旨（张公开仓济民，上面没发文件，后来发了的），非擅动也；动仓谷以广皇仁，非邀誉也。饥民户口皆可考，非肥己也。"若照弹章者说的，大灾之前，"官有余粟，野有饿莩"，百姓流离死亡而不救，是本道之罪，那么以后，当官的以我为戒，"视仓谷重，民命轻，害不可言矣"。执政为民，人民利益高于一切，张公心里是以百姓为重的，其他诸公是不是已没这杆秤？

仓谷之仓，为谁而建？仓谷之谷，其来何处？仓谷，来自于民，官人不生产谷麦吧，锄禾日当午，汗滴禾下土，这些仓谷都是百姓一粒粒生产出来，一担担挑到国库里去。取之于民用之于民——说来，取之于民并没全用之于民，有部分是用之于官了，官人吃穿用度都来自这里。一些官人吃多了、用多了，脑壳就犯浑了，以为这些都是他的了，取之于民必须全都用之于他。

仓谷与国帑，如何用度？曾有官人拍胸脯，我没兜自家袋去。意思是，兜自家袋子——贪污受贿，是罪；兜自家肚子——吃光用光，不是罪。不兜自家袋子，其意思还是，国库可以用在官人官事上，还可以用在他人他事上，比如文人伶人上——文人给他写新闻通讯，伶人给他唱歌跳舞。

动仓谷给官人、给文人、给伶人，不是错？金子银子皆吾子，口袋胃袋非他袋，都应去追罪；那么用在谁身上，不算罪呢？人民，只有人民，只有用于最广大人民。国库真用在人民那里，真用在百姓身上，不论怎么用，不论用多少，不是罪，都是对。

还好，还好，张伯行自辩成功。他动用国库，他全都用于国民，他用得对，不是罪。康熙正值壮年，脑子没糊涂，还是比较好使的阶段，有官人弹劾张伯行"擅用仓谷"，康熙给退了回去，"事遂寝"。没给张公加罪，好，好——不好的是，好像也没给张公记功——这个也算好的：民资给民用，民资用于民，官人本职而已。

这事，我们不给张公记功，可也。张公曾有立言，或可记其言："读书者不贱，守田者不饥，积德者不倾，择交者不败。"这四句句句可记，其中"积德者不倾"，张公这次擅动仓谷事上，还真自应了。

# 保卫正义种子陈鹏年

陈鹏年是湖南湘潭人，康熙进士，是地地道道南蛮子（当时湖南人被称为南蛮子），个性犟得要死。虽居官场，蛮多官场规矩，他是不讲的，比如目中无官，与很多上司都合不来，"公性强不能曲意上官，于大府左右亲近视之蔑如"。他的两个领导，一是总督阿山，一是总督噶礼，都恨得要咬他肉吃；噶礼劾他不修御道，私自减税，将他捉了，关入牢房；阿山屎里寻豆子，弹他诗句"阴有异志，非徒以文字讪谤"，要置之死地而后快。这头闯入虎狼丛中的公牛，好几次命悬一线，差点被豺狼虎豹撕咬得尸骨无存。

这个南蛮子目中无官，非傲也，其目中是特别有民的。"初知西安县"，豪强良田万顷，不交皇粮；贫民无立锥，却要交国税，"公下车，即以清丈为急，务使税出于田，田归各户"。该县丧失了的民心，只此一举，便全给清政府收拢来，"于公生日，醵钱欢饮，号'陈公会'"。这里先前有陋习，重男轻女，生女即溺，陈公挨家挨户劝说，又出台律规严禁，"惩劝兼施，浇俗顿革"，到后来"民生女，半以陈名，半以湘名，以公湘潭人也"。陈公从政，清廉、勤政、爱民，数百年之后的郭沫若作诗以赞：正气传吹鬼，青天德在人。一时天下望，万古吊中珍。

跟诸位说一件事，您就知道这个南蛮子有多蛮。康熙下江南，非国家喜事，却是大清盛世，地方谁不将当政治大事来办呢？猪啊羊啊，珠啊宝啊，都往康熙那里送，"公一切不问"。陈公什么人啊，皇帝来了，他都不理；不理而在其次，康熙过道，要修高速公路，他不修；不修御道也不要紧，他在康熙宾馆御榻上放了什么？你猜，你猜，你猜猜猜，"或以蚯蚓秽物置簟席间"。想不到吧！

这个南蛮子首次被捉下狱，倒不是因为这个恶作剧，康熙恼是恼火，却不便发作，康熙到底明君，晓得他下江南不大得民心，旁边也有人替陈鹏年说话，夸他是个好官，康熙不好治罪于他了，"惟鹏年吏畏其威而不怨，民怀其德而不玩，士式其教而不欺"，官人怕他不怨恨他，群众亲他而不玩忽他，士人是最不服人的，最要奸取巧的，却也在陈公面前很是老实，"廉洁，其末也"，做官，做清官，非其高标准，而是其底线。

陈公以蚯蚓秽物置簟席间，康熙没怪罪他，到底心里不爽，更算坏了"总督阿三"（即阿山）好事，阿山苦心孤诣，花老大力气，倾全民之力，来搞接待，被陈公一笼蚯蚓一勺粪水闹坏了，他那个气啊。这回，康熙都没追究，他也不好说什么。总督阿山跟瘪三阿Q一样，骂了一句"妈妈的，这回你记住"。

阿山果然寻了个不是。阿山与阿猫阿狗诸辈，山吃海喝，胡作非为，将财政吃空了，掏空了，他便召来各市州府，开财政工作会，会上叽里呱啦，叽里咕噜，说了好几大篇，中心意思只有一个：加税。陈公这个南蛮子蛮劲又上来了，"吾官可罢，民赋不可增也"。你以为我不敢罢你的官？罢。阿山便将陈公捉了，"遂劾其官，扃于庙，伺防甚峻"。

坏官抓了好官，贪官抓了清官，蠹民之官抓了爱民之官，公理哪里去了，正义哪里去了？陈公被抓，官场先无反应，士林与民间全动起来了。秀才有叫俞养直者，街上振臂一呼：还我清官，还我陈公。书者丢其书，笔者掷其笔，"会文武大呼于市，请保清廉太守"。官人恫吓俞秀才，你再喊口号，连你都抓起来（则惧之曰"即擒治矣"）。抓吧，抓吧，你爱抓就抓吧，"养直则挺身就擒"。一个养直前赴，百个养直后继，公理起跑，正义接力。恰有蛮多准秀才，准备考秀才，"方按试句容"，八个县市区的童生都不考了。"读书应试何为也"，读书是干吗的？读书是求真理、求公义、求正气的，今之真理、公义、正气，都被戏子、犬儒、贪官、奸臣之辈劫持去了，我辈不行动，更在何时？

正义陈公被抓，本当是全民同仇敌忾，有些人却反其道行之，偏向陈公发死亡通牒，或是"陈某，你阳寿不多了"，或是"人人可击毙疯狗陈鹏年"，给陈公寄匕首的，曝光陈公家属的，都有。陈公动了他们奶酪是吧，有些要阿谀阿山是吧，林子大了什么鸟都有，人间大了什么人都有。陈公先被关在寺庙里，后来说他安全没保证。要转移，转甚移？路上拟结果他。

陈公被抓，国民掀起了一场"保陈运动"。不能说官场中人全是坏蛋，他们未必闻风而动，有人内心也是挺陈公的，内心存正义感的，只是需要唤醒。俞养直站起来后，"虽八旗驻防兵，亦相率醵钱具牛酒，愿一见公颜色"。陈公被转移那晚，"则百姓夹左右道，人人火一束薪，烛公去，复烛公归"。十里街路与乡道，成千上万百姓，举起火把龙，照耀陈公受伤心灵，照亮人类正义前程，场面多壮观。

百姓不是在保护陈公，一个陈公算什么呢？正义才是群众特别需要守护的。在保护陈公者中，基本上与陈公是无亲无故的，很多人也并没得到过陈公的关照。有直接利害的在保护他，无直接利害的也来保护他；他曾经工作过的地方民众在保护他，他没工作的地方，民众也来保护他。非保护陈公也，是保护人类正义也，"后会勘淮上，江宁民从之，山阳民从之，虽海州、西安民亦远来从之，咸吁天呼冤，愿相随对簿"。相识的不相识的，愿给陈公出庭作证，愿当陈公贴身卫士。

正义与公理是需要群众保护的。陈公故事，让人生气，却更让人温暖。群众如拿笔的如持枪的，如犁田的如纺棉的，如砌屋的如搬砖的，如当兵的如守门的，如引车的如贩浆的，如开店的如摆摊的，如念经的如敲木鱼的，他们都动起来了，都列队保护陈公了，这样的社会不让人丧气，让人感觉有希望。真理与公义能得到好好保护的，这社会定会好起来；公义与真理若得不到保护，人间那就万马齐喑了。若陈公被贪官恶吏戕害，被脑残心残追杀，正义种子绝矣，难见清廉、爱民、忠义强直如陈公者了。

陈公几次遭邪恶凌辱，险被杀，却被人民给保护好了，"每裭职按问，民相聚巷哭"，正义声音响彻天空与大地，东风压住了西风。保卫陈公，便是保护正义种子，便是保护国家元气。儒多犬儒、官多贪官、商多奸商之社会，尤其需要保护好陈公这般公理种子，正义种子。只要有种子在，正义才会开花，真理才会结果，公道与正派才会在人间根深叶茂。

保卫陈公，便是保卫天下为公；保卫陈兄，便是保卫执政为民。

保卫陈哥，保卫祖国。

# 李光地曾心地欠光

福建子李光地，赞之者高置他"清儒巨擘"，学问之外，其人品"而精爽与古之贤圣为徒矣"，李光地亦自诩平生是专作道德文章的。道德文章古来是两难，李光地说他将此人生千古难题解决了，或者说是兼得了，"君子既要尊德性，又要道问学，存心，致知，一面少不得"，两面皆须举，其中"尊德性是道问学之基"，唱的是以德为首调子。

李光地做学做官外，据说心地光明，做过不少好事，"李文贞公扶持善类，培植人才，如白陈北溟之冤，救方望溪之死，直张孝先之狱，皆公之力也。他如杨名时、蔡世远、惠上奇、王兰生、何焯诸人，均被公荐拔，以经学文章显名于时"。李光地学问大，位置尤高，做几件好事，确乎不难，提拔个把几个人，一句话的事。学问大，位置高，人品好，这三者于李光地，哪一面起支配效应？是因人品好，故而位置高，学问大，还是因文章好，故而学问大，位置高，抑或是因位置高，故而学问大，人品好？三者谁是前提，谁是后果？难说清楚。我估计是后者吧，李光地位极人臣，当了宰相级人物，又提拔了那么多人，他给人家弄了高位，人家给他说些好话，自不在话下，比如赞颂李光地"而一时海内号为廉吏，无论公所习与否皆得安其位"，便是"救方望溪之狱"后，方望溪张大嘴巴广播的。

方望溪这么表扬，不奇怪，换上全祖望，话就不那么说了："初年则卖友，中年则夺情，暮年则居然以外妇之子来归。"意思是：一个人一生做点好事不难，难的是一辈子只做好事而不做坏事，一个人一生做坏事容易，更容易的是一辈子只做坏事而不做好事。全祖望话说得很刻薄，是不是他与李光地有甚过节？其实无甚仇怨，只是他不像方望溪，被李光地施过恩（不曾到李光地家做过门客，未曾喝过他家酒，未曾啖过他家鸡），说话可以不客气。

李光地做了那多好事，有吗？可能有，他政敌不承认，自是事出有因；当时清议倒是承认，却说李光地是在装无辜——看看我李光地，一直在做好人，是讲义气的人，我会做那不义之事么？李光地后来做了不少忠肝义胆事，恰是因他当年做过坏事。他装无辜或有一点点，更多的是在赎罪吧。

李光地聚讼如此纷纭，事起他曾做间谍。康熙十二年（1673年）十一

月，当过叛徒的吴三桂，又叛过来了，倡乱云南；次年，耿精忠在福建
应和，也扯起了反清复明旗帜，搞起了与大清之"不合作运动"，成立了
伪政府（借大清主流说法）。成立政府自然要封很多官，这时节当官容易
得很，往往是一分钱都不花费，政府请起你来当官（根本不要你去跑官买
官），如果你存了过把瘾就死的信念，那当官太容易了。李光地其时以翰
林院编修告假在乡，被耿精忠捆去升官，李有些不乐意：战争胜负未明，
这回当官，是提拔呢，还是提头呢？谁晓得呢？一口回绝，他也不敢。朱
元璋有个逻辑：你不当本王的官，那本王叫你去做阎王的鬼。不是朱元璋
有这逻辑，几乎每位造反者，都是这么搞的。

　　李光地到了福州，任了伪政府伪职，正好碰上了陈梦雷，老陈是他老
熟人，又是同乡，还是同一年考上进士的，是同年。陈也是告假在家，
"耿王以令箭来调"，一样被捉来当官，两人在这般场合相见，一起喝了
几次酒，抱头哭过几回，交换了对时局的看法，都深感反叛前途暗淡，只
是已入了贼窝，如何不背上卖国贼之名？伪政府任职履历怎么能够洗刷
呢？要是被清政府抓去了，那是会诛九族的。两人又抱头哭一回。李光地
书生一个，计无所出，倒是陈氏主意多些：我们两个在这里向清政府表忠
心，做间谍如何？"离散逆党，探听消息"。清政府不曾授命，他两人商
议，共同做起清政府的间谍来了，并拉了钩、宣了誓："阴合死士以待不
时之应。"

　　做间谍，确是最佳选择，若是反叛胜利，两人可以位升高官；若是失
败了呢，当然去清政府讨功。何以被清政府认定他俩是我方间谍呢？据后
来陈梦雷说，他先起草了一封"密图内应及同谋请兵"信，将福建山川地
理与耿精忠的兵力部署全写上，做鸡毛信送与清政府。陈梦雷对地下工作
无师自通，晓得这信不能以明信片方式寄去，他教李光地用蜡封住，带出
福州。这就是一桩有名的公案，时人称之为"蜡丸案"。

　　按陈梦雷说法，他是特别讲义气的，他对李说：你找机会出去，我继

续留在虎窝里与敌周旋。做地下工作，最危险的是继续潜伏卧底，最安全的是逃出去找组织。陈梦雷把危险留给自己，把安全送与同志，其德之高尚，可感天地。两人设计好了，李光地设法脱离伪政府，去深山躲了半年，找了机会逃了出去，"借光地在外，从山路通信军前"，把蜡丸送给了组织。

后来政局确随陈梦雷所设想的走，康熙平了三藩。李光地以地下工作者之杰，步步高升，累官至文渊阁大学士，陈梦雷呢？他说我是隐藏更深的地下工作者，我摆哪？陈梦雷倒没被清政府杀头，却以伪政府伪职之罪，被流放关外，腊月吃雪，夏日吃沙，他想他这辈子是注定喝西北风，过其一生了（后来被康熙召回了）。

蜡丸案本是间谍案，后来演变成了一桩人品案。原来，李光地根本不承认陈梦雷是间谍——立志做间谍，皱眉出计谋，以及如何费心送蜡丸，全不干陈梦雷事，都是李光地一人竞全功。李对康熙说："臣上蜡丸书是他定的稿，实实无此事。"陈梦雷拿得出证据吗？他拿不出；李光地倒拿得出来，那蜡丸书便是；按陈梦雷说的"则尽易臣疏，削去臣名"，把他所写信，以李光地手迹另外起草了一份，信底落款也"削出臣名"，怎么来证明？间谍很多时候是没法自证的，李光地与陈梦雷搞的是单线联系，单线断了，或者单线良心坏了，你能怎么着？是李光地贪功，还是陈梦雷分功？单靠他两人以团性（团伙性）、以人品来做担保，是没法打官司的——人品有时可靠，团性有时可靠，却是多难以靠得住，比如李陈这个无头案，人心尽情展现了其幽暗之一面。苦的是，陈梦雷的地下之功，全被埋在地下了，人心如粪土，层层盖他的土，是腐殖质了的人心。

李光地地位自此确是一片光明，其心地却暗了下去。当年舆论几乎是一边倒，如徐乾学如熊赐履如全祖望，都骂李光地卖友，"自公在位时，众多，既殁，诋诘尤甚"（这自然，鞭尸最显正气，又最安全）。陈梦雷虽无实证，但有心证，他将整个过程说得一清二楚，倒是李光地常前言不搭后语。只是法律有个困局：只看实证，不认心证。法律走一条路：公正自在物证；人品走另一条路：公道自在人心。

人心走公道这条路，或许无法影响公正，但人心依然是有用的。比如李光地，他背负起这桩人品案，如芒刺在背，时时刺痛——他居了高位，面对清议，也有点吃不消了。他对陈梦雷无法改口了，只好在后来行事中，多行些善，要以后世做人来证其前世清明嘛。有些人不相信他后来做过好事，原因或是以后来人之人品以证前人。这是不对的，后人人心不古是后来的事，李光地是古人，其人心古一些，也未可知。

## 就打你李绂"唯才是举"

大清康熙年间，发生过一起规模小小的秀才起义，不算冲击机关，也不算攻击干部（如要上纲的话，也应算是冲击朝廷命官的，李绂是公差，其时行使的也是公职），倒算是大水冲了龙王庙，秀才对秀才搞打砸抢。事情缘起也不是命官钳制秀才，不是朝廷压迫秀才，而是秀才举荐秀才——要言之，这次公共事件起自李绂大搞唯才是举。

康熙辛丑年（一说辛卯年），大清举行会试，李绂当的是会试副总裁，估计是常务副总吧，实际主持工作的。李绂求贤如渴，只要他认为是才，就急急收归帐下，将天下英雄缚来，入皇家袖中，史书称曰："绂为人矜张，爱才如命。"这次国考，李绂选拔了65个人才，遗贤绾至入朝，济济一堂，"入馆者至六十五人之多，前此未有也"。

李绂罗致人才，创造了一个"前此未有"。想不到的是，也就是这次，李绂激发秀才起义，也创造了一个"前此未有"。考试入选名单公布上墙后，"下第者拥绂寓"，有的拿锄头，有的操扁担，还有镰刀斧头、鸡蛋石头、木棍梭镖、牛粪猪尿，尽往李绂家打砸捅泼，"榜发后，士子蜂聚，毁李之外户。明日复聚，毁其内寓"。他们把李绂家，砸了个稀巴烂，残砖碎瓦，锅盆盘碟，遍屋狼烟，满地狼藉，几个气性大的，还将李绂按倒在地，剪刀咔嚓咔嚓，将其美髯乱剃，毁其形象为拔毛的公鸡，"以石碎其门，欲剪其须"。

李绂主考的这次国考，莫非是庸才进高才出？隋唐开考科举延士以降，只会做"一只蚊子嗡嗡嗡，两只蚊子……"的薛霸王中举而蒲松龄落第之类烂事，多有耳闻，但李绂这次不是这情况，他所选聘的，都是才高学富之士，李绂"累掌文衡，好收罗名士"，这些人早就出名了的呢。然则，莫非是衙门八字开，财才兼备者进、有才无财莫进来？这，你就小看了李绂，李绂是刚正之士，不贪财，朝廷后来抄其家，家无余资，他爱人头发绾簪，黄澄澄的，抄家者以为有财可发，取其簪兜了袋子，回家之后，去金器店验货，不是黄金，只是黄铜，"籍其家，取其夫人之簪钏，视之，皆铜器也"。朝廷也曾先入为主，以为李绂以财气代才气取士，结果不是，"虽好收名士，却未得财贿"。

说来，李绂也是大才。自小特别聪明，"自幼以神童称，十岁能诗，十二岁，即与里中诸先生结诗社"。用现在的话来讲，相当于同龄人还在读小学，他已加入了作家协会，没让当会长副会长，却给了理事名额与他，"读书五行并下，落笔滚滚数千言"，此外，他记忆力超强，"盖一目辄能记，至老不改"，子史经集，烂熟于心，是百科活电脑，是会走的《辞源》，是立体的《辞海》，"库中旧藏《永乐大典》，公皆读之，同僚取架上所有，抽以难公，无不立对"。皇上也曾考过他，都是未加思索，应对如流，"上笑而颔之"。

考试没舞弊，不曾劣币驱逐良币，不曾以财取士，也不曾任人唯亲，却闹出了如此骚乱，莫非是秀才们无理取闹？莫非是敌对势力从中操纵，策动造反？其实都不是，而是：李绂搞唯才是举。李绂阅卷，李绂取才，阅而悦者，是他所偏爱者，才而取者，也是他所认可者。唯才是举，其中有三个关键词，"唯"一词，"才"一词，"举"一词，李绂在"才"字上没错，在"举"字上也没问题，秀才起哄的、造反的，是那个"唯"字。李绂之唯才之唯，存在两个问题，一是唯一己偏爱，二是唯一种类型。秀才虽都是同一部教材，同一版本四书五经，但各有各自禀性，各有各自经历，作起文来，风格是不一样的，有的肃穆，有的嬉皮；有的纯文学，有的搞通俗；有的风花雪月，有的政经文史；有的喜欢作策论，有的偏好写杂文……这其中有文有野，未必有高下。

李绂就是这样，他只偏爱与他一样文路的，操其他风格者，他就删，删，删，将他们删到孙山后，这当然引发秀才大不满。人都有欣赏的自由，这确实没错，世人都爱牡丹，独陶渊明爱菊，世人没错，陶渊明也没错，作为个人私好，谁都无权干涉。然则，李绂选拔人才，批阅人才试卷，取定人才名次，这不是私爱范畴，而是公共领域了，不能"狭爱"人才，而得"博爱"人才了。李绂在这次国考里所选人才，"如会元宜兴储大文与弟雄文、郁文，亚元金溪冯咏与弟谦，皆一榜同登"。一家一家地取士，取士就取一家，所缘者何？乃是一家子弟，一个老师教出来的，一个氛围环境打造出来的，其经世济用，其遣词造句，其行文风格，其作文范式，都呈现一种体貌，恰是这种体貌合了李绂之个人爱好，李绂就取了，这当然对，但其他老师教的，其他个性独特的呢，李绂所不喜，李绂就落第他，他们哪会服？哪怕李绂再是人才，你也不能单以自己偏好，压制另类人才嘛。

将人才圈定在志同道合，圈定在兴趣相投，圈定在同一后现代，圈定在他一先锋派……这与立山头，搞宗派，以同学、同乡、同宗、同年等五同十同做圈子，性质并无差别。你能说他是尊重人才，爱惜人才，保护人才，使用人才？

李绂任康熙辛丑会试常务副总裁，总是裁人，将非我族类都裁了下去，算是独裁，独自裁判人才，独自举荐人才，这就是问题实质所在。本来这次会试，大清是成立了考试委员会的，是成立了选拔领导小组的，"总裁为遂宁张天如鹏翮，江右李穆堂绂。闱中去取，唯李意所欲，张特备员而已"。组长挂名，其他组员是配相，对人才的解释权、推荐权与选拔权，都归了李绂一人，李绂才气再高，哪能不遗贤？即使不谋私，也会囿于个人偏好，取才大大偏向。问题的全部，落在"唯李意所取"的那"唯"字上。人才是多类型，多色调，多性格，多形态的，菊花是花，兰花也是花，芍药挺美，桃也夭夭……一个团队，要口才，也要内才；要善公关的，也要擅长做策划的；要谋士，也要执行力强人。武大郎开店，单招卖烧饼的，转而武二郎做了一把手，公告买马，单进弯弓打老虎的，都不是真的唯才是举。

康熙辛丑事件发生后，朝廷成立了调查组，做了处理。对闹事的秀才没以冲击命官缩罪，也没以"不明真相"警告，倒是给李绂给了一个处分，最先方案是要问斩的，但查了很久，查明李绂并没录取"亲二代""富二代"，也没录取"官二代"，没存在任人唯亲，也没有搞财才交易，"未得财贿，上始释然"，没处斩，却是"革职，发河工效力"。也算处分得宜。

大清处理事情，对路的，没几件，这件应算是基本搞对了——搞小圈子，应该给处分嘛。这事，我认可大清政府的做法。其实我更佩服士子，一般士子对这等事，多半是吃哑巴亏，人家用的是人才，不是庸才，你是人才，不用你，你又能怎么样？至多闷闷发些牢骚，没想到的是，他们却敢骚乱一下。不好意思，骚乱这词用词不妥，应该说是，敢于去维权——这让人刮目，古代士子不都孱弱，他们维权意识也还蛮强的。

# 未有名臣不自检

陆公陇其先生归循吏传，"年三十始应试，后以进士令嘉定，著循声"。非只当嘉定县长，有好官之隆誉，陆公官直隶灵寿令，官四川道监察御史，"君不事刑威，专用德化"，都是和平且笃厚的。陆公有自励语，置之座右："做官以立心为第一义，事到不能两全处，宁失官，无负心。"

陆公是浙江平湖人，康熙进士，"先生于世之俗好，一无所留意，惟济人利物之念，不释顷刻"。有例为证，古之为官，第一件事，是催粮催命，催命一样催粮，稍有拖延（外去借粮交皇粮国税，也得有些许时间是吧），便栏里捉猪，梁上揭瓦，吏呼一何怒，妇啼一何苦，视百姓为仇人。陆公不是这么搞的，"公抚字先于催科"，百姓纳粮养你，你却凶神恶煞也似，哪有这个道理？陆公不能不收粮，却是先对百姓百般安抚。某年秋收，又到缴皇粮时，有老农哭于途，诉曰今年歉收，无谷，家中唯一女，且卖了她，来完粮完税吧。哭声甚哀，"公闻言流涕，戒勿鬻"，国库公粮不能少，百姓公粮无力交，怎么办呢？陆公"取俸代完"。

百姓有苦，苦到卖儿鬻女，人心若是肉长的，都会可怜见的吧，此刻抓人、撮谷、拖牛，那真不是人；也有官人见此，粮不征了，话不说了，转身走了，这自然是好官；陆公比好官更好者，是眼泪唰唰流，对民间疾苦动真情；陆公比好官更好者，也不是流回眼泪，他是从自己工资里，拿出一笔钱来，替百姓交税，替国库完粮。

陆公做地方官，诸如这类"抚字先于催科"，事例蛮多，且不赘述。

要说的是这桩事：辖区嘉定有兄弟俩，不晓得是为地基事，还是因争遗产，闹得蛮厉害，一个做了原告，一个做了被告，砰砰砰，击响喊冤鼓，陆公闻鼓宣堂，审起了兄弟不和案。

案子蛮小，是些家务事。比如，哥哥家牛，吃了弟弟家禾；弟弟家屋檐水，掉到哥哥家阶檐上，没甚大事，兄弟俩却争得天昏地暗，死也不相让。这是么子事呢，忠义孝悌礼义廉耻，孝悌乃八德之大德；夫妇，父子，兄弟，朋友，君臣，兄弟恰五伦之大伦，就为这点鸡毛蒜皮，兄弟不要血脉亲情了？

陆公也是抚字先于"屁股科"，苦口婆心，口水都干了，劝两兄弟当亲兄弟。这两厮都不听，非要置兄弟于牢地，于屁股血肉横飞地。阁下请猜，陆公是如何断这案的？

清官难断家务事，蛮多家务事，是不用清官来断的。兄弟俩这般家务事陆公也难断，陆公只是劝这两兄弟，讲道德，讲亲情，讲和气。这兄弟俩，三讲四讲都不讲，四美五讲都不讲。这个司法调解，搁官人您，怎么搞？掷签发脾气，还是转身走人，由他俩吵个天翻地覆？你以为官人没事干啊。

陆公不撂担子，百姓信任官人，家务事也来找官府，官人不能辜负百姓这般信任；陆公也不舞棍子，谁都不听劝，县长的话都不听？先吃官家三十杀威棒，官家威风是有了，官民关系便没了。

六月的花儿香，六月不是好阳光；六月的阳光不是明媚，而是暴烈。但见陆公轻放了惊堂木，从审判台走了下来，直往法庭外走，走到法院大坪里，走到六月阳光下，陆公干吗去？扑通，但闻一声响，陆公双膝跪了水泥地——错了，砂砾地。干吗，这是干吗？"弟兄不睦，伦常大变，予为斯民父母，皆予教训无方之过也。"原来是陆公自省焉，"遂自跪烈日中"。

兄弟不和，伦常大变，谁之过？责任是可以推到他俩父母身上去的，子不教父之过哒；也可以推到老师身上去，教不严师之惰嘛；还可以推到兄弟俩身上去，当事人是兄弟俩嘛；更可以推到国民素质上去，街上脏乱差，村里矮穷矬，老百姓素质真差劲；再若推无所推，可以推到社会上去：现在社会风气真糟糕啊，人心不古，兄不兄，弟不弟，父不父，子不子，都是社会乱套了——由此，感叹几声，写个时评，便可以赢得好名声：世人皆醉我独醒，世人皆浊我独清。

若取得了成绩，便是官人正确领导的结果，若是出现问题，便是百姓素缺乏素质，诸公行事，多有这般逻辑；陆公行政，不是这么推演的。兄弟不和，道德涸化，陆公首先把责任揽了过来。百姓人文素养不太行，道德感不太强，职之责者，是官人、官人有教化之责，一个地方社会风气好得很还是糟得很，第一责任人是谁？辖区内出现种种问题，首先要做检查的，作检讨的，当是官人。

物质文明与精神文明，陆公都担当首责，"公无事，带一书一吏，挨村讲乡约，则以孝弟忠信，节义廉耻，必引经据典，参以时事，民皆乐听，浅直易从，无窒碍难行者"。陆公走基层、转作风、改官风，走村入户，进居民小巷，教化斯民，斯民有不讲孝悌者，那是干部思想工作没做到位嘛——辖区出了问题，都跑了？陆公责任自揽，他不是作秀，他是优秀。

百姓不富，百姓饿肚子，非百姓责任，乃官人失职，是干部愧对工资福利，古之官人，多有这般认识的。唐朝韦应物，曾为官多地，呆在办公室，听汇报，看材料，都是形势大好，不是小好，起身到民间走走，看到好多贫困户。贫困户那么多，贫困户那么穷，是老百姓没出息？不是说官人任职一地，造福一方吗？此刻豪言壮语哪去了？韦应物便自省，便内疚："身多疾病思田里，邑有流亡愧俸钱。"百姓不富自己富了，你对不起谁？对得起工资么？对得起良心么？"余谓有官君子当切切作此语。彼有一意供租，专事土木，而视民如仇者，得无愧此诗乎？"

陆公自跪烈日中，晒得头顶出油。自责，自然得自罚。陆公这么自担责任，百姓哪有不看在眼里的？这对道德不怎么样的兄弟，良知也被唤醒，"讼者感泣，自此式好无尤（兄弟和好）"。官人都道歉了，都担责了，都自省了，百姓哪有不讲道理的？

"清俭非必皆名臣，名臣未有不清俭"，套这话，可曰：自检未必皆名臣，未有名臣不自检。

# 朱公席与朱公妻

市列珠玑，户盈罗绮，钱塘自古有钱，"尝访嘉兴一友人，见其家设客，用银水火炉金滴嗉，是日客有二十余人，每客皆金台盘一副，是双螭虎大金杯，每副约有十五六两。留宿斋中。次早用梅花银沙锣洗面，其帷帐衾褥皆用锦绮"。富贵人家竞豪奢，贫下中农怎么着也得打肿脸，"贱妾愚妇，翠髻琼冠，一珠千金"。公主或富二三代，被蟒服玉，首戴金箍，身披文绣，自好理解；农家妇，棚户女（单叙事，无歧视）也"拱如后妃，出则象舆"么？

"贱妾愚妇，翠髻琼冠，一珠千金"，这是歧视，农民与市民，多收了三五斗，就不能吃好点穿好点？朱轼抚浙，去冠盖，换民装，去街头，走走，停停，看看，听听。一日，但见一位妇女：头上戴着金丝八宝攒珠髻，绾着朝阳五凤挂珠钗；项上戴着赤金盘螭璎珞圈；裙边系着豆绿宫绦，双衡比目玫瑰佩；身上穿着缕金百蝶穿花大红洋缎窄褃袄，外罩五彩缂丝石青银鼠褂；下着翡翠撒花洋绉裙。

珠光宝气，翠绕珠围，这是谁家贵妇人、哪家老板娘？朱公跟踪调研，深度调研，弄明白了，"问其夫，卖菜者"，不是坐老板椅搞批发的，而是蹲菜市场摆摊的，一天下来，她老公卖力吆喝，喉咙嘶哑，能赚几个钱？这婆娘却是金项链，金手镯，真皮坤包，绫罗绸缎，花枝招展，招摇过市。你说这是百姓幸福日子，自由生活？

朱公貌似不曾有道德优越感，却也有道德责任感。朱公将这婆娘带到衙门里去，您别乱义愤，以为朱公要将其押至公堂，梨花着雨，打烂玉臀，朱公把她带入私室，带到自己家，"命入署，至厨下"：老弟嫂，问你个事，你猜猜，这里，谁是你朱大嫂？

需要说一下，朱轼者，字若瞻，一字可亭，江西高安人，康熙进士，其时官职，乃浙江巡抚。朱巡抚之朱夫人者，将是甚样油膜水光，花团锦簇？厨房里，洗菜的，切菜的，掌勺的，妇女们不多，也有几个，谁是诰命夫人？卖菜娘子猜过来，猜过去，猜不出来，"妇人莫之辩"，朱公手指，"此炊者，夫人也"。这位系围巾的，穿葛衣的，挥菜勺的，脸上汗汩汩出的，便是你朱大嫂。

这是高干夫人？朱公留了卖菜娘子，教其与巡抚一家共进午餐，但见木桌上摆了一盘白菜，一盘萝卜，一盘盐菜，一盘霉干菜焖猪肉，还有一盆紫菜汤。省长家宴，平时也是这么四菜一汤。朱公朱嫂，吃得津津有味，卖菜娘子，吃得汗涔涔出。这不是朱巡抚作秀，"朱可亭自为诸生至居政府，食不二膳，无故不杀生，性介而和。门生某馈以参，公称量既毕，仍还之"。

晚明至清初，奢靡之风甚盛，富豪家固然是钟鸣鼎食，千里摆筵席；官宦家尤是满汉全席，朱门酒肉臭。风气所至，一般百姓死要面子活受罪，麻雀夹雁鹅队里飞，社会所累积财富，珍珠如土金如铁。如何移风易俗，改变民风？"公以身教俭，除供亿（供应），减出入仪从，衣绨啖粝（穿粗衣吃粗粮），吏不敢曳纨绮（穿高档衣服）。"朱公首先是"自奉甚约"，自己节约，老婆孩子一起过淡泊生活；然后管好衙门，在衣食住行方面全方位带头勤俭。

改变官风，才能改变民风。正民间风俗，朱公办法是以身作则，循循善诱，引字为首选。卖菜娘子无视家境贫寒，卖儿卖女，借高利贷，见富思齐，朱公不使行政手段，不用蛮法，而是引其入家，学习其妻子，参观其厨房，考察其饮食。这位卖菜娘子出了朱省长家门后，性情大变，脱了绫罗，摘了首饰，荆钗布裙，夫妻双双去菜市场，挑菜吆喝去了，"盖相勉以勤俭"。

有谓，所有道德，都是自律。这话意思是，道德是自个事，别人说不得论不得，一说便是道德优越论，便是搞道德绑架，更遑论公权干预。此论未免也是唱高调。道德都是自律，人们道德都到甚境界了？此论或非高调，乃是底线下唱低调——他不想道德呢。道德都是自律的，若他不自律呢？

朱公以朱公妻，树榜样给卖菜娘子，个例而已，总不能让所有卖菜娘子、锄麦娘子、织布娘子、插禾娘子、制鞋娘子、端盘娘子……都来朱公府上，参观考察吧。朱公崇俭倡简，也曾颁布过行政举措："谕民嫁娶之节，里党宾蜡（丧宴）燕会，止五簋。"嫁女娶妻，红喜白喜，不准大操大办，不能大铺大陈，菜是二三四五菜，桌是六七八九桌，"俱有常品"。这个一号文件，江浙人称之"朱公席"。

以行政来干预民间，时人也有非议。如袁枚，便曾大加挞伐。穿衣吃饭，你管官家便是，管甚民间？办百千桌，一桌十百盘，干官家何事？影响发展经济呢。袁枚也是借群众之名，替自己说话。袁枚请客，一请便是五六百人的。袁枚不是没道理，不过其道理只替富家说的。贫民娶妻，没百八十万，办不下来，苦不堪言；死个人，操办七天七夜，花十几几十万，让百姓如何死得起？人情猛如虎，今天这人满寿，明天那人打了一只尿桶（我老家有叔，家中实无喜事，老爹七老八十了，依然活蹦乱跳，他气不过，请人制尿桶，广发请柬，做了酒），都要送人情，至少二百，关系稍好，得封八百，一人喜宴来搞众筹，一人喜宴搞得"众愁"。

经济发展，若走奢靡之路，那是邪道。经济观与价值观比，价值观当置经济观之上。就朱公这番行政以论，也不曾过火，他反对的是浪费，而非消费，人情也没全禁，真有甚喜事，还是允许办五簋嘛。所以群众也是理解，更是欢迎的，百姓"翕然而从之"。故，朱轼抚浙，官风民风都为之一变，奢靡变廉俭了。

# 大清相人陈廷敬

王跃文先生著过一部《大清相国》。相啊相，往往是伯爵相国，伯乐相马，"伯伯"相人。没到伯爵级，相国没资格；伯乐眼界本来可以，却是位卑，顶多算市场中介，只堪相马。

跃文先生相国，先相人，对陈公甚是高赞：清官多酷，陈廷敬是清官，却宅心仁厚；好官多庸，陈廷敬是好官，却精明强干；能官多专，陈廷敬是能官，却从善如流；德官多懦，陈廷敬是德官，却不乏铁腕。相得甚是精准。鄙人眼低手低，相国不能，姑且相相陈廷敬之相人。鄙以为陈公相人，一言以蔽之：双清相人，故曰大清。

陈廷敬能相人，源自有大清授权（相人得伯爵级吧，你相中者，再优秀，也没用——没有用，便没用），"圣祖留意古学，常召对群臣"，这回廷对题目是："在廷中谁最能诗？"李爱卿对曰"李小二最能诗"，李小二者谁？李公之公子也；张大臣对曰"刘清照最能诗"，刘清照者谁？

张公新结识的女文青焉。

康熙这次貌似扯白话，没说这次相人是非正式人事安排会，群臣却没一人敷衍，都挺严肃蛮认真地，想了又想地，举荐"廷中能诗"者，有没有举对的？貌似没有，是群臣眼不行？不是，是群臣心不行。虽说诗无达诂，但基本审美标准还是有的，谁诗最好，谁词最孬，这些文科生而胜出者，眼里是看得清如水，奈何心里浊流滚滚，所举之人或是作诗的，却顶多二流，或竟是末流——廷中往往是黄钟毁弃瓦釜雷鸣，便往往种根于此。

群臣皆认认真真乱廷对，独有陈廷敬，甚是"敬廷"，他向康熙推举两人，一是王世祯，一是汪琬。王世祯散文、填词皆出色；擅长各体，尤工七律；尤其难得者，是文创与文研比翼，原创与理论连理，其创"神韵学"，倡导"不著一字尽得风流"，影响甚巨，人称清初诗伯。汪琬呢？后人如梁启超连连点赞：汪琬之文根柢六经，浸淫史汉，出入韩愈、欧阳修、朱熹、归有光之间；尤可赞者，汪公是清初古文运动之真"大V"，执牛耳者。

王汪两人，一为诗伯，一为文宗，在文学界之地位，"卓然为本朝第一作手"，朝野皆知，而朝不举，野无格举。举之者谁？陈廷敬也。陈公举了两人后，康熙分期接见二人，二人由此脱颖而出，"而吹嘘上送名达天衡，出谷乔迁，升华赫奕，实由先生一言推毂"。一言兴邦，难呐；而有举荐权者，一言升人，不难——人事安排上，有人给你说句话，要多重要有多重要。

王汪两人，跟陈廷敬没一毛钱关系。伯乐相马，不白相，叫上中介给你看马，你得付中介费的。陈公相王汪二公，一分钱都没收，一分谊也不沾。其举荐者，心地光明，眼界澄澈，只为国家选人才也，没掺杂半点私心。公道在人心，有时也在帝心，康熙听了群臣举荐那么多人，他都只是笑，并不召见，这说明也不是所有领导都很昏庸，他心里也有一杆秤的。刘诚龙虽则没被陈廷敬举荐，这厮常常牢骚满腹，这回也没意见——真选对了人，服气嘛。

陈廷敬举士，也举仕。官员爱举士，其中有甚说道？无他，买士心，以给其做传记著人物通讯哒；官员也爱举仕，其中有甚说法？无他，沽私恩，以给其捧臭脚当便捷提款机嘛。好吧，就算不曾沾亲带故，就说不曾买官卖官。有推荐权者，最喜欢推举同学、同乡、同事、同党、同宗、同盟、同龄、同族、同伍、同籍、同流、同脉、同路……心里打的小九九是推荐自己人。此心，被誉为理学名臣的曾国藩亦难免。曾国藩举荐了不少人，当然多数是能人，如左宗棠，如李鸿章，如彭玉麟，这些都是靠德能勤绩干出来的，不过也是靠曾国藩一言升人提起来的——没曾国藩推举，这些人能在大清朝廷呼风唤雨撒豆成兵？难。曾国藩曾举荐过沈葆桢，沈曾是曾之幕僚，干才，曾共破格举荐他任江西巡抚。沈巡抚任职江西后，并不听恩公之话，让曾国藩到死都咽不下气：你是我推荐的，是我的人，为何连我的话都不听呢？

曾国藩为国操心，此处举人，不免心带市私恩之意。陈廷敬举人，私心却淡。康熙有回又作干部提拔前之征求意见准备，国有疑难，来问群臣："已有六卿言他守令贤者"——这回啊，依然是赵公？举赵公子，钱公举钱老板——这般群臣，果是解国难的不？康熙只是摇头，转身来问陈廷敬，"上特问公，廉者果为谁"，陈公策对曰："知县陆陇其、邵嗣尧皆天下清官，虽治状不同，其廉则一也。"这两人，陈公您也举荐？有甚不对的么？两人廉洁是廉洁，然则清官自持清正，不感恩你，不听你的话，"两人者廉而刚，刚者易折，且多怨"，到时忘了是你提拔他的，朝廷上跟陈公您顶起来，你无怨无悔？官员中来了"两条鲶鱼"，害得其他官活不好了，不怨死你？不如现在踩着他们。是吗是吗？"果贤欤，虽折且怨庸何伤，是可谓能以人事君者矣。"只要他俩忠君体国，实心干事，廉心行政，跟我顶嘴，不听我话，这有甚关系？我为相国，首责是为国相人，非为己建官场陈家队，"虽折且怨庸何伤"。陈廷敬居相国位，选国贤才，时人服气："公在官所建白，皆得大体。"

清人赵恭毅论清官，有"双清"之说，一是要手清廉，一是要脑清白。"今人以清自负。夫清非仅不名一钱者，须得廉明二义，廉者一尘不染，明者一毫不蔽，兼之者斯可为清。若惟一介不取，而处事糊涂，人将安赖？"以双清论，能当之者，怕是不多。陈廷敬算一个，其任职大清，对行贿受贿、跑官要官深恶痛绝，力除其弊，"自廷敬始，在部绝请托，禁馈遗"，领导带头廉政，真心廉政，非假喊口号，也便除却圣明弊，官景一时新，这算是达到了赵恭毅所说的"廉者一尘不染"。陈廷敬清廉，清廉却是糊涂官么？非也，陈公既有用人权，又有用人推荐权，他在举荐人才时节，脑子清白得很，只选德能者，不选私情人，给自己送钱的，不推；与自己沾亲的，不举。"才者，德之资也；德者，才之帅也。"陈公用人与推人，脑子里称天平，一码是才，非财；一码是德，非得；不搞"财者，得之资也；得者，才让之帅也（得了其财，才让他任职统帅）"。如此，甚是合乎赵恭毅所谓"明者一毫不蔽"矣。

"独持清德道弥尊，半饱遗风在菜根"，清人金农点赞陈廷敬有清德。陈公清德，德在何处？其清有二，一者处财清廉，二者处事清白，有此双清，是为大清。

## 荐熟与荐淑

推贤荐能，价值观层面，说是要搞五湖四海，落到操作台层面，便多成了五服四邻，一亲二戚，三朋四友，七姑八姨，八九不离十，多是自己的老发小，老同学，老战友，老部下，老相好。唐朝崔祐甫，某大人立山头，搞圈子，分宗派，兴朋党，造熟人现象，唐德宗也动怒了，找他来声声质问。皇帝发气，大人不急："陛下令臣进拟庶官，夫进拟者必悉其才行，如不与闻知，何由得其实？"我用熟人尚且会出问题，不熟悉之生人，又哪里敢用呢？说得皇上也哑口。

举贤不避亲，举亲不避仇。此处举贤与举亲，未必有权钱交易、权色交易、权亲交易。大人之用人之心，非脏，或净，非私，或公，并无龌龊，亦无腐败，却总是让人感觉不对劲、不舒服。莫说亲者是他熟人，仇者，也是其熟人，不在他眼皮子下打转的，不在他心底处挂号的，干得再好，都不能入其法眼。立志为圣明除弊事，都不能，说来气沮。

但，崔祐甫之论也不是轻易能驳的。此论难驳，于正直官员，或是理论指导，于奸邪官僚，却是遮羞麻袋。故翻古书，任人唯贤者，有，不多；任人唯亲者，多，蛮多。有没有可能，举人不唯熟，也可以唯贤的呢？

有，这例子也有。清朝魏象枢便是。魏乃山西蔚州人，顺治进士，官至左都御史、刑部尚书，其为官也，曾发誓言"誓绝一钱"，言出身随，不曾做两面人，真做了道德君子，到了盖棺，时人以六字定评：好人、清官、学者，对应古人纯净理想人格：立言、立功、立德，足为三不朽。

清朝有个陆陇其，浙江人，康熙九年（1670年）进士，十四年（1675年），授江南嘉定知县。看陆公这份简历，可知魏陆之间，并无交集：魏是山西人，陆是上海人，天远地远，非同乡；魏是顺治进士，陆是康熙进士，年远龄远，非同年；魏是京都京官，陆是地方地官，级远职远，非同僚。要言之，两人之间，非亲非故，非朋非友，连襟之类都不是，"陆清献（陆陇其）宰嘉定时，魏果敏（魏象枢）公方长御史台，与清献素不相识"。关系不熟，甚疏，然则，千里相知，惺惺相惜，魏公却举荐了陆公。

陆公官嘉定，清声卓著，"嘉定大县，赋多俗侈。陇其守约持俭，务以德化民"。嘉定成十里洋场之先，也是千里大县，物阜民丰，财政状态好得很，是肥差地、富贾乡、官员最爱往这里任职的，上得斯任，不用干事，也能锦衣纨绔，饮甘餍肥，民脂民膏，都化席上珍，皆转腹中餐。陆公是另类施政，他抑豪强，整胥役，护细民，守其俭约，财政多用于民生。陆公非初任如此，后来任职久了，也是不贪不奢，民资民用，工资自用（说得有点不准确，他只用自己工资，而自己工资也多接济贫困），所见伸手没被捉，也多，陆公不心动，国库金再多，商家钱再多，他也手缩自家口袋，不伸国库与商家钱包。

有一事，可见陆公民本观。"十五年，以军兴征饷"，打仗即打钱，上面说要征税，征税可以，富豪在承平时节赚了百姓很多钱，那就多向他们征点，于情于理都说得过去。陆公说，绝不能因此加重乡下农民与普通老百姓负担，"会行间架税，陇其谓当止于市肆，令毋及村舍"。上面不肯，说都要加征，"江宁巡抚慕天颜请行州县繁简更调法"，陆公抗拒，巡抚便上疏，说陆公"才干乃非肆应，宜调简县"。领导这么搞人，陆公自无仕途，"疏下部议，坐才力不及降调"。

慕巡抚要搞下陆陇其，魏象枢却出来了，魏公听闻陆公行状，深深感觉清官难得，爱民之官难得，虽无任何交往，却连连写了几首诗，以赞陆公，诗一："吏道虽云杂，天下岂无人？"贪官污吏虽然多，清官好官也不能说没有；诗二："盥手赠荒言，始终愿自珍。"纵使这世界荒腔走板，满衙自肥，我们也须爱惜羽毛，自珍自爱。魏公点赞陆公，可谓高矣，义愤心中，还有澄明心在。

魏公点赞陆公，不止于声援。若是对清官好官颂几句话便了了，清官也是出不来的，把好官端到神龛上去，就是不推到主席台去，这般人挺多。好名而无其实，其心挺不干净的，表里颂清好之官，内里忌恨之也，言辞正义心底私义，名彰道德实要道德流氓，不足为训。

魏公对陆公，真心赞，真心荐。机会来了，"值会推福建按察使，上命选天下贤能爱民之官，不拘资格擢用，魏公即以清献荐"。恰好皇帝说要求贤，要选能，可以不拘一格，可以不论资排辈，魏公没推荐身边人，没推荐老熟人，没推荐阿谀奉承人，没推荐买官卖官人，他推荐了与他八竿子打不着的陆陇其其人。陆公不负其望，一生做官，都无负面，有"醇儒第一"之称，有"清官第一"之誉，入循吏传，从祀孔庙。可见魏公举荐没走眼，举了一位温良贤淑好官人，举对了人。

不曾举荐熟人，又"何由得其实"？魏公不熟悉陆公，交集是不熟，交心是熟的。他有帮着陆公熟悉者；帮者一，巡抚慕氏是也，慕巡抚弹劾陆公，以陆公抗命为辞，何以抗命？陆公为百姓嘛，可见陆公行政是以百姓心为心的。正面文章反面读，反面文章正面读，邪人从正面读出反面来，正人从反面读出正面来；帮者二，底层百姓是也，"陇其洁己爱民，去官日，惟图书数卷及其妻织机一具，民爱之比于父母"。官员上任，干群夹道欢迎，不足信；官员下台，百姓执手相看泪眼，泪眼汪汪，十八相送，这样的官员还要再考察什么？帮者三，自个正心是也，正直识正直，正直识歪邪；歪邪惜歪邪，歪邪忌正直。魏公人正直，其行未与正人交，其心已与君子通。假如心与心相知了，无用倚仗身与身相识。

补叙一事，魏公举淑不举熟，也是有来历的。他自己就是这么被人举荐的，"敏果尝为冯相国所荐，冯魏同榜进士，而无深交"，同时考中，人那么多，不能个个都熟悉，既不熟悉，又何以推荐他、提拔他呢？有回，冯公搞一个活动，天公不作美，大雨哗啦啦，如箭如镞，"一日大雨，泥深三尺"，这么恶劣天气搞什么鬼公务事？干部都不来了，"此番必无一人来矣"。错了，魏公来了，"未几公至，肃然瞻拜而去"，除了魏公外，还真没其他干部来了，"此外果无一人来。此余所以知公也"。

上梁正下梁正，上梁歪下梁歪；自己是被贤良所举，自个多得举贤良；自个是花钱买的官，自己多半得捞钱来卖官；感冒能传染，感动能传递；蚂蚱穿成线，清水有清源；人品塑人品，好官带好官。

## 刘墉的衣饰政治

古代官场衣饰的成文法是比较严格的，什么级别穿什么衣，不得越制。至于衣服穿得是崭新的还是破烂的，那是不太管的，有时候甚至还有一种破烂的爱好，甚至还成为品德的标准——衣衫越褴褛，品德就越高，廉政建设也就抓得越好。比如道光皇帝永葆先进性，天天穿补丁衣服上班，朝廷就刮起了破衣破裤、破破烂烂上班风潮。结果无数老鼠屎搞坏了一锅清汤，假做真来真亦假，所以那些真正清官，穿着破烂，也被大家不认可了，以之为一场衣衫秀。

尽管如此，我还是愿意相信刘墉是个清官。满朝衣冠楚楚，独有刘墉是破烂王，显然不是他特地把新买来的衣服绞烂当时尚以显酷。一代相国，当然不是衣服都弄不起，这里头有一种性情在起作用。刘墉"为清朝第一名家，然特立放诞，不斤斤边幅"。这不是作秀，也不是装廉，只是自己的性情与风度罢了，"衣服垢蔽，露肘决踵，泰然也"。不想吸引别人的目光，也不在乎别人的目光，这就叫做性情了。

刘墉平时的穿着如此，上班也是如此，到最高首长那里去汇报工作也是如此。那天，乾隆喊他去研究工作，他没装饰打扮，随随便便就去了。别人碰到皇帝召见，单就衣饰言，就可能遍访京城，请N个服装设计师专来量体裁衣。而刘墉被皇上召见，不但没请谁来装修装修，而且又脏又烂，露臀露腿露胳臂，他都没换，直接见皇帝去了。乾隆老儿看到有一只虱子从刘墉的衣领里爬，沿脖子而上，爬到胡须尖，在那里逡巡振翼，乾隆老儿捂着鼻子偷笑，"蠕行须际，乾隆帝匿笑而相国不知也"。有人提醒刘墉，刘墉引用王安石故典，一笑了之："此虱屡缘相须，曾经御览。"

别以为刘墉什么时候都不讲卫生、都是这一副邋遢相，该庄重一点的时候他还是很庄重的，他见皇帝不怎么庄重，也许是他认为这时候不是特别需要庄重的时候。需要庄重的时候，比如要去当学政，面对孔门弟子了，他还是比较注意讲究的。那年，刘墉到江苏扬州、通洲去督学，已是十一月了，天渐渐冷了，他身上还是那一身时见洞洞的衣裳，有豪门见状，送来他一身貂皮，他抵死不受。但为了显示对孔门的尊重，他向当地一官员借了一身朝服，穿了一天，把礼节办完了，第二天，他就还给了去。

也别以为刘墉穿衣着裤只讲性情，不讲政治。应该说，他讲性情，就是讲政治。"乾隆末，和相当权，最尚奢华"。有无学不是事，有无德不是事，有无能不是事，有无好衣服那就是事，人要衣装，马要鞍装，官要冠装，猴装一冠就是"侯"了。大官小官为了让人看得起，有条件买衣服都买好衣服，没条件买衣服的，创造条件（比如说贪腐就是最佳创造法）也要去专卖店拣最贵的，总之大家都是"脖"列珠玑，身盈罗绮，竞豪奢，"凡翰院部曹名辈，无不美丽自喜"。刘墉呢，他穿破烂，就是特想搞一回反动，"时刘文清公故为蔽衣恶服，徜徉班联中"。

刘墉的衣服政治，不是如此空乏讲法，他还以刘墉式的举报，搞了一回廉政建设。"刘持躬清介，居官数十年依然门可罗雀。同时有满相某专权恣肆，富敌万乘。"这满相房产有N栋，都摆在大街上，本来是一栋一栋的举报信，但乾隆不知是真没看到，还是装作没看到，一直没理。刘墉感到乾隆是不会理会那些楼堂馆所式的举报信了，所以他就设了个局，走的是"邹忌讽齐王纳谏"的艺术进谏之路。

刘墉先是脱下自己的衣服，对这位满相说：我这里缺钱缺得急，你知道我是不太喜欢向人家借钱的，这样吧，我这身衣服当在你那当铺里，你借些钱给我，咱俩先小人后君子，你给我开个收据。这满相觉得要得，也就照办了。随后两人一起到乾隆那里上班去，刘墉外衣当了去，穿的是内衣内裤，那是初冬时节的北京啊，冻得刘墉直打哆嗦。乾隆见之，当然就使出领导对下属的关怀出来，问刘墉：你的衣服呢？刘墉说：天下的衣服都给他给弄去了，我的衣服也被他弄去了。刘墉指了指这满相。这乾隆一头雾水，那满相一脸茫然。刘墉于是就把满相给他开的那张纸头递给乾隆看。乾隆笑了起来，很不严肃地笑了起来。刘墉的本意是搞一回举报的，乾隆却是一笑了之，笑了就了。

刘墉在这里，是很讲政治的，乾隆那头呢？根本就不讲政治，只把政治当笑话看待。刘墉的这次政治没讲成。下面想用笑话当政治，上面只把政治当笑话，这政治怎么讲得成呢？

附带说个事，关于衣服与政治密切相干，咱们伟大的爱国诗人陆游就写过一篇很严肃的学术论文，中心思想是，北宋之所以亡国，是因为大家穿着有问题。北宋那会儿，衣裳大概是年年有时尚的，那年流行的是一种叫做"一年景"的衣饰。一年景，这不就是说，北宋只有一年光景了吗？宋钦宗登大位恰好只一年，北宋就亡了，所以陆游就联想开了，把衣服一年景与政治一年景画上等号了。如果鄙人鹦鹉学舌，跟陆游一样说话：清朝亡于衣服，那么我肯定会挨板砖，这也太牵强了吧。老实说，我也觉得太牵强，但我敢放言，我这一说牵强是够牵强的，但是，最少比陆游要靠谱。

# 刘体书法妻体书

美人磨墨，红袖添香，皆道文人家胜景。文人是幸福了，其美人其红袖呢？磨墨云云，终究是男方叙事。谢安花心了，商之老婆：给配个副手，提拔你当正房好啵；为何呢？有出典么？谢安寻出处，"诗三百"首诗：关关雎鸠，在河之洲，窈窕淑女，君子好逑。谢夫人问："谁撰此诗？"答曰："周公。"谢夫人谓："周公是男子，相为尔，若使周姥撰诗，当无此也。"美人磨墨，当是男文人，相为尔，若是女文人做梦想，当无此也。女文人作梦想：男人磨墨，和尚烧火，她在那头读《西厢》，叫你去厨房当烧火和尚，便是她的胜景。添香者，是将如花美妾当丫鬟唤焉。

夫唱妇随，共话西窗。问"良辰美景奈何天，在词经哪页"，答"第五十八页"。"相公，错了，罚酒一杯"，便见华月西窗，咕咚咕咚响。响声绝，问，"采采卷耳，不盈顷筐。嗟我怀人，寘彼周行。在'诗三百'中居第几首"，答"第五十八首"。"娘子，错了，罚茶一杯"，但见西窗华月，淙淙叮叮响。这才是才子佳人，有共同语言呢。

才子佳人，比翼齐飞，莫道只有李清照与赵明诚。清朝刘文清与其黄夫人，也曾红袖添香，男人磨墨。是的，黄夫人给老公添香，刘老公也给黄夫人磨墨啊。平等呢。刘文清者谁，各位不太熟悉吧？宰相刘罗锅晓得吧。刘文清者，正是刘罗锅也。刘罗锅与和珅如何斗法，刘罗锅者替乾隆如何行政，都不提了，单道刘公书法，也是冠绝当年，"近世论书，以周、刘、梁王并称，然刘文清非三家能匹"。可当乾隆间第一。

　　刘公书法精妙，倘若去网上挂牌"当代书圣"，恐怕也是挂得。"刘石庵之书法，论者譬之以黄钟大吕之音，清庙明堂之器，为一代书家之冠。盖以其融会历代诸大家书法，而自成一家也。自入词馆以迄登台阁，体格屡变，神妙莫测。其少年时为赵体，珠圆玉润如美女簪花。中年以后，笔力雄健，局势堂皇。迨入台阁则绚烂归于平淡，而臻炉火纯青之境矣。"

　　这话非刘罗锅自吹，他不吹，他自嘘。刘罗锅自谓："吾平生有三艺，题跋为上，诗次之，字又次之。"有真家伙的，都是这么自谦的吧？刘公三艺，书第一，偏偏他说居三，意何在？当朝有诗名闻者，自谓吾艺有三：书第一，散文第二，诗第三。初不知作何解。以鄙人之臆测，可解：书一幅，可卖价一平二万；诗一篇，可卖价十页一块豆腐，他不将书挂第一么？那他亏死了。

　　刘罗锅倒排艺名，有无此意？估计不曾是。真自谦焉。其时，刘公书法赢得时誉，非刘公自拟定。他说其诗次之，其诗也并不作价，随时写诗，随时丢诗，"公诗不存稿"，诗稿都不保存，并不作卖诗想吧？其书大行其时，"师书名遍中外，朝鲜人亦求之"，都以得其片缣居奇货。

　　奇货可居，奇货并不易得。刘公清节，一平尺宣纸可抵京都住房一平方米，也没见其书与房相贸易，其为宰相，其为书家，"同官皆狐裘貂套，刘独衣敝缊，状殊瑟缩"。他不卖书，然求书者众，有个人便要狡猾，三天两头，今日送猪脚，明日送佛手，次日送米酒，隔日送白菜。有人到这厮家中去，但见刘公之书，装订可成册，讶异不已，人家一幅字都求不到，你这厮为何能收藏这么多？兄弟不晓得，齐白石小气死了，老板、老爷求其书而不得，街头卖小菜的大爷，却藏有其精品。何故？大爷卖白菜，见齐公来买，便不卖。要买我白菜啊，给画一幅吧。

　　这家伙藏刘公之书，要狡来的，"刘文清公书名重一时，然求书不易"。刘公有同事，"同直军机，时馈刘精品饮食。不数日则又致馈，年余未尝倦"，年初送，年中送，年尾送，感动死刘罗锅了？呵呵，非也，乃是这厮有情，刘公有意，人家给你送好酒好菜，土鸡土鸭，你得写感谢信一封是吧？"不有此馈遗，何得如许珍迹耶？"

珍迹固然珍迹，果乃真么？未必。恐怕非刘公所书，是刘妾所写的吧。刘公有妾，名黄夫人，"嘉兴人，笔势极似，惟工整已甚，较诸城疏散韵味微减耳。诸城晚书多出黄手，小真竟至莫辨"。这家伙要狡，刘公不要狡？也要你一回。这家伙到刘公面前吹牛皮，"刘大笑"，笑声里也是有鬼的。

刘罗锅活得老，写到老，书法练习到老，"无日不临帖，肘不去案者六十年"，天天磨墨，"耗去数万斤油矣"这墨谁磨？美人磨么？美人肯定给他磨了，他呢？也肯定给美人磨了，不但是黄夫人，"石庵有三姬，皆能代笔，可乱真，外人不能辨，晚年书代笔最多"。刘公家里，刘公老婆，都在家里练习书法，你写条幅，他写横幅，你写斗方，她写扇叶，闺房之内，有甚于画眉者。

嫁与刘公，并不全叫磨墨，而是一起磨墨一起作书，刘公夫妻佳话，比俗家如你我，幸福多了吧，堪比赵李。其妻其妾，书法达到乱真境界，非刘公手把手与教，定不可得。诗人老去莺莺在，甲秀题签见吉光，"石庵姬人春晓、王四姐皆效公书，凡钤石盫长脚印者，多属诸姬代笔"。多好，多好。

多说一句。刘体书法非御体书，刘公非帝，其妻能书其体，不能矫诏谕旨，乱自干政，亦是国民福分——呵呵，刘公非帝，也是大官啊，其妻给老公应酬有之，却不见其妻矫书公文，背后模拟老公笔迹批项目，果然妻贤家祸少。妻贤何来？背后或也是夫管吧，刘公许其妻模仿其笔，只为应酬，不为批文呢。夫贤，夫得其贤；夫管，妻得其福，官人之家庭生活有福而无祸，得其所哉，所谓是："耆英老辈，偶露风怀，正见理学名臣，其真性情去人不远。"

# 妻不贤夫祸也可以少

梁国治者，乾隆戊辰状元，中式后，最先入值南书房，乃清要之职，名声好，肚里空，非肥缺嘛。后来抚湘，一去京都三千里，当了一方要员，掌铨吏治，握柄布政，举凡文教、工程、项目，都是一把手，两手抓，位高权重，纵起是卑职，横起是诸侯——若横行起来，也蛮土皇帝的。

许是不想犯错误，梁走马湖湘，轻车简从，家属未曾简省，妻子也随政来了。前方老公行政，后方老婆家政，也算一种夫唱妇随，堂客相夫教子，洗衣拖地，后院生火做饭，要给老公省很多麻烦。夏日炎炎，堂客摇蒲扇；冬风猎猎，堂客暖被窝。老公外面当官，下班不往外跑，直接回家了。官人犯作风错误的概率会低很多。

有一利或有一弊，有妻随政，梁公灶上问题解决了，天天可举火，床上问题却麻烦死了。其妻乱吹枕边风呐：前天某人送了她金戒指，她絮絮叨叨，叫梁公动议干部时候，打个招呼；昨天有人给她送了美容卡，她睡梁公身边，一个劲夸某人办事能力了得，某某湖边，还有一块空地，可以叫他开发。

梁公之妻，饭菜做得蛮好，衣服浆洗不错，热来给老公开空调，冷来给老公穿棉袍，这等事，做得不算差。然则，他堂客远非贤妻良妇，"聚敛无厌，干豫人事"。自然，她对老公是先礼后兵的，先是老公装睡，她玉手动，摇摇摇啊，她薄嘴翻，不不不嘛，硬是把老公吵醒，连哭带抹，抒情来动摇老公意志：我给你煮饭，辛苦不；我给你缝衣，倾心不？又不是你一个人在做这个事，你做一下，有么子？温柔备至这招失灵了，便小娘子脸貌转白骨精，河东狮吼起来，嗓门奇大，玻璃窗都震得五六级地震响。

梁国治性格并不刚烈，肚子里没开钢铁公司，开的弹簧厂，你编排他了，他不发火，只是笑——笑不是默许，是暗拒。这性格按乾隆说的，是"品学端醇，小心谨慎"。他堂客说，由她说，他堂客骂，由她骂，他堂客叫他提拔某人某人，他就是不提拔；他堂客叫他签字某项目某地盘，他就是不签。她堂客气得一哭二闹三上吊，么子脏污名堂都使将出来，梁公都不曾买堂客账。

你不干，我出马。湘地有某人犯了贪赃事，在按察使那里挂了号，调查程序未启。这当口，是墨吏活动最起劲最上心的时候，谁捂了，一点事也无；不曾捂，那可大难临头。贪官污吏，这时节最是舍得动脑筋，花成本。这厮晓得找不到梁公，便走起夫人路线来，出手很重，足够摇动人心，梁公其妻，其心摇动得非常厉害。待梁公回家，先是好酒好菜，后是美衣薄裳，再是玉手纤纤，把他人所托之事托付老公，把老公弄得也是心慌慌的。梁公终是心有主，不驳不恼，对堂客傻傻笑，只是不办。

万般皆不动，唯有兴名堂。梁堂客路远，回不了娘家，却跑到了闺蜜家，不回来了：看谁给你煮饭，看谁给你掖脚，看谁给你寻袜子，看谁给你找睡衣。享受老婆照料惯了，蛮多男人生活能力还真是蛮低下了，老婆若以此要挟，老公只好就范。梁公梁国治，他堂客使出这招，着实让他生活困难起来，若换阁下，此妇不留爷，自有留爷处，正好可去第二房、第三房那里去，梁公却不曾有。他回到家里，进厨房，冷火冷灶，开冰箱，空空如也。好吧，我睡当饭，睡衣却找不到了。

"抚湘时，家人索贿不遂，故阻膳脯以激公怒，而公枵腹终日，无怒容。"没睡衣没事，和衣便睡，没饭吃没事，正好辟谷。若是这等事都受不住，老婆不给你煮饭吃了，你便要行贪腐，要收贿赂，要背弃皇法，许跑官买官，允徇私枉法，那官场里有多少威逼利诱，逼你上坟山，诱你上牢房，你便眼里看得破，肚里忍不过了？

梁公不受堂客枕边风，弄得枵腹终日，肚子咕咕叫，其中还有小帮凶，便是梁公秘书。梁秘书也恨死了他，跟着他，饭局没赴几次，红包没收几回，有人托请，梁公或无视，或瞪眼，或进行革命教育，或召来诫勉谈话，让秘书满怀腹诽。趁嫂子整治梁公，他跟着为虎作伥，橱柜里干净如洗，便是这秘书小动作。梁秘书晓得梁公饿得难受，他会打电话叫他去买菜包子、小笼包，便把手机给关了，找不到他人，弄得梁公不晓得何故，"亦不知为奴所绐（欺骗）"。

妻子是女流之辈，秘书是低品小吏，合伙要挟起来了？癣疥之疾嘛，有甚效力。您有所不知，领导身边小人物，厉害着的，其职或不高，却可影响有影响力的人物。堂客镇日与你一起的，下属见上级，难见，见了说话吞吞吐吐，有话不敢说；老婆见老公，说话直来直去，没有不敢说的，她在你旁边絮耳朵，揪耳朵，鬼怕车，人怕说，也多有男人自持不住了。秘书不敢那么行事乖张，却可时不时说风凉话：领导，我听说好多人在说您，其他人权力比您小，都用得活，您这大官，还不如谁谁……这等有心没心的话，听来，也蛮动摇军心的。

人处芸芸众生中，影响你的不会有很多人，多是身边几个人，妻子便是其中之巨者；下人将一些事，添油加醋，欺蒙歪曲，也让人不知不觉间，进了他所设之局。前者史上云红颜祸水，后者史上云小人蒙蔽，虽说您对这两个说法，打冷齿，不过这般事情，也是所在多有，我欲廉斯廉而不至，是老婆叫我不廉。很多贪官检讨书，叙其犯罪历程，多有这般陈述。

梁公却不曾因妻羁祸，源自他吾心有主，五心坚定。老婆不给煮饭，日子难过，日子再难过，也比进班房好过。官人妻不贤，官人是顺妻，还是顺法？反腐败斗争，外面要与贪官斗，里间也要与老婆斗。怎么斗？不能"热战"，冷战，可以有。她发气不给煮饭，外面有包子买；她不给找袜子，袜子没几个钱，多买几双。与天斗与地斗，意志高昂；与老婆斗，其乐不无穷，却可立意于无祸：老婆不懂国法，要违皇规，枕边教妻，教不着，则灶边斗妻，逼不着，不用墙边战妻"可冷战，不必热战焉"腐不腐，反正主动权在你手上。

阁下做官，是外强中干；梁公做官，是外干中强，遇妻子长袖善舞，叫他乱搞贪腐，他不一巴掌打过去，只是笑嘻嘻的，不照搬不照办。贪腐不贪腐，到底你为主。梁公这性格，遇和珅也是如此。梁公转任军机处，和珅有些贪，也要梁公配合，梁公拖着不办，让和珅气得裤裆跳落把戏，"至用佩刀剃公为发，公亦受之"，受的是你剃发，不受的是你违法。

一事能狂即少年，一廉能守即福官——至少，被双开，进班房，吃花生米，这些祸，可免大半。梁公做官，也不全是好，纪晓岚就曾笑话他，但他在廉字上没出事，无灾无难到公卿，卒谥文定——一生无祸，终是福定。

# 生爹当如王伟人

王杰，乾隆进士，据说是陕西出的第一个状元。他留下蛮多捷才故事，不辱状元头衔。其高中，山东士子不服，出联自贴脸：孔子圣，孟子贤，自古文章出齐鲁。王杰不假思索，脱口而出：文王昭，武王穆，而今道统在西秦。还有一件事，既见其才之捷，亦见其胆之猛。王杰当上书房总师傅，皇子们首席教师，乾隆来校访，见王老师罚其子颧琰跪地板，天子含怒：教者天子，不教者天子，君君臣臣乎，王杰口直对句：教者尧舜，不教者桀纣，为师之道也。

王杰够猛吧，性情却是挺温和的，很少拍桌子瞪珠子，见上非羊，不发咩咩声，见下非狼，不曾嗥嗥鸣，对上对下都是春风和煦，颜色温霁。王杰官当得挺大的，曾任军机大臣，东阁大学士，嘉庆登基，位列"宰相"，官阶高处声不高，不以虎威弄权威。而你若以为王杰糯米团子，那你错了，他不是笑面虎，也非糯米团，心肠里开的是钢铁公司，外圆内方，知雄守雌，治国安邦，"和蔼近情，而时露刚坚之气"。

王杰与和珅同事。乾隆玩权术，忠忠邪邪，正正负负，搅和一起，斗争一起，他坐龙椅上坐山观虎斗，吹哨做裁判。正邪两端，忠奸分权，乾隆玩得起劲，他俩却很是苦之。和珅多次想搞"宁汉合流"，王杰却一直摆阵"楚河汉界"。两人不搭腔，不说话，"公绝不与之交，除议政外，默然独坐"，议政除不了外的，紫禁城开会，和珅挨挨挤挤，靠过来套近乎，"距和相甚远，和相就，与之言，亦漫应之"。和珅有回伸手过来与之握，握得紧，摇啊摇，夸：王公一双好手，温软厚实，富贵气象，"何其柔荑若尔"。王公缩了回来，敛容严霜，"王杰手虽好，但不会要钱耳"。和珅人脸变猪脸，猪脸变猪肝色。

忠奸不两立，正邪偏同朝。王杰拟除奸，其法说来不好，然则，你叫他有甚好办法？海盐人有叫陈漾的，望闻问切功夫了得，和珅有回发相（发疯之意），打发奴才来请他去看病，陈医生跑来向王杰汇报，王杰说：好，好，正好，你给我开几副蒙汗药，结果他，国则泰，毒死他，民则安，"此奸臣，尔必以药杀之，否则毋见我"。陈医生觉得这法子太猛，不敢下手，病也不给和珅看，药也没给和珅下——要留和珅到嘉庆，由嘉庆来杀猪。

王杰官做得大，位站得高，其行政多有先进性事迹。办公室事不提了，说件家务事。王公有个儿子，长得标致，学问也不差。世上都晓神仙好，只有儿孙忘不了。爷强爹强不如儿孙强，悠悠万事，都以儿孙事为大。王杰占据高位，宰相副宰相的，这平台好做儿孙起跑线啊，他崽也是这么想的。

"其子某工文艺，善书"，写得一首好文章，也写得一手好书法。王二代高处是，不但能写些"我的所爱在蛮腰"等打油诗与下半身诗，也能高大上，做些致君尧舜上，再使风俗淳的策论与申论，"恒为其父代笔"。给王公子谋个好职位，铺锦好前程，官爹官妈官一代，都这么想的，都搜肠枯肚这么想的，都挖空心思这么想的，或还是徇私枉法这么去做的，违法乱纪这么去做的。杨家将家好大一面旗，满门忠烈，秦相公家好大一棵树，满门局长。

到得王杰这一级，子女安排无须王杰使眼色，开金腔，下面自有人想领导之所想，谋领导之所谋；莫说下面，就说领导的领导，也多要给下属考虑这个实际问题的。那回早朝，散会较早，乾隆喊了声，王杰留一下，其他人散会。其实没什么事，就是要给王公子安排工作：听说，你家小子蛮不错，德能兼备，才气了得，朝廷正是用人之际，爱卿你看呢？"高宗知之，以问王"，知甚？知王公子有才；问甚？问安排何地为好——部门都是为革命工作，工作部门是有不同前程的。王杰拒绝了：不行，不行，这小子真不行。他是稀牛粪，扶不上墙的。

有这么臭自家儿子的吗？这机会多好，领导亲自过问，亲自给解决编制，亲自给调配部门，亲自给安排职务，阁下脚跪一下，此事谐矣；好吧，脚不跪，谢一句，此事也谐矣；好吧，你骨硬，你脸薄，你一句话不说，露个笑脸，此事也谐矣。抬你起来，你都不会做人啊。

儿当官提拔，此事不谐，唯一反对者是他爹，是不是在领导面前充清正？王杰是这般两面人？非也，他是取位行正色，一般不谋私。王公子背后咕咕哝哝骂了爹，也没办法，打起背包回了陕西老家。我不搭你的顺风车，我自个吃自个本事饭，你管不着了，"子无奈，回陕，欲应本省乡试"。

后门不走，前门我还不能走啊。陕西一把手，恰好是王杰下属，关系好得很的。巡抚见王公子报了科举考试，便给王杰报喜兼报忠：放心吧，这事我自有安排，保证不会出岔子，给您添堵。官做到巡抚这一级，这还真不是问题，出了问题，他也有足够资源删帖什么的。巡抚这边拍胸脯，王杰那头敲脑壳：不行，不行，绝对不能这么搞。其他子弟，哪个考上都行，唯有我王杰这崽，你不能录取（亟致信，亦以是属之）。以是者，便是以跟乾隆所说的那些话也。说来王公子不是不读书的，读书读得蛮好，"收卷时，中丞视其危文尚可中"，状元不状元的，难说，名居孙山前，没问题。巡抚知王杰性，不敢录取，兜在袋子里，黜落了，"乃袖至己室，不发誊录"。

凭什么？凭他是王杰儿子。

王公子不能走后门，也不能走前门？知子莫若父，王公子才气是有，其性情不合行政。原来王公子爱喝马尿。王杰不是不爱子，而是不让儿子入官场做坏蛋，叫他入农场做好人——前途可以不太好，做人必须做得好。

生子当如孙仲谋，生子要生个聪明子；生爹当如王伟人，生爹要生个有道爹。对了，伟人者，意非如今意胜而今——王杰字伟人，号惺。名字叫伟人，一生行状也挺伟人的，赵翼持论素来甚严，对王杰却赞誉有加：君子小人消长之机，国运系焉。王杰、董诰、朱珪皆高宗拔擢信任之臣，和珅一再间沮，卒不屈挠。把坏蛋干掉，让善类当政，大家忠心为国，共同扶持新皇帝，则可以打造盛世。一旦共、欢伏法，众正盈朝，摅其忠诚，启沃新主，疹寇息民，苞桑永固。天留数人，弼成仁宗初政之盛，可谓大臣矣。

王杰死后，谥号文端，入贤良寺，寺门有对，为其一生盖棺写真：文见长，清风两袖，不畏权贵；端品高，言道一身，敢斥恶邪。

# 一声谢谢引发的职场事故

乾隆十四年（1749年），张廷玉给皇上打了一个报告，报告里向乾隆提了一个要求："以世宗遗诏许配享太庙，乞上一言为券。"退休了，张公要求有几个，如级别不降半级（一般来说退休后，工资福利多打折扣），仍要保持大学士职级；如还要封个名誉称号，伯爵可以吧？特请求皇上批准为荷。张公这里提得蛮突出的是要配享太庙，张公意思是，他黄土埋到了下巴尖了，得想着后事了，若翻到十八层楼下，希望乾隆批准他，跟乾隆老爹雍正一起斗地主，搓麻将，双升级，三打哈，玩叶子牌。

有人说，张廷玉打这个报告"太失礼"，对皇上怎么能有这口气啊：皇帝您，要给我立个凭证。要皇帝批准，这个可以提，可以有。很失礼的是后一句，空口无凭，皇上您得立字为据。有对皇上这么说话的么？也是没办法啊。当年湖南有个村夫子，叫曾静，这厮听说西北有个将军姓岳名钟琪，是岳飞N代孙，浮想联翩，起了反心：要是鼓动岳将军推翻清朝，多爽。还真去串联了。被雍正抓了正着，本来是要枪毙的，雍正"特别料理"，先改造曾静思想，后来叫他当了宣讲团与讲师团团长，全国各地去宣讲雍正和蔼与慈祥，宽大为怀，以人为本。雍正人之将死，给了他一张免死铁券："朕之子孙将来亦不得以其诋毁朕躬而追求杀戮"。到了"朕之子孙"乾隆，"追求杀戮"，将曾静脑壳割了韭菜。有这先例，张公请求乾隆再按确认键，也源自其心悬得太空，落不下嘛。

论者评论张廷玉这个报告，云两句话"很不得体"，或是不太懂退休文化吧。官僚没退休前，正在职上，尤其是少年新进，或年富力强，那时节，官僚腿是软的，脖是软的，膝盖是软的，嘴巴自然也是软体的，谁向皇上说过硬话呢，都是软毛毛的，酥糯糯的。临到退休，骨头好像硬起来了，也是也是啊，正当年，腰部与脊梁能支持90度躬，到退休年龄，骨头硬啦，以前点头如啄白米，是是是，如今摇头如拨浪鼓，不不不。一二三，四五六，合理的，不合理的，提一个又一个要求，你不解决，我不罢休。

张廷玉说来不是那么刺毛的、难缠的、爱闹事的，他是一个好好先生，"每遇启事者至"，都是好好好。有天一位下属来请假，"公问何事"，老爹死了，要请丧假几天，张公"习以为常"，连连说"好，好"。诸葛亮是两朝开济老臣心，张廷玉是三朝开济老臣心，经了康熙，经了雍正，又给乾隆打了好多年工，写过稿纸等身的材料，德能勤绩，都不错，《清史稿》云："庶政修举，宇内乂安，遂乃受遗命，侑大烝，可谓极心膂股肱之重矣。"雍正评价更高，赞他"器量纯全，抒诚供职"，更称其为"大臣中第一宣力者"。雍正对张公印象特好，以为君臣遇合史上第一对，亦君臣亦朋友，故而在翘辫子时，对张公对自己百工抒情：退二线了，退地下线了，我俩不做君臣，做朋友，一起打牌耍子。冷猪肉，有我一口，也会有你一口。

张公即将退休，他想起雍正那个许诺，叫乾隆给兑现，兑现之前，要按个手印，乾隆心里直冒火，哔哔剥剥，按捺不住将发作，却到底浇灭三昧鬼火。张氏话或不得体，持之却有故，配享太庙，是皇阿玛许的诺，算祖宗成法。老爹在下面天天跟美女玩，也有换口味时候，让张氏跟老爹陪吃，陪喝，陪玩，或可以开济老爹心。老爹不开心，跳将出来，他这位置如何坐得稳？乾隆这么想着，心头未必全开，却也舒展大半，提笔在张氏报告上批了朱：已阅，拟同意。

皇恩浩荡，皇恩比山高，比海深，当让臣子叩谢隆恩。当谢而不谢，我以为这是退休文化在其决定作用（我是文化决定论的坚定拥趸）。张公意思是，我已退休了，你给我解决问题是实，不过你莫想叫我怎么怎么来谢您了，提着鸡提着鸭，提着卡提着二维码，到您家，到您办公室，一把鼻涕一把泪，三跪地板九拜天，那是在职时候之仁义礼智信的职场礼文化，现今我都退休了，唱个肥喏行个小礼，没问题，但叫我跪—平身—跪—平身，行二十四拜，那就莫想那个味了。

张廷玉收到了乾隆"拟同意配享太庙"之批示，搁以前，袜子都不穿，鞋带都不系，小跑去了紫禁城，还在前门，便弯了脚关节，膝行肘步，飞至于养心殿。现在不了，如今退休了，张老自己不去了，打发儿子张若澄去代谢。乾隆本窝藏一肚子火，皇恩这般浩荡，臣礼这般浇薄？"以廷玉不亲至，遂发怒。"给你解决实际实惠，分配那大恩典，你却自己不来，打发他人来？张公之子，吓得打跑跑，什么话都不敢说，说不出；旁边有大臣帮说话：皇上，那老家伙已八十多了，走不动了，所以没来。

今天确乎是八十多了，昨天莫非是十八岁？莫说还好，越说，乾隆越震怒。或真跟乾隆所说的，这个事，不是年龄之故，仍然要归到退休文化决定论上来。前几天，张老没退休，虽则走路摇摇摇，出气嘘嘘嘘，怎么着也到办公室啊，汇报工作，膝盖也弯得下去；隔那么一天，膝盖老一百年？

膝盖，不曾一天老一百年，人家怎么着也是八十多了啊，打发儿子来谢恩，天可怜见也。在乾隆这，却是认定张老目无君上——退休工资还在你那领呢，人事安排若列入日程，崽女还要拜请皇上法外开恩呢。张公已在办退休手续，他对领导不再那么恭敬，是真的，然则说他目无君上，却不符实。

乾隆认定张老挑战他权威，故其发飙，其发飙，是因人挑战其权威，这还不曾触及根本。根本者，乾隆批准张公配享太庙，批准他自享伯爵，批准他退休不降级，依然受享大学士级别待遇，源自乾隆认为，这些都是他之恩赐，这些资源，或谓待遇，本属公家，而乾隆不这么看，他说这些都是他私人的，他给你就给你，不给你就不给你。现在给了你，你不来谢他，叫他如何不起火？"传旨切责"，发个通报批评。通报批评，不重；重的是，伯爵荣誉取消，大学士待遇取消。旁有张公门生叫汪由敦，给张公说好话："由敦免冠叩首，言廷玉蒙恩体恤，乞终始矜全，若明旨诘责，则廷玉罪无可逭。"

张廷玉急了，急如星火，往紫禁城赶。病呢？年龄呢？都不是事了。赶去紫禁城谢恩，乾隆更火了。一，骂他一顿，你算什么玩意，不过会写两个字，"以缮写谕旨为职"；在这吃了不少干饭，"毫无建白，毫无襄赞"；看你老不死，尊你是装个老古董摆设："不过因其历任有年，如鼎彝古器，陈设座右而已。"削其伯爵，尽缴其历年颁赐之物。二，朕说发通报，谁漏的信？汪由敦吧，"上责由敦漏言，徇师生私恩，不顾公议。解协办大学士，并罢尚书，仍在尚书任赎罪"。还好，没双开，级别没了；只"单开"，编制还在。

一声谢谢，没谢到位，让两大臣如丧考妣，甚丧考妣。后人谢恩，吸取教训，领导提拔了他，给他分赃，解决他儿子媳妇之事，他一路小跑（亏了老脚），一捆大包，急急如律令，谢主隆恩，谢主私恩去了。

附带说句。乾隆索恩，意在索面子，不在索银子；后人索恩，意在索银子，兼索面子。乾隆索足面子后，当时夺了张廷玉很多待遇。后来张廷玉过世，却还了他："要请之愆虽由自取，皇考之命朕何忍违。且张廷玉在皇考时，勤慎赞襄，小心书谕，原属旧臣，宜加优恤，应仍谨遵遗诏，配享太庙。"让旁边搛块冷猪肉，成本不高；批准他陪老爹打回"三打哈"，不算自己哈（蠢）。

# 卿本曹"文邪"奈何曹文正

曹振镛本来没什么可以扬名立万的。作文没文治，行政没政绩，干事没事功，做人没人品，当然有另种出名法子，名不闻，闹绯闻，文人官人与明星，都这么闹出名的。曹振镛那鬼样子，想偷女人，女人都不让他偷啊。而曹振镛却名传天下，流传"一古"（大清到如今，自非万古，顶多算一古），乃源自他弄了做官六字诀：少说话多磕头，因此成为庸官典型代表，世人说起庸官，便首举曹氏。

少说话多磕头，是做官人之不二法门？也不是，只是做下官才是。做下官的，逢上司来，嘭，嘭嘭，嘭嘭嘭，嘭嘭嘭嘭嘭嘭嘭嘭嘭，以额头代替嘴头，以地板代替舌板，以砸穿紫禁城之地代替说穿金銮殿之心，自然不用说话。然则，如曹振镛者，单做下官么？他做上司做得更多，他一人之下万人之上，做过蛮多大官：翰林院编修、侍读学士、少詹事、体仁阁大学士兼工部尚书、首席军机大臣、武英殿大学士、军机大臣兼上书房总师傅、太子太师、太傅大人。他做上司那么多，话当然可以少说，要说也只说一个字：滚。磕头一点也不用磕哒。

曹振镛做上司，指定不用少说话多磕头，其时其当官法子也是六字诀：阴说话暗刻人。曹氏这般做官，大清很多大臣都有深刻感受。阮元便领略过曹氏的厉害。阮元也是大清大吏，乾隆五十四年（1789年）进士，先后任礼部、兵部、户部、工部侍郎，山东、浙江学政，浙江、江西、河南巡抚及漕运、湖广、两广、云贵等总督要职。按级别，低曹氏一头，也只是低他一头，因为级别相差不大，才是曹氏要防着的。级别相差大，不会把他当尿壶别腰间；级别相差小，才把他提嗓子眼，随时弄到牙齿间来，咬他。

皇上打算换届，阮元估计入了皇帝"心单"（心上名单，决定纸上名单），便来问曹氏换届人选，"阮元历督抚三十年，甫壮即升二品，何其速也"？皇上意思是，这人是不是可以再升一下了？是可以升呢，阮元"学问优长"，有专家与教授水平。皇帝再问："何以知之学问优长？"曹氏对曰："现在云贵总督任内，尚任日日刻书谈文。"学问好啊，学习精神更好，天天学，日日问，学问指定高哒。阮元日日夜夜刻书谈文？皇帝发脾气了。官人有学问，领导发甚脾气？一个大吏，不行政，日日诗酒风流，夜夜与一班男文人与女文青耍，且去填词，别要实官。"盖曹素揣成皇帝重吏治，恶大吏政务废弛，故借此挑之，以触成皇帝之怒也。"皇帝果然发火了，"遂内召"，将阮元骂了一顿饱的，挨骂不是事，还被从拟提人选心单里划掉了。阮元吃了个大哑巴亏。

吃了曹氏哑巴亏的，还有蒋襄平，"清道光初年，蒋襄平以直督召值军机处，主眷优渥，曹文正嫉之。"他若晴好，那还得了？道光先派了林则徐去禁烟，道光屙屎怪茅厕，说是鸦片战争是林公搞烂的，贬了林公流放新疆，另派了琦善去。林公都办不好的事，花花公子琦善能干么子事？"时两江总督琦善，以外交奉旨降调"，道光又把琦善拿下了，谁去两江？大清国有疑难无有可问者，便来问曹氏，"两江乃重任，当求资深望重者、久历封疆这者与之，顾谁堪当其选者"？曹氏支颐，作沉思状，俄而，拿腔拿调，曹顾左右而言他："以臣观之，那彦成为最。"那公确是久历封疆的，其时西北发生了农民起义，他正在那里"剿匪"，怎么着也不能临阵换将，"西口正多事，何能他移动"？

曹氏便不说话不磕头，"曹不语"，装死。皇帝转而指着蒋襄平，你合适去，"汝久历封疆，非汝无第二人"。正是正是，恰是恰是，皇上想说的，正是曹氏要说的。曹氏要说的曹氏没说；曹氏没说吗？说了，他没说，皇帝给他说了。曹氏一句话也没说，将政敌从权力中枢踢了出去，由他三千宠爱集一身。蒋公做声不得，咬牙切齿的，回家路上乱打野狗，回得家来乱打婆娘，未了，乱发牢骚："曹之智巧，含意不申，而出自上意，当面排挤，真可畏也。"曹氏不着一字，尽得下流，邪得真是可怕。

大臣间互相倾轧与排挤，或还不算什么事，曹氏更是害死了大清，"初，宣宗倦于大政"，前天你弄个报告来，昨天他弄个奏章来，今天文武百官个个弄了万言书来，道光婆娘多、妹妹多，天天喊他去要，却被那些奏疏缠住了脚，"苦于奏章不能遍阅"，搞得他发闷气。这个，曹氏不磕头，多说话了，"今天下承平，臣工好做危言，指陈阙失，以邀时誉；若遽罪之，则蒙拒谏之名"。怎么办？好办，皇上，您只要拿起奏章，不看内容，单看错别字，单看标点符号，单看计量单位，若出现错谬，您就拍桌子，您就瞪珠子，您就摔凳子，您就发签子，搞那么几回，保证没人再来烦您了。

这法子太有效了，"宣宗从之，其嗣后章奏中有极小错误，必严斥"，天子一怒，吓杀百臣，吓一跳不是事，更是罚俸，降革，费心巴力，欲为圣明除弊事，却落得罚了几月一年工资福利与奖金；罚俸禄还不是事，革命几十年，好不容易弄到副部、正部级，职务说没就没了，我还干个甚鸟？"中外震悚，皆矜矜小节，无敢稍纵。"帝国天崩了，告不告皇上？不告；帝国地裂了，告不告皇上，不告；农民起义了，汇报不汇报给皇上？不汇报"及洪杨难作，互相隐讳，莫敢上闻"。发生了太平天国这般天大事，也没谁上奏疏，"至于屡陷名城，始为奏达"。茶馆门口挂"莫谈国事"牌子，没甚事，庶人不议嘛；金銮殿里也挂"国事免谈"匾额，事大矣，精英都不负责任了，亡国之日远乎哉，不远也。

你说曹氏没文化不，他是有文化的，你说曹氏不能文治么，他是能文治的，他之文化是甚文化？邪文化；他的文治是甚文治？邪文治。对了，还说一件事，大清承继千年科举，以文取士，其文者也不是写几首马尾巴诗，不管你对科举如何看法，科举也还是要写策论，考申论的，多少含有治国安邦的思维在。到曹氏当政，他懒得看卷子，"自曹振镛在枢府，挑剔破体帖字，不问文之工拙，但作字齐整无破体者，即置上等，若犯一帖字，即失翰林"。没谁管甚治安策，没谁思想治国章，天天去练字了，"海内承风，殿体书直成泥塑，士习阘茸，厌厌无生气"。九州没生气不恃风雷，万马齐喑真个可哀；没谁再劝天公重抖擞，只任其拘一格，不降人才。大清不灭亡是没道理的。

大清时人撰《一剪梅》专道曹氏：仕途钻刺要精工，京信常通，炭敬常丰。莫谈时事逞英雄，一味圆融，一味谦恭。大臣经济在从容，莫显奇功，莫说精忠，万般人事要朦胧，驳也无庸，议也无庸。八方无事岁岁丰，国运方隆，官运方通，大家襄赞要和衷，好也弥缝，歹也弥缝。无灾无难到三公，妻受荣封，子荫郎中，流芳后世更无穷，不谥文忠，便谥文恭。

曹氏不是庸，而是邪；他不是谥文忠、谥文恭，而是被谥为文正。

"谥之美极于'文正'。"朝廷今天给这人谥，明天给那人谥，文治武功，功勋卓著，很难谥号文正的。有好事者统计了，北宋加南宋，两宋合起来，只有三人谥号文正，而大清却谥了八个文正。大清谥文正者八人，汤斌、刘统勋、朱珪、曹振镛、杜受田、曾国藩、李鸿藻、孙家鼐。"八人中汤斌以理学，朱珪以学问，曾国藩以勋业，皆无人疵议；李鸿藻、孙家鼐，皆以师傅得之，则成惯例。其人盖尚无大过。"杜受田跟领导关系好，"杜受田以文宗师傅，相从最久"，正气不足，邪气不多，勉强可以；这丫的曹振镛，"拘牵文意，钳制天下人心不得发舒，造成一不痛不痒之天下"；"洪杨猝发，几至亡国"，居然也谥号文正。邪乎，曹振镛邪乎；邪乎，大清太邪乎。

"文邪"谥为文正，没天理了。若有天理，大清不至亡国。大清，上溯于大明，再上溯千年之大元大唐大秦，不亡于六国七国八国，都是亡于没天理。

# ┃ 他俩曾经如何做父亲

左宗棠敲着曾国藩额头，敲了个"栗子脑壳"：还有比你更笨的吗？老师布置学生折千纸鹤，爱迪生交了作业，老师问：还有比你这更糟糕的吗？"有。"爱迪生从课桌里掏出一只，"老师您看，这只更差。"左宗棠问曾国藩"还有比你更笨的吗"，曾国藩举手抢答：有。我嗲嗲（爹爹）比我更笨。

曾国藩十三岁开始，一年又一年，一次又一次，去省城长沙"应童子试"，考一回落第一回，考两回落第两回，从十三岁考到二十二岁。高考复读生者，大多复一年二年嘛，曾国藩凡七试，方才中举。左宗棠虽然考试也不怎么行，老曾后来还考上了进士，左公最高学历却是举人（当官后考博，读博士后，算不得数），但不影响左公笑话曾公笨。

曾国藩笨，曾国藩爹笨之平方、笨加笨。曾帅家后来自称耕读传家，只是五六百年，只见耕，祖祖辈辈面朝黄土背朝天，一肩接一肩，日挑红薯夜挑星月，何曾见其宗祖读？读，或许一直在读，却无一人读出名堂，读出效益来。曾帅祖父星冈公曾玉屏，天光光月光光，担担水来洗学堂，做田，挑脚，摆摊，帮人出猪栏牛栏，赚了些家产。家产而优则读书，曾爷便叫其子、曾国藩之爹曾麟书，读书。兄弟，知道曾麟书名字密码么？有个书字呢，曾爷爷对他恳说：你什么都不要干，你要干的事，便是读书。曾麟书蛮听话的，不是双差生，是单差生——德是蛮好的，不吵不闹不调皮，只是智力不行哪，成绩老是上不去呀。他"穷年磨砺，期于有成"，却是读读读，考考考，学校都读倒了，考场都考焦了，连考连考连连考，直到四十二岁，考了十六次，方才考了个秀才。此后再也没去考举人，考进士了。曾国藩之爹笨是笨，并不蠢啊，多少有自知之明。

爹爹是出息不了了，靠崽了。曾家两代人，都把希望寄托在曾国藩身上，老曾不是双差生，也谈不上是双优生——读书勤奋程度，听话程度没得说，只是成绩硬是难出头。"自八岁侍府君于家塾，晨夕讲授，指画耳提，不达则再教之，已而三覆之。"你懂不懂啊？揪起曾国藩耳朵，把曾国藩揪成偏颈脑壳，你不懂啊，我再教一遍——看吧，曾国藩没哭吧，没拣块砖头砸老师兼职老爹吧，也没提起书包，就往外跑吧——曾国藩读书态度是蛮好。还不懂啊，崽啊，牛也教过来了啊，你何搞这么不开窍呢？（曾国藩是好孩子，没反问：爹，您呢？）哎，听好了，现在开始教第三遍。

"或携诸路途，呼诸枕畔，重温昨日所惑者，必通彻乃可。"走亲戚路上，叫他背书；睡得梦里梦冲，还在旁边喊他背口诀一六得六、六六三十六。曾爹对曾国藩读书，是下了本钱的，春种秋收，夏搞双抢，冬打野兔，农活都不让曾国藩干（牛还是看的，猪草还是打过）。

说个事吧，可证曾爹对崽舍得投入。曾国藩中举后，曾到秦淮河畔玩。您去玩，是玩秦淮八艳，曾国藩去玩，是玩夫子庙《二十三史》。他在这里看到了这套书，拿在手上，放下了，转八艳去；未到八艳楼头，转回来，再拿书到手上，再放下，转八艳楼头去……最后呢，掏出口袋所有，把上衣给卖了，豪情壮发，花百余金，购得史册在手。回得家了，他爹见了，没骂他败家子——这套书，还真算可破他家——只当了励志作家："尔借钱买书，吾不惜为汝弥缝，但能悉心读之，斯不负尔。"一百多两银子啊，值现在三五万，乡下砌栋房子，也不用借太多钱了。曾家不是暴发户，日子过得算紧巴巴的，曾国藩再次入京考试，"称贷于族戚家"，路费都是借的。

一本书，百余金，曾氏家，半家资，曾爹爹，没二话，只要崽，能读书。曾爹爹对儿子搞文化投资，算是大手笔吧。曾国藩心真动了，"闻而悚息。由是侵晨起读，中夜而休，泛览百家，足不出户者几一年"。小子一本书，老子一句话；老子一句话，小子一辈子。

曾国藩之爹是这么做父亲的，晚清另位大人物李鸿章之祖呢？说来也是一样一样的。李家后来阔多了，先前却也是"世以耕读为业"。这话可能有点水分，耕是肯定的；读呢，在或然间。李鸿章家祖先前比你穷多了，"清贫无田"，人家舂米便帮着舂米，人家割麦便帮着去割麦，直到李鸿章太爷与爷爷时，"勤俭持家"，方"有田二顷"。宋真宗唱高调，谓，书中自有黄金屋。这话真是饱汉不知饿汉饥，是黄金屋自有读书好不好？穷苦人家，读书是一桩最大投资，最长的投资，还或是最难见效益的投资。张宏杰计算过，科举进士率是0.000136%。科举虽没分贫富，理论上可打破阶层固化，实际上呢，他家私塾都送不起，如何科举？科举是要优势教育资源的。

李鸿章爷爷李殿华挣来"有田二顷"后，方才再来生发读书改变命运梦想。李爷读啊读，悬梁刺股、凿壁借光、映雪囊萤、秉烛达旦、牛角挂书、韦编三绝。爱因斯坦说，天才是99%汗水加1%的灵感，这话蛮励志的，可是这话后面，励志教师爷剪了后面一句：可是，1%的灵感或比99%的汗水还重要。对于天才而言，这个"1"胜"99"；对于人才而言，这个"99"胜"1"。李鸿章爷爷是天才还是人才？都算不上，他考上了生员后，再怎么考，也考不上举人，更莫说进士。

爹是不行了，看子孙的了。李殿华对自己彻底失去信心，信心完全放在其子其孙身上了，犁田、挖土、种禾、拉纤等事情，一个人包干了。其子李文安，其孙李鸿章都是十分工的劳动力啊，李殿华都不要他们干粗活、干细活、干农活、干工活，什么活都不让干，要干的活，就是安心读书，专心读书。他一个人挑起全家之生计，"足不如城市者五十年"。这种惊人的毅力与感人的定力，做爹的你，有没有？苦心人天不负，李鸿章父子读书终于读出黄金屋来了，"以科甲奋起，遂为庐郡望族"。

亲，众亲，若你不行，可否让我行？天下好父亲是：我不行了，我定要让你行。

曾国藩也曾要钱不要脸

# 自省省到自虐

曾国藩，你这个蠢猪；曾国藩，你这个笨牛；曾国藩，你这个死狗；曾国藩，你这个臭鸭子……谁骂曾国藩骂得这么狠？比这还有更狠的：曾国藩，你这个畜生。

谁，如此粗俗？谁，如此猛恶？这般使用语言暴力对曾国藩者谁？骂曾国藩者，曾国藩也，"醒早，沾恋，明知大恶，而姑蹈之，平旦之气安在？真禽兽矣"。禽者鸡啊鸭啊，兽者猪啊狗啊。曾国藩自骂自来，不拣话骂，不择词批，哪话狠，哪词恶，哪个句子能骂得人鼻子出血、脑浆出窍，曾国藩便用之。

什么事让曾国藩这么上火？原来是这天早上，醒来得早，眼睛睁开，天还没亮；曾国藩醒是醒来了，却如懒虫，恋恋着席梦思，在床头翻烧饼。三个早起当天工，如此吉日良辰，还在这里"挺尸"（湖南人对爱睡懒觉的，爱用此词相骂），你这个猪啊，你这个禽兽。

曾国藩恋恋一张床，他自扇耳光，自打屁股，也不是有太大事情。他不曾干甚伤天害理事，不曾干欺宗灭祖事，不曾干卖友求荣事，不曾干祸国殃民事，不曾干爱国贼事，也不曾干卖国贼事。是的，不曾哪里天开裂，要去补苍天；不曾哪里地开拆，要去填管涌；老屋没着火，老婆没难产；岁月静好，国泰民安；更夫打更，喊的也是平安无事。那，"醒早，沾恋"，睡个回笼觉，有甚大罪？何事让曾国藩如此破口大骂，大骂自己混蛋？

无大事——错了，有最大事。醒来了，晨起好读书，鸟语花香，空气那么清新，却还直挺挺地躺在床上，辜负大好读书时光，不是蠢猪是什么？"要此日课册何用？无日课岂能堕坏更甚乎？尚腼颜与正人君子讲学，非掩著而何？"自己给自己定下晨读课程的，自己又违反了自己，有脸面去面对正人君子吗？曾国藩你这个蠢猪。

这个早晨，曾国藩耽误了半晌读书时光。也不过是半晌，他自抽了耳光，自劈了屁股，然后起床了。找了阳光照耀的东窗，放进来清新花香草香，咿咿呀呀，呜呜哇哇，在那放声读将起来，"辰正起，读《旅卦》；饭后，读《巽卦》"。这个早上，曾国藩心猿意马（心思中猿啊马啊，皆禽兽也），心思不晓得放哪去了。书是张起鸬鹚子嘴，有口无心念了，效果无："一无所得。白文都不能背诵，不知心忙什么。丹黄几十页书，如勉强当差相似，是为何者？平生只为不静，断送几十年光阴。立志自新以来，又有月余，尚浮躁如此耶？"

读书不进，著文不精，何故？大病者，浮躁也。古今文化人固有之大病灶，浮躁焉。浮躁病大矣，不开猛药，不下大刀，何以治得愈？曾国藩自骂，骂得那狠，原因也简单。一，这般立志事，自己不骂，干别人何事，谁来骂你？二，自己不骂，让别人来骂，受得了不？别人轻敲你一个"栗子脑壳"，你便喊痛；别人重打你屁股，打得皮开肉绽，你不跟人拼命啊。自个心里藏掖着的那"小"，自个暗地里干的那茧子事，最好自己开骂，莫要别人开口。

曾国藩自骂读书不发狠，不用心，这事还真论不到"禽兽"上来。曾国藩只骂自己读书事不？他也是敢从自己的心口子上下刀子的。也就是这天［道光二十二年（1842年）十一月初八］之日记，他记了一事——"复黄晓谭信"。信里面尽夸黄兄这好那好，你好我好全都好，豪爽，义气，够朋友……种种好词语，都用到黄兄头上去了，比干部考察表上的词语用得还多还漂亮。干吗把《辞海》《辞源》与《古代汉语》《现代汉语》那么多佳词妙句都贴黄兄胸前？"伪做亲厚语，意欲饵他馈问也。"你素来发红包好大方的，发的是好大红包的。切，这是夸赞他吗？"喻利之心鄙极"。唯利是图，见利忘义，这算甚事？恶心，混账，虚伪，卑鄙，禽兽哪。

批评与自我批评，最好是先自我批评；自我批评，还真要去灵魂深处闹革命，一根火柴棍，可以捅到自己灵魂深处吗？曾国藩是杀猪捅棍（湖南地方杀猪用的捅棍，细如指头，长有两米多），捅自己灵魂的，不怕捅出窟窿来，不怕捅出瘀血来。曾国藩之自省，不轻描淡写，不花拳绣腿，不轻拢慢捻，不涂脂抹粉。他不是写给别人看的，是自我下药，是自给自痛下针砭。解决自己思想深处的问题，哪用作秀给别人来笑看？

曾国藩自省，用力相当猛，用语相当恶，自我棒喝，迅速见效，立省立悟，立行立改。他初写给黄晓谭信里，藏有龌龊之心，牟利之念，自敲警钟，猛然回头，"即刻猛省痛惩，换写一封"。痛惩？怕是给自己猛踹两脚，啪啪扇了自己两巴掌，脸上都现红爪印吧。比如这回，给自己下狠心，出猛掌，把原信撕烂，丢纸篓去，展纸重写，此封不再著"利禄心"，多是"疏阔语"，只是一般性地问好，没安不良动机。改得那么快，那么彻底，曾国藩自己笑起来了，自我表扬起来了，在日记之天头上，自夸自赞："迁改勇甚，可敬。"自骂，是要把自己警醒；自赞，是要给自己信心。

"我的确时时解剖别人，然而我更多的是更无情地解剖我自己。"解剖别人，或当"有情操作"；解剖自己，或可"无情打击"。曾国藩自剖真是深刻的，更是严苛的，故而自查自纠自改，效果真个蛮好。比如曾国藩读书，一生懒惰心，便猛掐自己，"读《易》《恒卦》《遯卦》，无心得。未正，走冯树堂处，看树堂日课，因与语收摄无方，无诸己而责诸人，可耻"。一生名利心，便猛掴自己，"今早，名心大动，忽思构一巨篇以震炫举世之耳目，盗贼心术，可丑"。曾国藩日记里，很多事如交友，如惜时，如行政……都能自揭自丑，自掴自心。对人或不出恶口，对己却不留情。

曾国藩活到老，自省到老，自省至生命全过程，自省至生活全覆盖。自省出效果，比如他对读书常自省，故而其能终生读书，到右眼失明到寿终欲寝，他都手不释卷。曾国藩终成理学名臣，终成中兴之帅，真非无缘无故、随随便便就成功，那确有原因的。原因者何？原因多多，内因居首。

## ▋ 以身作则非上上则

曾国藩有一雅号，叫一品宰相。此处所谓一品，不是一品官阶，而是菜肴一品。曾国藩已算位极人臣，官本一品，不在话下。曾国藩"饮食起居，尚守寒素作风"，比如每餐用膳，或鱼或肉，或鸡或鸭，蔬菜几大碗，荤菜单一碟，曾国藩处满汉朝廷，然则其家里，是见不到也见不得满汉全席的。到他家作客，见曾领导每上餐都是一样荤腥，上了泥鳅不上黄鳝，上了腊肉不上腊肠，客人既惊又敬，给曾国藩起了个雅号，谓一品宰相。

曾国藩之寒素作风，不是作秀，而是作则。他从政始到从政终，都是善始善终，俭始俭终，廉始廉终，洁始洁终，早也求操守，晚也持操守，一生都自秉操守。周玉柳先生所著的《向曾国藩学领导艺术》里讲了曾家一件生活小事。据曾国藩小女曾纪芬回忆，当年其家安在江南总督署机关院内，曾国藩高徒李鸿章请客，曾氏姐妹也在邀请之列。去作客要穿新衣服嘛，但新衣服只有一件，姐妹俩都争，争得哭兮兮的，曾国藩将曾纪芬拉到一边，叫她让给妹妹穿，再给她许诺："明年若继续任总督，必为尔添置稠裤一条。"

曾国藩管家属，实堪大纪。夫贵本妻荣，丈夫做了那大官，夫人当天天去按摩，夜夜去搓麻，去美容院涂羊胎素，但曾夫人从没享受这般富贵生活。曾夫人的生活白天当老妈子，夜里当纺织工，每日纺纱到深夜。曾国藩对媳妇，要求甚严，"教以勤俭，纺绩以事缝纫，下厨以议酒席"，立了一个家规，三姑一嫂，每年必须做一双鞋给他，以此检验其是否耕织。此外，"后背诸儿须走路，不可坐轿骑马；诸女莫太懒，宜学烧茶煮菜"。

曾国藩修身齐家，算个封建范儿了。然则，其平天下呢？还算范儿否？此处所谓平天下，非指建功立业，单指官德吏操。曾国藩平了"洪逆之乱"，功业上是平了天下的，但在官风上是不是"致君尧舜上，再使风俗淳"？这很难说。曾国藩饮食起居，自家简朴，无可置喙，自家之外，比如公家，他就建树不多，不曾"再使风俗淳"了。比如说吧，他在总督任上，曾到扬州去"视察工作"，扬州地方看到那么大的领导来了，当地方政治生活中的一件大事、喜事与盛事来操办。住，寻五星级宾馆；行，红地毯铺高速公路；吃呢，拣最好的上，拣最贵的上，天上飞的，水里游的，山里跑的，山珍海味，熊掌鲍鱼，洛阳水席，满汉全席，流水成席，一桌饭何止一头牛？差不多一栋楼了。曾国藩坐在上席，脸色不开花也没结霜，行礼如仪，吃喝了这一顿公款。当时没发气，回来记日记："一食千金，吾不忍食，且不忍睹。"

这也难说曾国藩假醋虚文，难说其人格虚伪。曾国藩是理学名臣，理学十分讲操守，然则理学所谓操守，更强调的是独善其身。众人皆醉我独醒，众人皆浊我独清，众人皆贪我独廉，众人皆恶我独善。大家公款大吃喝，我不大吃大喝；大家收红包，要收你们收，我不收，也不管你收与不收；"工作餐"之后，诸位要去娱乐娱乐，放松放松，既不反对也不支持，既不参与也不揭发……明哲保身，洁身自好，"总之，爱惜物力，不失寒士之家风而已"。

自风好，修了身；家风好，齐了家？天下官风好没？平天下官风，怕是没怎么去平了吧。

曾国藩齐家，叫自己妻儿子女勤俭持家，他当然有这个权力，领导干部管好身边人，他可以有而且应该有这个义务；自然别人家妻儿子女，他就管不着了，他没插手人家家务事，没要求李鸿章家属去纺纱，这是对的，但扬州地方官，花那么多民脂民膏搞接待，这可不是别人家的家务事，已属平天下事，也不是单记日记事，而是应发文件事了——看到满满一桌公款案，不掀桌子，也当拂袖子，然后，针对三公消费，发文件，搞整风，改制度，抓落实，这才算完全意义上的修身齐家平天下。

儒家理学有一句广告语曰："其身正，不令而行；其身不正，虽令不从。"广告语终究只是广告语，广告与实效，差一大截呢。对于权力者而言，这话准确度有多高？实堪怀疑，其身不正，令下，谁敢不从？君要臣死臣不得不死，古来皇帝身歪得很，何尝身正过？但不很影响其下圣旨。曾国藩其身正了，对公款吃喝，不令，谁从了？他不大吃大喝，不影响诸辈山吃海喝；顶多是，知道他个性了，以后接待曾领导，不上大鱼大肉就是了。左宗棠喜欢衣着朴素者，别人要向他来跑官，脱下世界名牌换一身土布衣裳，仅此而已；背了左宗棠眼，全是金缕衣钻石戒。官场恶风滥习，即使"下令"，都未必相从，何况不下令？有制度，不去抓落实，制度都成空文，没制度，幻想愿景，那是空想，而已而已。

还说曾国藩吧，他身正了，相从的有几？曾国藩之修身，没得话说，曾国藩之齐家呢，究竟也只是齐了几个妇道人家。他家姐姐做鞋，妹妹学了样，而曾国藩哥哥垂廉俭范，弟弟没跟着学样，其中缘故是，姐妹们本身没权力，若当年其妻其女其媳妇当了官，掌了权，没制度约束，她们会不会相从，真是未知数。曾国藩弟弟们有权，有权就来钱，那廉俭两字，就不成则了。咸丰六年（1856年），曾家修建富厚堂，算是江南大厦了，费银三千两，他弟弟们修建的，曾国藩晓得了，很不高兴，发誓此生决不进新屋，他确实没进过。但没进过此屋，此屋却修了起来，修了起来之后，曾家再豪奢着。同治六年（1867年），家人花费七千银两搞装修，曾国藩着急却莫奈何："富坨修理旧屋，何以花钱至七千串之多？即新造一屋，亦不应费钱许多。余生平以大官之家买田起屋为可愧之事，不料我家竟尔行之。"

若我看来，这不是曾国藩人格破产，而是曾国藩垂范失败，以身作则，专做个人人格高则，不将高则转为公家权力规则，没有不失败的。大清官员队伍庞大，有几人学了曾国藩？曾国藩高足李鸿章，早先天天呆在曾国藩身边，权力传帮带，倒是带身传承下来了，廉洁方面却是几乎没以曾国藩为师范。曾国藩死时，几无遗产，李鸿章身后，金山银山，富贵满堂。"其身正，不令而从"，若改为"其制正，不令而从"，可能更靠谱些。以制做则，不一定全成则，但九成会是则，一成会不以为则；以身作则，不一定全不则，但九成将为则，不成则的，或是一成。

以身作则，是上则，非上上则；独善其身，是上善，非上上善；单讲以身作则，单讲独善其身，即使做了圣人，也未免只是乡愿。

# 曾国藩因人施交

政人搞交际与学人搞交际，是大不同的。学人交际，越少越好，一桌、一椅、一书、一笔、一人、一间房，可将"脑技"演绎得异常精彩；

政人交际，越多越好，韩信将兵多多益善，天下英雄入我彀中，他才感到爽，他才能"爱情事业双丰收"。政人交际，叫协调能力也好，叫情商指数也好，所谓：要把朋友搞得多多的，把敌人搞得少少的。

如何才能达此境界呢？那便是八仙过海各显神通了。袁世凯使的是奸雄手段，左宗棠使的是霸主手段，孟尝君使的是养殖业老板手段（史有专名谓孟尝君养士），李鸿章是官僚加流气，曾国藩呢，是君子加人味。

## 一、曾国藩借钱，可见一颗善心与一股真气

曾国藩先在北京当差，并没发达，当的是穷京官。真京官是真穷的，没地皮可刮，没项目可批，没冰敬炭敬与程仪之类灰色收入，也很难惠及闲吏与冷曹，你没掌权，谁白送你？曾国藩挣钱法子，很简单，省钱啊。过车行见了一辆宝马车摆那，一嚼而过，嗬，省了几十百万嘛；皮鞋自擦，少上馆子，弄钱没法子，就想省钱即挣钱。曾国藩对自己很抠，但对朋友却是蛮大方的，蛮热情的。

先说热情。周玉柳先生在其《向曾国藩学领导艺术》里说过一事，曾公一位朋友举家离京，曾国藩十分热诚，亲自去街头找马车，查找好线路，给朋友绘好"回家地图"，还给买了常用药什么的。细致之处，是一颗热心，比那些送到路头唱"黯然销魂，唯别而已"者掉几滴眼泪，来得更真诚吧？更无论那些"挥手从兹去"，手一挥完，不带走一片云彩，便回去打牌了的人了。

曾国藩对朋友很真，金钱试过试金石可证。曾国藩工资不乱用，不乱花，虽则京官穷，到底也存了些钱，朋友来借，他不讲二话，回家从枕头下、箱子底寻钱去，一把借与朋友。借钱，本来是交际第一害。借钱前，你是爷爷，他是孙子，借钱后，他是爷爷，你是孙子。若想以后不再做朋友，若想与朋友绝交，那你就借钱与朋友。故而说，借钱是交友第一害。

借钱是朋友间相交的险着，不过如富贵险中求一样，也可交谊险中求。曾国藩借钱与人，并不绝交，反是结交，有他一股真气。急人所难，雪中送炭，真朋友是蛮感谢的。曾国藩相信朋友，更不天天挂着念着那借款。有钱你还我，没钱我不催你。咸丰二年（1852年），曾国藩母亲过世，他要回家奔丧。湖南办丧事，锣鼓一响，家当归人家管，不是说你想省就可省的，开支如放水，哗哗流。

正是用钱之际，便是绝好的催账之时啊。曾国藩却不去讨账，他在写给他儿子曾纪泽之家信里说：

他人欠我账目，算来亦将近千金，惟同年鄢勖斋，当时听其肤受之朔，而借与百金；其实此人并不足惜，今渠他已参官，不复论已，此外凡有借我钱者，皆光景甚窘之人，此时我虽窘迫，亦不必向人索取，如袁亲家、黎樾乔、汤世兄、周荇农、邹云陵，此时皆不甚宽裕，至留京公车，如复生同年、吴镜云、李子彦、刘裕轩、曾爱堂诸人，尤为清苦异常，皆万不可向其索取，即送来亦可退还，盖我欠人之账，即不能还清出京，人欠我之账，而欲其还，是不恕也，从前黎樾乔出京时，亦极窘，而不肯索穷友之旋时，到于胡光伯之八十两，刘仙石之二百千钱自必交还袁亲家处，此时亦不必告知渠家也，外间有借我者亦极窘，我亦不写信去问他。

（《曾国藩家书》）

借钱不还的，古今都有，如"同年鄢勖斋"，即是，曾国藩也不以为意。尤可敬者，自己困穷，却替人着想，想到的是"凡有借我钱者，皆光景甚窘之人"，纵使自家"当大事"，遇到了特殊情况，也"外间有借我者亦极窘，我亦不写信去问他"。曾国藩待人如此真，如此善，如此慷慨与大方，如此急公好义，哪儿会交不到真朋友呢？曾国藩的京都同事，都不是社会上耍赖的混混，除极个别外，都是很有德性、很有素质的人物，他们当然会把曾国藩此举，看在眼里，记在心里，报在以后交往的日子里。在曾国藩发达前后，都很难看到对曾国藩使绊子、设套子、陷局子之人，曾国藩曾创造十年七迁升官高速，官人飞天之际，便是举报漫天之时，曾国藩神奇之处是，他升迁那快，却很少有人弹劾他，这固然是其德能使然，也是其做人成功。

## 二、对李鸿章拉脸，那是要拉长下属的性格短板

李鸿章是很有才气的，才既可塑，才堪大用，但李鸿章也是毛病蛮多的，他是优点杰出、缺点突出的那类人才。李鸿章缺点是，有一股傲气，还有一股不叫流氓气、至少也算是流里流气之气。这气李鸿章一直携带着的，比如他对下属，不太尊重，每提升一人，先要将这人大骂一顿，骂的话蛮难堪的。骂完了，你一回去，嘿，他给你加官晋爵了。提你一把，踢你一脚，关怀人，却以侮辱人的方式进行。不算流氓气，却真有山大王的匪气。

李鸿章曾在曾国藩手下当幕僚，没几天，自以为技已精，学已成，师傅那点学问全学到了手，便要谢本师了，自己当老板去。李鸿章离开湘军，另组淮军，却是屡战屡败，一点建白也无，反是把自己那点力量耗光了，无奈要回到师傅身边来回炉。一个多月里，李鸿章屡屡求见，曾国藩屡屡拒之，李求多少次，曾就拒多少次。

曾国藩拒绝的次数，自然比李鸿章求见的次数，要少一次，不然，历史上也就没有曾李师徒佳话，李鸿章也难长操盘手，掌握历史走向了。曾国藩拒绝李鸿章，并不是要领导脾气，拉架子，还是在琢玉。玉不琢不成器，李鸿章的傲气不打压打压，修理修理，那还能成大器？

李鸿章有流气，为人懒散，这般作风，去当名士，很合适，越流气越名士，名士素来要靠流气来撑起，但要来从政，却是致命的。流氓去流氓政府，或许可行，只有流氓政府才容得下流氓啊。曾国藩却不能容许流气存在。曾国藩工作很认真，生活也很严肃，他有个八字诀，"早，扫，

考，宝，书，蔬，鱼，猪"，其中这个早，就是早起、早饭，每天都定时吃早饭。严格的作息时间，哪是懒散如李鸿章者受得了？李鸿章爱懒睡，天天睡到太阳照屁股，还舍不得起床。曾国藩开早饭了，李鸿章还在那呼噜呼噜，拉风。几次，曾国藩打发人去喊：李鸿章，曾师傅喊你快去吃早饭。李鸿章应了声好，翻转身，又睡回笼觉去了。曾国藩在那等，不动筷子，等啊等，等了很久，李鸿章姗姗来迟。这顿饭，曾国藩不吃了，他把筷子一拍桌上，语速慢，语速轻，说了一句："少荃，此间唯一诚字。"脸也来，相也来，语虽轻，落意重。让李鸿章知道：从政不是请客吃饭，不是名士聚餐，不是混混间要流氓。

李鸿章从吃饭一事了，感受到了做人要严谨，更感受到了作风的威严。只是他一生流气不是一下子能改掉的。李鸿章后来权柄在握，依然残存着流气，列强环伺，李鸿章主持外交，他曾经去问计曾国藩。师傅先问徒弟：外交乃国之大事，你准备使甚手法？李鸿章答道：门生也没有打什么主意。我想，与洋人交涉，不管什么，我只同他打痞子腔。此倭要咱中华一块土，我先应着好好好；彼熊要咱中华开放一港口，我先应着要得要得要得。然后呢，我找个借口，翻过来。曾国藩听了，霜板了脸，对李鸿章说：少荃，此间唯一诚字。你把国家信誉透支了，那以后哪国还信任你？"依我看来，还是用一个诚字，诚能动物，我想洋人亦同此人情。圣人言忠信可行于蛮貊，这断不会有错。我现在既没有实在力量，尽你如何虚强造作，他是看得明明白白，都是不中用的。不如老老实实，推诚相见，与他平情说理，虽不能占到便宜，也或不至过于吃亏。无论如何，我的信用身份，总是站得住的。脚踏实地，磋跌亦不至过远，想来比痞子腔总靠得住一点。"

曾国藩把李鸿章当可造之才，却也是严格要求。并不因为李鸿章是其得意门生，是其心腹，而放任他、包庇他。也因此，李鸿章终成大器，成大器了，悟出了师傅一片苦心。曾国藩逝世后，李鸿章写过一副挽联：

"师事近三十年，薪尽火传，筑室忝为门生长；威名震九万里，内安外攘，旷世难逢天下才。"曾国藩与李鸿章相交好，一直以严师面目出现，李鸿章不反感，反感激："在营中时，我老师总要等我辈大家同时吃饭；饭罢后，即围坐谈论，证经论史，娓娓不倦，都是于学问经济有益实用的话。吃一顿饭，胜过上一回课。"

### 三、惹得起不惹，躲得起就躲，强强不结合，也不搞强强对抗

李鸿章有点流气，与之相处，要有端严之相；左宗棠呢？十分霸气，与之相交，能摆尊师架子吗？那不搞得鸡飞狗叫，天翻地覆了？

曾国藩与左宗棠有两次较大交恶。曾国藩带兵在江西剿洪秀全，朝廷既要马儿跑，又不给马儿吃草，左掣右肘，将曾国藩弄到左支右绌，如此世道，一样事也干不得。恰好这时，曾国藩老父过了，他撂了担子，老子不干了。不待朝廷批假，他卷起铺盖回家去了。

左宗棠知晓曾国藩撂担子，火气冲天起，给曾国藩去了一封信，将曾国藩骂了个狗血喷头："忠臣之于君也，不以事不可为而奉身以退，其任事也，不以己之不能而他诿之……但谓匆遽奔丧；不俟朝命，似非礼非义。"骂曾国藩不忠、不孝、无礼、无义，这话不伤人心？信里还有些话，也很难听，"老兄之出与不出，非我所知也。出之有济与否，亦非我之所敢知"，没你这只山麻雀，也砌得坑牢（湘方言，意思是有你没你，事情都可以干得起来）。

一是有丧老父之悲，二是有受刁难之痛，此时曾国藩心里一片悲凉，一片悲愤，左宗棠一句好话都没，全是烂话，曾国藩读了是何心情？悲确从中起，怒却未从胆生。老实说，曾国藩要起来跟左宗棠干仗，他是有资格的，也是有资源的，左宗棠此际羽翼未丰，相比之下，曾国藩官大些，

权力多些，左宗棠得罪得起。曾国藩却不，他不跟左宗棠吵架。自然他也非圣人，并非雅量无限宽，啥都能忍得下、容得了，不是的，曾国藩不是圣人，他只是君子。他读了左宗棠信，心中也气，有火、有怨、有不满，他怎么处理呢？不理，嗯（不）跟你嗨（玩）。一年多，曾国藩没去江西，也没给左宗棠回信。他把愤怒压心底，不让冲冠来，将人际冲突降到最低度。

曾国藩打下天京，灭了洪秀全，天下都是颂声。独有乌鸦嘴左宗棠，来捣蛋，来添烦，来泼水，来搅局。攻陷天京后，曾国藩向朝廷奏报，汇报材料里说所有悍贼都被一网打尽，还特点出，伪幼主积薪于宫中，举火自焚。天下欢腾，举国欢庆，左宗棠却向朝廷举报，洪幼主并没自焚，而是跑了。谎报军功，是欺君之罪。

何处？曾国藩与袁世凯是不一样的。袁世凯对"刺头"，对"对头"，对不贴心者，手段多是：买。发封口费嘛；还不行，送美女去，不爱钱，爱色吧？袁世凯笼络人心，多半使奸雄之法。曾国藩不太使这手法。曾国藩是君子，左宗棠也是君子啊。不能说君子与君子，没矛盾，君子间矛盾也是多的。曾是强人，左也是强人，强人间冲突开了，如何收拾场面？

曾国藩对左宗棠的主动而强硬的挑战，他使的处理法子是，不理，我不跟你玩。要惹，自然惹得起，但不惹，可以躲得起，何搞不躲？曾国藩对左宗棠有意见，怀不满，心中是有保留的，他不是圣人，他做不了圣人，但他是君子，君子不出恶言，他不与左宗棠明争，也不与左宗棠暗斗，他只是不理。之间有十多年，曾左不通音问。

曾国藩不理左宗棠，只在私交层面，没上升到公事。左宗棠出兵平定新疆，曾国藩在后面搞后勤，粮啊草啊，枪啊炮啊，全力协作。这不是翁同龢与李鸿章，翁李两人闹矛盾，家仇都让国恨来买单。李鸿章要发展北洋水师？翁管财政，不拨军费；甲午海战，李鸿章说开战不得，翁同龢偏要主战，你李某吃了败仗，还能当官掌权么？私家之间恩怨，以国家兴亡来买单。曾国藩是人，他有他的个性，但他是君子，他私是私，公是公。他不做伪君子，不虚伪地来跟左宗棠套近乎；也不做真小人，明里暗里来设陷阱搞陷害，这让左宗棠也蛮佩服，自愧不如，"知人之明，谋国之忠，自愧不如元辅；同心若金，攻错若石，相期无负平生"。曾国藩交际品格，比圣人低些，比小人高很多，也不与凡人相齐，其交际品格，一言概之，是君子。

## 四、宝相庄严装起来蛮苦，也要找个知心聊聊天开开心

曾国藩对李鸿章有想法，嘴巴说出来；他对左宗棠有意见，闷在心口里，何故有区别？"左季高喜出格恭维，凡人能屈体己甚者，多蒙不次之赏……李少荃血性不如弟，而深稳过之。"左公性格暴躁，爱恭维，心存不满，跟他说破，关系就破了；李鸿章缺乏血性，流气多些，心怀不满，跟他说破，没事，他性格很"深稳"的。

性格不一样，交际不一样，孔子搞的是因材施教，曾公得其要诀，搞的是因材施交，所以他同性格迥异者，都能相处。这是他跟其幕僚赵烈文谈心时，交的心。这心，交得很完全，不遮掩，是不是违了"逢人且说三分话"的交际"宪法"？背后说人坏话，那可是交际第一忌哪。

职场江湖，深不可测，人心叵测，哪能交心？别看职场人，相互间天天打呵呵，呵呵打得响彻云霄，屋瓦都震落。然而多半是，说真话，领导不高兴；说假话，群众不高兴，说痞话，大家都高兴，不过是打哈哈而已，谁说真心话？话不能说，不是政敌把你逼死，便是自己把自己憋死，官场多抑郁症，此是一大因。

曾国藩找到了一位知心人，这就是赵烈文。赵是曾的幕僚，是他秘书，怎可与秘书谈心？一呢，这是清朝幕僚制度特有之处，主公与幕僚，

看上去是上下级，其实不完全如此，他们是合则来，不合则去，不在编制内，关系处得不好，是人身依附，关系处得好，是平等朋友。二呢，曾国藩看人准，赵烈文是位靠得住的幕僚，所以两人公事之外，常常一起扯白话，乱扯淡，臧否人物，谈些是非，"沅浦（曾国荃，曾国藩之弟）不独有湘乡人，且尽用屋门口周围十余里内之人，事体安得不糟，见闻安得不陋"？跟"外人"说他弟弟"坏话"呢，够直的吧？"人肉吃完，唯有虎豹犬羊之廓（郭嵩焘）；地皮刮尽，但余涧溪沼沚之毛（毛鸿宾）。"郭与毛皆巡抚人物，郭还是湖南人，跟曾国藩老乡，曾赵两人扯淡，臧否如此生猛，不怕赵说出去，去向郭毛讨赏？

曾赵两人有事没事，常一起闲话宵夜，曾国藩被封为一等侯，赵入曾府贺喜，进门则开玩笑了："此后当称中堂，抑称侯爷？"曾国藩官长了脾气没长，接过话来开，笑话开了："君勿称猴子，可也。"曾国藩此时音容，还是首长模样吗？整天一副牛肉脸，天下欠他一斗米似的，领导没人可说笑话，一天可，一月可，两三月还可吗？一生装酷，到头来酷不了，只有哭了，多半崩溃了吧。

高处不胜寒，官做到高处，多半只有公来公往，难得有私交私谊。有回，赵烈文去找曾国藩玩，看到曾国藩在读《御批通鉴》，是皇帝语录，何等庄严事？没想到严肃的政治书里，夹杂了一本《红楼梦》，可是禁书啊，禁书与政书搁一起，严刑下来，那是割脑袋的。赵烈文挑起《红楼梦》，对曾国藩说："督署亦有私盐邪？"曾国藩笑了，嗯，私盐，私盐，咱俩一起来消消炎。禁书亦不相避，两人关系亲密如此。

这些话，这些事，能跟左宗棠说吗？能让李鸿章晓得么？曾国藩找了知心人物，却放开"不足与外人道"的一面，尽与赵烈文交际。他是看准了这人，人品靠得住，哪些话跟哪些人说，哪些事让哪些人知，曾国藩也是权衡过了的。

赵烈文也并没负曾国藩。赵烈文把这些交往说了出来，那是过了保密

期的。赵烈文在《能静居日记》里公布出来，并不是想给描黑。仆人身边
没伟人，仆人一旦离了伟人，便常抖搂伟人丑事，出卖伟人，消费伟人，
也是多的。但赵烈文好像不是，他记叙曾国藩那些事，心中并不存心丑化
（要丑化真个很容易，措些贬义词，换个叙事角度，春秋笔法一下，则
OK），一者，曾国藩人过得硬，二者曾国藩看人准。他因材施交，交际
得不错。

## ▌烟鬼变官神

　　曾国藩是个烟筒，是个烟鬼，是个瘾君子。年少轻狂，不太学好，见
到别人耳朵上夹根烟，大呼酷毙；嘴巴里叼根烟，吞云吐雾，招摇过市，
反认地狱是天堂，本来烟鬼，自认烟神。曾国藩少年时节也学过很多坏。

　　学坏容易学好难，学坏如流水，越坏越降底线，水流流得越快；学好
如登山，越好越升高度，登山登得越慢。自然，大多数是不爱滑陡坡，也
不爱攀峭壁，平生只爱走平路，便为平常人。

　　学坏容易学好难，学坏了再来学好，难上加难。曾国藩少年学坏，学
着抽烟，到了十七八岁，已是老烟民，俨然老烟枪，书不离手烟不离口。
香烟上瘾，比想美女上瘾，心情尤急切，想美女，是一日不见如隔三秋，
想香烟，是一刻不见如隔三年。美女隔三五刻，粘着你，厌烦死；香烟隔
三五刻，不粘着你，烦躁死。

　　曾国藩抽的烟，或非旱烟，更难是香烟，可能性蛮大的是鸦片烟。鸦
片烟若是上了瘾，比蚂蟥上了脚，麻烦多了。蚂蟥，抓起这头，那头又吸

你血了，两头齐抓，蚂蟥也可以抓起。戒烟比捉蚂蟥困难，烟瘾在喉咙里闹，在肺腑间吵，呕又呕不出，捉又捉不着。曾国藩戒烟滋味："初戒吃烟，如失乳彷徨。"好比小把戏肚子饿了想吃母奶，见得母奶在，就是不让吸，嗷嗷叫，哇哇哭，叫也不得，哭也不给，气急败坏，心如猫抓。

"课续后，念每日昏顾，由于多吃烟。"（《曾国藩日记》，下同）烟提神不？烟昏魂。曾国藩烟与魂，不是魂牵着烟，而是烟牵了他的魂。曾国藩中进士，进了翰林院，他突然发现，他已被烟牵着了，人是支使烟的，烟却已支使人，这情形不行，"因立毁折烟袋"，啪，啪啪，啪啪啪，把烟杆折为两半，再折两半，还折两半，又啪啪啪，脚踢脚踏，把烟杆踩碎，踢出几丈远。曾国藩下决心："誓永不再吃烟，如再食言，明神殛之。"天啊，雷公啊，地母啊，我如戒不了烟，打死我吧。

戒烟如同戒命，戒到痛苦难忍时节，眼泪鼻涕齐齐流：杀了我吧，给我颗烟。"自戒潮烟以来，心神彷徨，几若无主，遏欲之难，类如此矣。"还戒不戒？戒。不戒不是人，不戒是畜生。"立志今年自新，重起炉冶，痛与血战一番，暴弃一至于此，何以为人？何以为子？"若戒不了烟，我就不算人，"真禽兽矣"。

曾国藩立志戒烟，戒得甚彻底，余生再没吸过一根烟，人家递过来：新烟呢，最新产品——曾国藩一手将其扒开；人家递过来：洋烟呢，抽不到的——曾国藩脸撇了过去；人家递过来：内部烟呢，指标相当难弄——曾国藩鼓起眼睛，你再递过来，我敲你脑壳。再大的诱惑，曾国藩都不再被惑。

这是与谁过不去？没与谁，与他自己。"截断根源，誓与血战一番"，曾国藩不是与人血战，不是与烟死磕，而是一辈子与自己进行伟大斗争。与人斗，其乐无穷，与天斗，其乐无穷；与自斗，其苦无穷，与己斗，其苦无穷。

人，或容易战胜别人，却很难战胜自己。钟馗打鬼，钟馗把鬼打跑了，你没能把自己打跑；愚公移山，愚公把山移走了，你没能把自己移走；黄河改道，黄河把道改变了，你没能把自己改变。你说你不再抽烟，你抽了；你说你不再赖床，次日天亮，你还在被窝里，公鸡没唤醒你，公公没唤醒你，太阳没唤醒你，你没唤醒你自己。

人，都有两个自己。两个自己是好友？多半是死敌。谁向谁输诚，谁向谁投降？往往是，勤者己向懒者己输诚，干事己向玩者己投降；吃苦输与享乐，学坏降与学好；精神败给物质，理想溃给现实；骨气赢不了骨头汤，怅寥廓，问苍茫大地，谁主沉浮？先前你立志主其席的，最后没战胜席梦思床。

"吾与吾纠缠久"，我与我交战久——我与我是一辈子都纠缠的，都交战的，你是你的战士，你也是你的敌人，你的战士一辈子都与你的敌人同在，你的敌人一辈子都与你的战士同存，你战胜了那个拖你腿的你没？你战胜了那个坏你事的你没？你战胜了那个丧你志的你没，你战胜了那个缺你德的你没？

我们不缺智力，我们智力是越发高了，比曾国藩肯定要高，曾国藩说，他是资质驽钝的。先前吃的是什么啊，腌菜稀饭，我们吃的是什么呢，山珍海味，缺什么可以补什么，缺智力可以补智力；我们不缺物力，出有车食有鱼，要什么有什么，想干一件事，你不缺财力。你有干这事的智力，你有干这事的财力，你把这事干成了没？你若没干成，那是你没毅力。

曾国藩拼死戒烟，他或没其他意思，他只是以戒烟的自己作战抽烟的自己，以此来检验自己的意志力。智力是力量，财力是力量，胆力是力量，魄力是力量，魅力是力量，诸力都在，独缺毅力，力量则无力。你走得多远，不是你起步跑得多快，而是你走步走得多长；你登得多高，不是你登山登得多猛，而是你登山登得多久。

曾国藩没太多天赋，却站得天高。他得力于智力？不；他得力于物力？不。他得力于毅力，得力于意志力："凡人做一事，便须全副精神，注在此一事。首尾不懈，不可见异思迁，做这样想那样，坐这山望那山，人而无恒，终身一无所成。"这话平常，你很非常。然则，你耐不住你的平常，你就辜负了你的非常。

毅力的长度，便是屹立的高度。


# 你还是贼他已是曾国藩


曾国藩位极人臣，智商却不咋的，算是笨小孩吧。他曾在岳麓书院"读大学"，几位同学同一间寝室，甲生跑到隔壁寝室打牌了，乙生跑到对面女星楼（非女学生楼）去，丙生跟曾国藩一样，也是苦读书的，两人呆在寝室里，咿咿唔唔，读个不歇气。

曾生与丙生，两个皆好学生，丙生最是烦死曾国藩了：这家伙读读读，一篇三五百字的赋体，但见从寝室这头读到那头，从日出东方读到日落西山，还听他在读，读得已是溜熟的，把书一合上，却又是支支吾吾，吞吞吐吐，上气不接下气，下句不接上句，上一个词语落地半天，下一个词语还在喉咙里，吐，吐，吐，吐不出来，他没急死，别人急死了。

丙生先前为他着急，后来因此而烦。曾国藩找了个窗口位置，丙生一把把他扒开——好位置要给好学生，你一边去。曾国藩没法，只好躲角落里去。月上云天，渐渐西斜，曾国藩还在那里小和尚念经，有一声没一声，一声接一声，在碎碎念。念得丙生火起，从破被子里撕了把烂棉絮，把曾国藩嘴巴塞起来：拜托，你莫在这里制造噪音行不？曾同学只好闭嘴。接下来是经典的苦读情节：他钻进被窝，拱被窝如虾，照把手电筒，窝被窝里用功。

曾国藩智力不很行，顶多中等，梁启超说："文正固非有超群绝伦之天才，在并时诸贤杰中称最钝拙。"若说梁启超是后来人，说了不算。那左宗棠是曾国藩同时代人，他对曾国藩智力从不恭维，说曾国藩"才具稍欠开展"。别人说的都不算，曾国藩自评："余性鲁钝，他人目下二三行，余或疾读不能终一行。他人顷刻立办者，余或沉吟数时不能了。"

别人读一次，便倒背如流，终生不忘，"余或沉吟数时不能了"，这不是曾国藩自谦，是他在实话实说。曾国藩小时候读书，还有一个更让人喜欢拿来说事的故事。说的是曾国藩读"中学时代"的事情，华灯初上，曾国藩挑灯夜读，就一篇文章，白日里，私塾先生教过了的那一篇呢，曾国藩读，读，读。从鸟归林，读到点油灯；从邻家麻将响，读到家狗吠声歇，但见他还在摇头晃脑，悬梁刺股，读，读，读。

万籁俱静，百家入眠，此时，是贼人出来工作之美景良辰。这贼前日偷东家，昨夜盗西家，今夜星光暗淡，做了计划来偷曾家了。这厮踅进曾家院子，伏在临窗的柴垛子下面，等着曾国藩读书累了，倦了，便去曾家扫货。读，等；读，等；读读等等，等等读读。曾国藩读，贼牯子等。两人好像在扳手劲，较量毅力。

贼牯子都是夜猫子，没别的特长，就是有熬夜功夫。你曾国藩再发狠读书，总有抬不起眼皮子时候吧。贼牯子是没进过学堂的，他躲在柴垛子下面，漫不经心，先听曾国藩读书。一个时辰过去，曾国藩在读；子夜凌晨了，曾国藩在读；鸡叫头遍了，曾国藩还在那咿咿呀呀，读个不停。过了这时辰，贼机将失，这个贼牯子忍不住了，跳将出来，训起曾国藩来：这般智商，读么子鬼书？塞牛屁眼去；你听我给你背一个。这贼牯子果然厉害，以湘乡（曾国藩湖南湘乡人）"普通话"，从头背到尾，一字不漏，一字也不差，放流水也似，背完。

　　这故事流传甚广，让人津津乐道；不过读故事者，多半将这故事指向曾国藩的笨。曾国藩常被人连讥带讽，故有众多聪明汉子自喜：曾国藩也不过尔尔，连一个贼牯子都当不得。这也不稀奇，当年跟曾国藩一起打天下安天下的左宗棠，便多瞧不起曾国藩的，不是说"涤公才短"，便是讽他"涤公正人，其将略未知如何"。

　　左宗棠笑话曾国藩，这算是没什么可笑的，左宗棠才高、品高、功高，他或有可笑之本；可笑的是，这个贼汉也来笑话曾国藩呢。他有甚可笑的呢？嗯，他智力或高于曾国藩，他精力或强于曾国藩（做贼的人啊，半夜出工，精力非同常人），他腕力或胜于曾国藩。但是呢，他此生归宿或是班房，曾国藩却居庙堂之高了。

　　我曾经到过一个监狱，见到里面有很多聪明人，他们的领悟力、创造力都让人惊讶的。我一位在监狱工作的同学也告我：狱中人，若测量智商，平均值肯定不低。这里因愚蠢而犯事的，有，但更多的是高科技犯罪、高智力犯罪、高情商犯罪。高科技、高智力、高情商，不也进这来了？

　　天才，功夫用错了方向，是蠢汉；蠢汉，功夫用对了地方，便是天才。人生若要走高，走强，首先一条，便是要走对。人生一世，智商、情商、智力、毅力，一样都不能缺，不过，最重要的一点，是方向。不怕乌龟爬得慢，只怕兔子跑了反。跑错了路子，走上歪门，那真是智商越高越反动；用错了功夫，搭上邪道，那确乎力气越花越惨痛。

　　诗云：天若有情天亦老，人间正道是沧桑。人走正道，或是苦的，或是累的，或是吃亏的，或是要经过很多艰难困苦的，或是要比别人多花很多力气的，此之谓沧桑也。沧桑不用怕，怕的是创伤——走上了旁门左道，此生不是荒了，便是废了。人生道路走对了，走正确了，走正道了，路是长些，越走会越接近理想；苦是多些，越吃越能过上甜日子。

　　贼，智力高吧，贼还是贼；曾国藩智力不咋的，其人生却是非常"咋的"。当年那一对，一个在读书，一个在做贼。那个做贼的，他到底还是贼；那个读书的，他已是曾国藩。天若有情天亦老，知否知否？人间正道是方向。

# 曾国藩的私家车

　　曾国藩任职京都，那些年日子过得不好不坏。京官都是穷的，李慈铭天天叫苦，逢人便道"干部，干部，抵不了人家一只鸡妇（即母鸡）"。曾国藩没那么矫情，日子还算过得去，房子越住越宽敞，车子是越坐越高档。至咸丰二年（1852年）七月离京，"车三辆，一大一小一水车，牲口三个"。牲口是，一头驴，一只骡，一匹马。

　　说起来，牲口也是车辆。张果老倒骑驴，以驴待车。倒骑驴，闹闹名士，可以，但到得京都，及为京官，便蛮掉格了。阁老竹杖芒鞋往京都走两步瞧，会有多少人斥叱嗤耻其不成体统，大失体统，坏我朝廷体统；骡子也可代步，其时京都过的是慢生活，笃笃悠悠骑一头骡子上班，也蛮爽，只是骡子形象欠佳，挨人骂。骑着骡子上班，笑你一声骡子，等于骂你一声杂种，语意轻，落意恶，人生有不可承受之重。马是最好的，骑上去飒爽英姿、威风凛凛。紫禁城里去上班，能准吗？东华门、西华门旁和午门前的左阙门、右阙门外，立有石碑，有满、蒙、汉、回、藏等文字下禁语，"至此下马"和"官员人等至此下马"。后来文件有松动，内外文武大臣，或还有老弱病残，经皇上特批（准骑证，归皇帝一人颁发），"特恩赏在紫禁城内骑马，用资代步"。那时曾国藩还没那么威武，入得皇上青眼，不曾"特恩赏在紫禁城内骑马"。曾国藩那马，搞旅游时可能"用资代步"，上班时恐怕是"湖南骡子"骑骡子上班。

骡子名声不好，没办法啊，买不起轿子啊。曾国藩在京都当科长处长啥的，多半是乘"11号车"上班的（他真买不起车）；道光二十七年（1847年），曾国藩升任内阁学士兼吏部侍郎，副部级了，事务多了，"余现尚没换绿呢车，惟添一骡"。在此之前，"前三月买驴子一头。顷，赵炳坤又送一头"。驴子骡子，买买送送——人家送他，他送人家，到出京那年，共养三头，加起来值钱一百六十四两；车子买起来容易，养起来难，买车（牲口）一百六十多两，养车是三百多两，一倍多。

挺怪的是不，大清副部长级，还骑驴骑骡子上班？没配公车么？看来要给大清朝廷点赞啊。且慢动您金手指。大清确是不给官员配公车的，但大清给政策，给养廉银。工资不高，养廉银相当高。地方要员不说了，他们那里养廉银外，还有种种陋规，征税中的"火耗"也可捞一把。京官穷些，不过地方官有各种孝敬，收入甚丰；京官也有养廉银啊，乾隆十四年（1749年）下发文件："吏、礼二部堂司各官，向未议养廉，着加恩于三库饭银盈余数内，各赏给银一万两，分赡养廉。"一万两银子，少说相当如今四百万，羡煞人。

四百万在京都或还真不能好活，单是住房一项，会让人吃紧。不过其时京都，住房开支算大，好在其时观念蛮新，官人都没怎么想一定得买房，租房很好。租房真挺好。曾国藩当副部长，年俸一百五十五两；加恩俸和禄米，一年有五百一十多两；另外还有误餐补贴（时称饭银），每年一百两；不算养廉银，也是年薪七八百两了。曾国藩在京都，搬家八次，都是租的，租金都不算高。比如他曾在绳匠胡同租房，每月二十千文，贵是不是？不贵，"屋甚好，共十八间……此房房屋爽垲，气象宽敞"，非地下室，算别墅哒。道光二十年（1840年），曾国藩升翰林院侍讲，他又另外租房了，"有房屋二十八间，月租三十千文"，且，"极为宽敞"，算起来年租有二百五十一两，是其年正当收入的三分之一吧，比例确乎有点高，可是他还有那高的养廉银啊。

曾国藩收入不错，可是日子还真过得不算太好。原因是，古之官员，一个工作，全家跟着。一个家庭十几甚至几十口人，都靠一个人吃饭。朝廷打了养廉银算盘后，其他什么事都不管了，包括请秘书，包括买车子，包括请司机，包括请勤务员，江山一笼统，账都打在其中。外地亲朋如今大抽风，也无公款吃喝一说，都是自己埋单。这么一算，那钱还真不够用，李慈铭常叫苦，他每月都当"半月光族"——工资发后半个月，便得典衣服、典书画、典老婆嫁奁度日——一半是矫情，一半是实情。

实话实说，京官有那么多工资福利，过平常日子不是问题。问题是，他们都不想过家常生活，总是要摆威风，讲排场。李慈铭叫苦典当度日，却也见他天天下馆子，去夜总会，甚"聚宾堂"，甚"万福居"，甚"便宜坊"——便宜坊不便宜。京都有位吏部尚书陈宏谋，跟着他吃饭者，"食口六十，用度艰难"。爷娘子孙加起来，会有那么多？想来，虽无蔡京包子班编制（蔡京家，作包子分工相当细，其中专有工种"缕葱丝者"），但秘书、丫鬟、苍头、保镖，至少是双配置吧，说不定司机的编制是一个司机班。

曾国藩日子过得算好，一大原因是不太讲排场。不太讲排场？排场也是讲一点。曾国藩住房一次比一次敞亮，一则官越当越大了，二则人口越来越多了，三则越来越讲脸面了。别的不说，他家私家车有三台，加上驴子骡子代步车，家里交通工具真不少。人口多是事实，没排场成分？老婆一台，老公一台，儿女一人两三台，富家车子多又多，恐怕其中超出实用者蛮多。

曾国藩交通工具来源者二，一是自家买的，二是别人送的（公家分配是没有的）。比如他买了一头驴子，赵炳坤又送了他一头；另有一台水车，一台蓝呢车，来历如何，无考。估计是自家买的，而其绿呢车呢，确定是人家送的。曾国藩一路高升，升到可以配置绿呢车了（大清有点耍流氓，你又不分配，管什么车型号车档次啊），而他仍然是坐他的蓝呢车（估计是相当蓝领车）。他自己不觉得掉格，同僚觉得掉份哪，"季仙九先生放山西巡抚，送我绿呢车，现尚未乘，拟待一二年后再换"。这话想来不是作秀——他不是发往报官之新闻通稿，是道光二十九年（1849年）六月初一，写给自己家人的家书。

曾国藩有高级轿车不坐，坐大众车，获赞不少，"他虽然权倾朝野，但简朴自律，自己一再缓坐绿呢轿"，这"实殊不易，无疑给后世留下了一面镜子"。不坐高档车，就获此大佳话，源自曾国藩高品质？估计误矣。这般佳话，估计来自于坏话太多吧。内阁学士尹壮图之爹，与儿子在一个单位上班，"与阁学同期，父子同直"，他俩作了一件平常事，就是同一辆车上下班，"常共载一车"，就这事，"诸城刘文清公常叹曰，尹舍人可谓以清白遗子孙矣"。不往社会效益之环保上扯，尹氏父子同一辆车，省油省司机，还加强了亲情力度，怎么就可以获取"清白遗子孙"大佳话呢？无他，是当时讲排场，摆威风之官人太多。官场坏话太多。

曾国藩不坐绿呢车，从经济上来说，确乎是省钱的。蓝呢车二人小轿，绿呢车四人大轿了吧，一下子就要增加两名司机开支。轿夫地位低，工资福利不能低。自然，很多人没钱也要打肿脸，住棚户区欠饭吃，不妨碍其买法国香水、购会所美容卡；欠一屁股债，也不妨碍他到处借钱，要买豪车飙一飙。曾国藩赢得了绿呢车资格，也有了绿呢车，他也不坐，还教育子女"必宜常常走路，不可坐轿骑马"，实在是把面子不太当回事的，排场观念有一点，不大。没有不行啊，排场文化那么盛行，谁挡得住？鬼怕车，人怕舌——人家舌头嚼多了，背心戳穿了，你不讲究吗？曾国藩私家车与其他人比，不多，与你我比，算多吧——也是人家嚼舌头嚼多了，他抵不住。不用买，他买了；不用买那么多，他买那么多了。

高赞曾国藩缓坐绿呢车者，还忘了其车来历。那是山西巡抚送的呢，这不是受贿所得吗？曾国藩接受潜规则，是其时其理学没学好？曾国藩后来官当大了，若再有人送他绿呢车，他肯定拒绝，鲍超曾大包小包，送他礼包，曾公一一退回。当大官之曾国藩，很少见他收礼，当小官之曾国藩，常见他打秋风，常见他收受红包礼金。固然有大官收入高了，理学越学越好了，也要注意"影响"了。另有大因是，他不用靠排场来赢得尊严、赢得身份了——小官出行，不靠装备充脸，被人瞧不起；大官随时随地，都是别人恭敬如仪，越是低调，人越尊重。小官低调，人视低贱；高官低调，人视高尚。人情如此，叫人何不争着讲面子，讲排场？打肿脸也要充回胖子。

曾国藩这些车，离京后，他做了处理：

"车三辆一大一小一水车，牲口三个，问西顺兴可收用否？约共值二百金。若萧家不要，或售与他人，不可太贱。大骡去年买时（托临川买的）去五十金，小黑骡最好，值七十金，马亦值四十金。与其太贱而售，不如送人（若价钱相安售亦可）。

马系黎老伯借用，即可赠黎家。大方车或送罗椒生，或送朱久香皆可。此外二骡二车，请袁、毛、黎、袁诸老伯商量，应送何友即送之，骡子送杨临川一个亦可。"（张宏杰：《曾国藩的正面与侧面》）

曾国藩也是爱钱的，处理这些车子，想卖个好价格。曾公爱钱，却非钱痨，赚不了几个钱后，准备把车子都送人了——有些车（包括牲口），是别人送他，他也送人，有些还有是自己买的，也送人。可见曾国藩要钱，也是要人品的——也可见曾国藩面子观、金钱观、人品观，都有些问题，后来却多半被观念给矫正了——三观正确了，曾国藩也就正确了。

# 曾国藩也曾要钱不要脸

道光十九年（1839年）吧，这年四月，曾国藩面朝大户，春暖花开。四月，清明时节雨纷纷，曾家祠堂来邀人，邀请曾国藩去松陂（具体何地，待考）扫墓、题词、写对联啥的。老曾喜滋滋去，怒冲冲而回，在那儿发了一顿大脾气。

理学名臣有甚脾气要发的？原来是这家大户，说好要给扫墓钱、题词金与对联润笔费的，待曾国藩写完了，眼睛瞟，没见谁手掌伸裤袋里去掏；上席了，酒都快喝完了，没见谁去卧室枕头底下去掏；曾国藩走路了，走到村口了，拱手拟道过了，还没见谁从上衣口袋掏钱包。曾国藩发脾气了：别说我跟你们一笔写一个曾字，今天我十笔都不跟你们写一个曾字了：拿钱。我跟你们姓什么曾？我姓钱。

曾国藩祖宗都卖了，姓钱不姓曾了，缘于他这回真上火了，老账新账一起算了。老账是，他老爹前年来松陂祠堂送匾，这人家答应给钱的，没给；今天，这人家又喊曾国藩来，又扫墓又做墓志铭的，本说好价格的，却从落笔到上桌，从餐毕到道别，都没见一分钱影子。曾国藩脸色气成猪肝色："是日，松陂祠未具贺仪。又前年父亲至此祠堂送匾，伊言当送钱来贺，后食言。今又言贺仪待八月送；又前日要余扫墓，情理不顺，余盛气折之。"

好一个盛气，盛气必凌人嘛。松陂祠这小户（也有可能是大户——小气之大户，也是小户吧）人家吓住了，曾生一怒气，赚钱六万四，"松陂请人说请，送押钱六十四千"。又是赔礼，又是道歉，虚文之外，全是实惠。陪什么礼？赔钱便万福。

前年曾嗲嗲送匾，说好的价钱，这户人家要赖了，曾嗲嗲也放过一些话来，等于空炮。这回，曾国藩来扫墓，这户人家又先谈价，也想要赖，曾国藩发了一顿脾气，这户人家不敢放屁，赶紧放钱过来。这其中有甚道道？莫非曾国藩是湘乡地界一身青皮，一个泼皮？

曾国藩一生都是文弱书生，打架发狠，是不太在行的。松陂祠堂这人家，先前盛情请曾国藩，后来又怕曾国藩盛气，源自曾国藩今非昔比，曾国藩不再是"捉青蛙阉猪"的笨学生了，而是已金榜题名的新科进士翰林公。呀呀呀，曾国藩是马上要当官的，那不先来拉关系？且借题词啥的，送个人情。我们都姓曾嘛，一个宗族的，一起来扫个墓，也要钱？黄土下面睡觉的，不也是你曾国藩太公老太公？这人赖皮，怕是这么想吧？哪晓得曾国藩放狠话：我不姓曾，我姓钱。呀呀呀，这人便吓住了：谁敢得罪官家？哪怕这人是准官人。

松陂祠这人家喊曾国藩去，价钱是先谈了，却并非"润笔"，而是"贺仪"。什么贺仪？考上大学，人家来送人情？鬼。是什么鬼贺仪啊，是打秋风——我考上了进士，我要到你那里来进钱。嗯，进士，在明清时等于进钱。亲戚要给他贡钱以进；家族要给他贡钱以进；官人要给他贡钱以进；在外面经商开厂办公司的老乡，也得喊他去酒店搓几顿饭、玩几天牌、游几个风景区，末了，封十两百两银子，外加送几盒茶叶几瓶酒，贡与现进士、准官人。

这是潜规则？显规则。只要考上了举人尤其是进士，便以这身份，到处去要钱，不给钱不行，不给我就要"盛气折之"，谁敢不给？都给得很快。毛泽东在《湘江评论》中，曾记其盛："这位毕业生，得了喜报，他便坐着轿子（若家里没轿，便要新制），红顶帽，马啼［蹄］衣（多半新制），轿子背后悬着'中书科中书'等样的灯笼，向亲戚故旧的家里'拜客'。亲戚故旧得此一拜之后，'荣莫大焉'地跑到这位毕业生家里去贺喜。至则这位毕业生家里的头门上，又悬着一块写着'举人'或是'拔贡'字样的小匾，红底金字，更是好看的了不得！一场酒食，各自散归，这便叫'做酒'，又叫'打把食'，又叫'打秋风'。"（毛泽东：《本会总记》，载《湘江评论》1919年8月4日）

毛泽东所叙者，已是晚清，只是现举人进士、准县长市长打秋风之余绪，举人进士不太值钱了，在曾国藩那会儿，比这更厉害得多。曾国藩中了进士后，衣锦还乡，荣归故里，把没把薄如掌的四书五经教材（您别以为古人读了多少书）与厚如山的人教版湘教版资料（教材薄，资料厚，古今同）一举秦火，未详。不过呢，曾生把书本丢到爪哇国去了，却是真的。有人考证了，曾国藩自"自十月，抵家"后，在湘乡老家满打满算待了二百九十六天，而有一百九十八天没在家里。哪去了？打秋风去也。

第一家去岳父老子那里，要向岳老子报喜，顺便显摆，也蛮在理。不过，这次见女婿来了，岳老子淘欣悦又犯愁：您老，种麦子去啊，来来来我家，喝一盅，没甚喜事，我那臭女婿京上回家了；您老挖红薯去啊，莫莫莫，先莫去，先来我家喝口水酒，喜事？毛呢（湘方言，没呢），曾国藩那臭小子考上进士了——您看啊，岳老子（岳父）那高兴。愁的是，喊人来家喝酒要钱的，这钱小钱，还要打发女婿崽是不是？正月十六，曾国藩在岳父那里，收到"轿钱四百六十文"。之前，岳老子还请来隔壁村里的文工团，唱了几天戏呢。

曾国藩在岳老子那里开张大吉，开门见红，由此拉开了其四处打秋风的拜客之旅。从岳家出来，十九日，到庙山家祠；二十日，"走各处坟山扫墓"；二十一日，"祠内经管请外姓人吃酒，四十余席"。一天都没空，天天在"走亲戚"，三日小结算，裤袋里叮咚响，叮咚叮咚响，单是二十一日，收"轿钱三千二百文"。

曾国藩拜客，其路线图大体上是，由内及外，由近及远，由亲及疏，由亲及官，由官及商，士农工商，只要是有钱的，心里盘算盘算，算下来，可能给钱的，曾国藩几乎是无一遗漏，都去了。如去岳父家后，到湘乡荷叶家祠，收获甚丰，"公祠钱二十千，卷子钱三千文，夫子一千五百文，宗孔请题主钱四千文"。收取这些钱，很多起了个漂亮名词，如修族谱，如挂匾金，如收学生束脩，如发卷费，如题主钱。

到亲戚家，能打几个秋风？有些不过是送只鸡，送只鸭，送块腊肉，如湘乡一人请曾生"吃个饭"，送的是"点心四匣，茶叶一篓，鸭子一对"。曾国藩也不客气，来者不拒，收下了，其收下之理由这是"土鸭子"吧，味道好呢。到衡阳，贺五爷送"小菜四坛，酒二坛，鲜鱼两斤"，曾国藩大小通吃啊。不过呢，曾国藩还是希望不收鸭子收银子，故而他多走官家与商家。

老板最有钱，找来湘乡老板花名册，一一去造访吧。凡是老乡在外经商集中之地，曾国藩都去（一个两个老板之地，不去了，划不来），什么行业都不管，烟店、当铺、布店、纸行、酒厂、茶厂、煤矿、金矿、房产、地产、绸缎庄、内衣会所、铁匠铺、银器店、烟酒专卖店……不分行业，不分亲疏，不分其有原罪与现罪，不计其钱之来路，也不管其钱之去路，只要是挂多上老乡之老板，他都去。比如曾国藩曾来到我们邵阳（时称宝庆），拜访了四十四家湘乡店铺——什么概念啊，湘乡老乡在邵阳开店的，会有多少？估计上了一些规模的，也是这数目。这还是城内的哪，还有城外四十六家，合起来是百来家。曾国藩算了，在邵阳城内老板家，斩获一万六千九百文，平均每家是三百八十四文；城外老板家，收钱三万六千六百文，平均每家七百九十五文（城里老板更小气呐）。在邵阳能待几天啊，估计是沿门报喜，一天走好几家（一天入店门之多，比丐帮少不了几家），叙旧都不曾叙，没时间叙，拿钱就走。走到新化，拜访了凌兴隆、胡德昌、戴永隆、孙义盛，"十五早请酒，席极丰盛"。席丰盛，不感动；感动的是"且恭。又共送钱十二千文"。

商家有钱，官家更有钱，老板大方，老爷更大方。曾国藩钱收了蛮多，袋子兜不了，便回家，把钱堆屋里，把肚子掏空，便又上路。比如第四次由湘乡到宝庆，由宝庆到武冈，由武冈到新化，由新化到安化，千里长征只为钱。武冈"刺史杨莘田邀饮"，吃了喝了，洗脚按摩了，未了，还兜。又到知州杨超任府内，"请酒极丰，又送席"，席多少？二十两，乖乖，这只是知府一个人送的，另有两位佐贰，一人送八两，一人送二两。"饮知县（新化县）胡廷槐署内"，酒喝完了，要走了，要赶脚第二家了，知县送君送到资江边，往曾国藩裤袋里，鼓鼓囊囊，塞了个信封，里面好多好多钱。

曾国藩从考试后南下回家，再到拜客后北上出仕，近三百天，其中大半时间，都是以叙旧以走亲以拜访之名义在圈钱与捞钱，一次一次又一次，按张宏杰先生考证，共四次走出去打秋风。第一次是去岳父欧阳沧溟家金溪庙，路不远，二十多里，斩获不多，大概是岳父家几个小钱；第二次是是年二月十一日出发，到永丰、梓门桥和湘乡，只三五天，走了百三十路；在家呆了五天，又开始其士丐之行，到衡阳，到耒阳，这次时间较长，路程较远，跑钱跑了近五百公里；第四次是七月出行，往邵阳方向走，到邵阳，到武冈，到新化，到安化，历时一个多月，奔趋千二里，历时长，行程远，自然要钱讨钱也最多。要言之，曾国藩进士之后做官之前，他以其老家湘乡画圆圈，南至衡阳，北到长沙，湘西南到武冈，湘西北到安化，大半湖南，路都走遍了，钱都乞遍了。走一家，收钱有多有少，或是百余文，或是二十两，看上去数目都不算大，然则，这些钱都是蛮值钱的。张宏杰先生给算了："道光期间，一斤猪肉是五六十文，鸭蛋每个二文多，普通瓜菜如黄瓜每斤二文上下，葱每斤五文，桃子六至十文一斤。至于一亩良田只要三十两银子。这样说来，曾国藩的拜客收入，可以买五十亩良田，或者四万斤猪肉，可谓巨款。"

曾国藩拜客，到处要钱，四处众筹，斩获不算少，想来知足了吧？他要上京出仕了，一路吃吃喝喝，白吃白喝，还白拿白要。兄弟你出门，要带钱带卡带身份证，曾国藩出门搞串联，带个进士身份，一切搞定。是年十月十六日，他从老家湘乡县城出发，不奔车站不坐车，先去县府捞金去，收入不错，共收钱三十二两，其中县令严丽生送十六两；十一月六日到长沙，共捞了七十七两，其中巡抚送十六两，按察使十二两，粮道十两，长沙知府六两。十二月十二日，到了武汉地段，他叫人去武昌拿来官场花名册与全省各级各部门主要领导电话簿，拿来干吗？你想呢？你懂的。在汉口收到抚台、藩台、臬台与布政使按察使礼仪甚厚，武昌城还有老乡老板呢，加上官人加上各家"卦店"，一共是一百七十一两又六千九百文。曾国藩"正月十二到河南省城"，莫急于上京，先玩玩哒，"拜客耽搁四天，获百余金"，"百"字精确，"余"字呢？"余"字内涵是五六十两：巡抚八两，按察使与布政使各十六两，粮盐道三十两，陕西道三十两，灵宝县令二十两。有个叫杨积煦的，没钱，送了曾公面一匣，鸭四只，地黄二匣——莫怪人家小气，人家虽是知府级别，却是候补，估计是捐的官，钱早捐空了，他还这么送礼，算讲感情是吧？讲甚鸟感情啊，叫曾国藩到京给他多美言美言吧。张宏杰先生给曾国藩统计了，这次进京，曾公所得是二千两左右。合起来比前四次还多得多——还是官家有钱哪。

不是曾国藩人品差，是钱瘵。考上了进士，成为准官人，到处打秋风，是当年社会风气，这风气非潜规则，还是公开的公行无忌之显规则。大家都这么拿钱的，都这么去讨钱的，曾国藩只是随大流，跟大风，同流合污而已。大家都这么干的，便对么？再如何之显规则，也是蛮丑陋的。比如大清曾有陋规，有官员陋规、幕友陋规、吏役陋规之别；从行业看，又有漕规、盐规、河规、关规诸名目。还比如什么别敬、冰敬、碳敬，还比如有什么贺仪、奠仪、耗散……这些都是公开的，都是公行的。公开的，公行的，便对么？

准官人曾国藩一路打秋风，一路拜贵客，与官人收取贿赂有甚区别？

大家这么大方又热情地送钱，冲什么去的？冲曾国藩人品？冲曾国藩读书发狠？曾国藩人品此时并不曾修炼到家；读书发狠的，比曾国藩更多，没见谁送读书人钱去。这钱送得那么快，送得那么多，无他，冲曾国藩马上要做官了。

曾国藩先前见钱不见道，见利不见义，后来才见道不见钱，见义不见利。曾国藩回想当年疯狂讨钱，也难掩其羞："我自从己亥年（道光十九年）在外把戏，至今以为恨事。将来万一作外官，或督抚，或学政，从前施情于我者，或数百，或数千，皆钓饵也。"这些钱，不是白送的，是待他做官后，要加倍还的，"渠若到任上来，不应则失之刻薄，应则施一报十，尚不足满其欲"。你到了地方做官，曾经送钱给你的，见你做了官而来你任所了，你还不还礼？不还，那你名声则臭几条街了；还呢，以一报十，也未必能满足他。曾国藩深悔旧行："以后凡事不可占人半点便宜，不可轻取人财，切记切记。"

现进士与准官人乱捞钱，有时还算得上敲诈勒索，在大清风行之盛，让人骇目。或者曾国藩未必是最疯狂的，疯狂有更似曾国藩者，虽然打着"尊重知识，尊重人才"幌子，却也掩盖不住"公然贿赂，索拿卡要"之实质。就人品可讥言，未必输与官品之可讥，学界腐败未必输与官场腐败；而其中尤可批者，是大量现任官员参与其中行贿，以公款预贿进士之未官者，康有为曾抨之："故得第之始，则丧廉寡耻，罗掘于乡里，抽丰于外官。"可是，进士成准公人之前，揭露其疯狂捞钱与猛批其贿赂公行者，揭露者有几？批评者有几？此事曾大行其道，今人却难知其行。

# 曾国藩准备好了吗

鲁迅先生评《三国》之典型化写作说："显刘备长厚而近伪，状诸葛多智而近妖。"后人论曾国藩用人，是什么样的？赞曾相（不是宰相胜似宰相）用人高正而近神？曾国藩用人确乎有很多好传说，如李鸿章带来很多千里马给曾相来相，曾相多数没看上，单是看上了在曾府大院大喊大叫向他发脾气的刘铭传。传闻曾相还著了《冰鉴》（有说是托名的），里头总结了曾老人家四十字的相人诀：邪正看眼鼻，真假看嘴唇；功名看气概，富贵看精神；主意看指爪，风波看脚筋；若要看条理，全在语言中。《清史稿》亦云："国藩为人威重，美须髯，目三角有稜，每对客，注视移时不语，见者悚然。退则记其优劣，无或爽者。"好像是阁下到曾相府上，让他抬眼看看印堂，闭眼摸摸骨相，便可知阁下命是堂官，还是宰相。

曾相相人，有无这么神？不晓得。然则曾公用人，几没走眼没走火，却是真的（所谓"无或爽者"）。自称门生长（意思是：若曾公是班主任，他是班长）的李鸿章是人才吧，幕下左宗棠（左宗棠是副门生长？若左公见李相自封曾家班班长，他兴许会大吵一场）是大千里马吧，晚清一大串杰出干才，煞几皆出曾老师兼班主任门下，"疆臣阃帅，几遍海内，以人事君，皆不负所知"。

"疆臣阃帅，几遍海内"，这怎么算是曾国藩门生呢？原来是曾国藩以在籍侍郎，本是"犹匹夫者"，却因洪秀全造反，他起而练兵，"匹夫居闾里，一呼，蹶起从之者万余人"，奉命于危难之际，朝廷便下放了些权力与他。比如朝廷核心利益的用人权，也分了部分给他——这么说来还不太准确，用人拍板权，依然由朝廷牢牢掌握，曾国藩所得之羹是推荐权。朝廷用不用，最后决定权不在曾国藩手上，然则因其时是战争之特殊时期。只要曾国藩推荐，朝廷皆高看与厚爱的，多是要用的。莫小看用人之推荐权哪，许多拥有这权者，也是炙手可热，你要金银，有人送金银；你要美女，有人送美女。要言之，门庭定然是"若市"的。

曾国藩推荐干部，有一条他是绝对可以拍胸脯的：不曾推荐过送财者，没有举荐过枕边人。他之提名干部人选，全是为国选才。刘绪义先生在其大著《曾国藩与晚清大变局》中说："最少三类人在曾国藩看来是不好保的。一类是才胜于德之人，这些人往往因为德的问题而名声不佳，如周腾虎，被保后反被人屡屡参劾，最后竟抑郁而死，'心欲爱之，实却害之'。一类人是才德平平而升迁太快的人，也容易被参劾降调。三类人是本人不愿做官或不愿受人恩惠。"这恰如曾国藩自道："近世保人，亦有多少为难之处，有保之而旁人不以为然，反累斯人者。有保之而本人不以为德，反成仇隙者。余阅世既深，即举贤亦多顾忌。"

曾国藩举贤，"为事择人，则心公而事举；为人谋事，则心私而事废"。曾相是没掺杂什么私心杂念的，并不因是其表弟而举，更不会在馆子里看中了一位美女服务员而破格录用。这些人才，都是要领兵的，要打仗的，无能之辈，用于国家多难时节，那国家亡得快，承平时节倒可以乱用（亡国不马上，应之也是滞后效应）。可以这么说，曾国藩提名干部人选成千上万，没有一个是政以贿成，他用人无任何腐败——曾相用人真近神哪。

曾国藩用人而近神，并非靠摸骨相与看印堂，而是在实战中看人的。曾府幕下高朋满座，人才荟萃，多半是知识分子。官僚对士人，要不是敬鬼神而远之，要不是当臭老九而贱之，总之是不大亲之。曾相却不同，"对待知识分子，曾国藩也一样采取了曲己以待英雄的态度"。比如赵烈

文，赵秘书本读书人，国考没考上，赋闲在家，其妹夫周腾虎在曾府当幕
僚，便向曾国藩推荐。赵秘书初来大营，书生意气，直谏道：樟树陆军营
营制甚懈，军气已老，恐不足恃。曾国藩好像不是看眼鼻、嘴唇、指爪与
脚筋的。噫，你这家伙好狂啊，以之为书生，并不认作人才与英雄。赵烈
文从曾国藩眼神，得知自己没被看上，借口老母病重，辞职了。曾国藩并
不挽留，批准了。直到后来，前线传来樟树大败，才知道赵氏果然大才，
纳为心腹，多次举荐，让赵感激，成挽大清于既倒的核心幕僚。

　　国之兴亡，在于得人。曾国藩在这端事上，可赞处多又多：举贤看
相，一看就准，神；举贤无数，一无腐败，神；在实践中举贤，一个不
差，不神，却相当行。不过，阁下看出曾国藩有个什么问题么？曾国藩举
贤，都是谁在举？有哪些人在参与举？鄙人寡闻，貌似没看到他跟谁商议
过，用某人不用某人，举某人不举某人，都是曾国藩一双眼，都是曾国藩
一支笔。有常委讨论吗？好像没。有群众推选吗？好像没。曾国藩在用人
上，走的是伯乐相马路子，并没考虑过用人体制的制度建设。

　　曾国藩用人，都算得人，不过这种用人，有一样大缺陷，使得人才忠
于个人，而未必忠于国家。有例子可证。曾国藩因受不了朝廷体制鸟气，
从江西撂了担子，不干了，回到湖南老家。朝廷另派了福兴来掌湘军，而
湘军从将到兵，没几人听他的，"福兴等征调，置不訾省。得国藩一纸，
千里赴急"。湘军很像是曾家军了。这就是说，曾国藩一人忠于朝廷，则
全军都忠国家，若曾国藩不忠国家呢？历史不容假设，但历史也可预设：
后来军阀割据，不也跟曾国藩这么建立湘军有远承？

　　有人也确曾劝过曾国藩："江南半壁无主，老师岂有意乎？"老师无
意。曾国藩是非常忠诚朝廷的。假设一下历史，若曾国藩不忠于朝廷，若
曹操挟天子以令诸侯，再领诸侯以当天子，那么会给历史一个什么样的世
界？有人比较曾国藩与李鸿章，曰，曾是英雄造时势，李是时势造英雄。
曾国藩改变了晚清垂死时期，促了晚清中兴；然则曾国藩能刷新政治，造

一个新时代吗?

从用人可知,曾国藩并没刷新制度。曾国藩思想说来也是解放的,他改造军队,他兴办洋务,但老实说,一个国家政体变革,最关键不体现在武上,最体现在文官制度上。曾国藩兴洋务是真,但他之为,也只是器之层面进行了改革,好像没在政之制上,有太多动作。这一点上,他没湘军另一大将郭嵩焘看得远。这不是说,曾国藩一定要走郭嵩焘所倡导之路,而是说,曾国藩应在千年封建之制,有所设计,方能走上新时代。

曾国藩个人品质好,很难找出其理学岔子来,故群臣愿意跟从他。老师岂有意乎?老师无意,这让后人惋惜不已。也或因老师无意,故他这方面没用心去创意。从这点看,假设曾老师有意,他可能是,也仅仅是:为新朝廷准备了一个好皇帝,难为新时代准备一个好制度。

## 相人术奇在用人权

曾国藩据说是个八字先生,他《麻衣相法》学得好习得精,过他一眼,虎背熊腰,身高一米八以上的,他说这是高人;奶声奶气,年龄在七八岁左右的,他说这是小人;腿短屁股大,他说这人当官,一定是椅子坐得稳;尖嘴三角眼,他说这人为相,不是汉奸,就是奸臣。曾大师传闻总结其相术口诀是:邪正看眼鼻,真假看嘴唇。功名看气概,富贵看精神。主意看指爪,风波看脚筋。若要看条理,全在语言中。

"近世士大夫,多称曾文正公能知人,非妄语也。"江湖传说,湖南邵阳人江忠源当京漂时,他去找老乡曾国藩耍,饭局过后,江氏别过,单留个背影给曾大师，"既别去，公目送之"，转身对人说："此人必名天下，然当以节烈死。"后来验之不爽，"后十余年，忠烈果自领偏师，战功甚伟，嗣殉难庐州"。曾大师硬是神奇，到得曾府上的，他眼睛一瞟，耳朵一竖，就知道谁可当省长，谁可做知府，谁祖坟贯气再怎么贯到冲顶，最多在正处级打了止数。听说都验证了。"近世士大夫"，由此一个一个口耳替曾大师打广告，好像曾大师确实是吃了啥补肾丸，成为肾功能神勇无比的奥特曼。

曾大师发达之后，五湖人才，四海才人，都往他那里汇聚了。这些人志高品洁，曼妙蛾眉侧，不动心；红蓝绿顶旁，不动心；黄白物当前，不动心，都为了一个"只要见中堂"的共同目的，走到曾府来了。曾大师一一打量，一一看相：张三当连长合适；李四当营长恰好；王麻子脸上麻子多，奇人奇像，可以"自领偏师"。果然，张三当了连长，李四当了营长，王麻子当了纵队司令员。曾大师相人是这么准，所以李鸿章组织淮军，拿不准谁是革命派谁是反革命派，就来找曾大师给他相一相。"门生已带三人来此，一刘仲良秉章，一刘省三铭传，一吴筱轩长庆也，乞师相俯一见，以察其是否可用。"曾大师神态还真是像模像样，程式招数一板一眼，"文正到客厅见之。三人均垂手侍立，每人略询数语，即不复絮问，唯绕行室内，时以目，注视三人，亦不命退，如是者将三句钟，值家人来请用饭乃已"。酒菜上桌，李鸿章急急问："刘吴三人，师相已经赏见，究竟其人如何"？曾大师没马上答，他要神秘神秘一下嘛，待菜过三巡，李鸿章三连问，曾大师慢答道："刘秉章封疆之器，吴长庆专阃之才，刘铭传较彼二人为优，苟能驾驭得宜，亦庶几一代名将也。"

曾大师这么相人也是有依据的。刘秉章站在客厅里，让曾大师左看右看，上看下看，没被看得不好意思，"吾观其植立数句钟为久，其一种静穆之气令人挹之不尽"，刘秉章是一个"骨重神寒"相，可以当省部级。吴长庆站在那里动个没停没空，像多动症，但神色没啥厌烦，这人精力过人，若在金銮殿里坐没坐相，站没站相，开起会来常常溜会，自然在皇帝身边是干不下去的，所以只能到京城外干活计，只能当专圈人才。刘铭传"面微黄，疏麻，隆准"，脸上星布麻子，人称刘麻子，他在曾大师相人当猴子看那会，老不耐烦，看得曾大师将他当猴子看稀奇，怨气暗生，"侍立稍久，跛扈不平之气"，即流露出来了。曾大师说，这个刘麻子不是听话的人啊，你若驾驭不住，就一定要给杀了他。刘麻子被李鸿章驾驭住了，一路高升，后来官拜台湾巡抚，名气与官位都在两人之上。

曾大师给李鸿章部下看相，据说都看准了。

曾国藩相人，准则准矣，奇则未奇。这话何解？八字先生相人术之准与神是成正比例的，越神看得越准，越准越传得越神。神与准，在八字先生那里，是正比例没错，可曾大师不是八字先生，他是曾大帅，是曾大官人，大帅与大官说谁能当县长，谁能当军长，你说这是他相术高，相人准？提着密码箱，拿着银行卡来见中堂的，中堂大人说，你天生一个局长相，你是一副专员貌，你天生是当秘书长的料，若我是中堂，我也一定这么把人相准。曾中堂没有收取刘铭传诸辈银子，也没打招呼提拔他们，也是事出有因，那是战争年代，要用人才，不可用奴才，能者能够用上。或谓，刘铭传刘麻子不是湘军系列，而是淮军体系的，曾大师何以相得那么准？曾大师没直接当刘铭传的领导，但他当李鸿章的领导啊，领导向部下打个招呼，说某某，我看可以用在某某岗位，某某，我提议可以用在某某位置……部下敢有不听的？

曾国藩当了老大，说谁行，谁就行，于是往来投奔者络绎于途，与曾大人无甚瓜葛的人都求了个一官半职，这样的成功故事，那是相当励志的。曾大师老家人听说了，坐得起飞机的，坐飞机来了；买得起高铁的，坐高铁来奔；有个老汉，与曾大人是亲戚，家里穷，书都读不起，看到那么多人只要一见中堂，就可以坐主席台敲桌子喊升堂，他也坐拖拉机来求进步了。"曾文正驻军安庆，有戚某自湘乡田间来，行李萧然，衣服敝素，对人沉默不能言，盖一家计寒俭而投营谋事者。"这人没读过书，也没什么奇相，说话都说不圆，到了曾大师府上，曾大师看他看得还少？他们是亲戚呢，三岁看过，没看见其老，三十岁再看，曾大师好像也没看出他是什么高官相，哪里想到这位洗脚上岸没多久的老农民，后来官当得可大了，副省级了呢，比一般的副省级还硬撑多了，当上了省纪委书记兼常务副省长。

这人刚来曾司令家，"文正垂询乡里琐事及戚友近况，其人腼颜作答，讷讷然若不能出诸口"。就这么个人，开始在别人面前连说话都说不出，一说就脸红的角色，后来在主席台作报告，话语一套一套，调子蛮高蛮高，喇叭唢呐，曲儿小，都能弄得腔儿大。这位威加省内的大人物，曾经差点被相面大师埋没了。那次曾大人给这位亲戚看相，"功名看气概，富贵看精神"，气概没有看到，精神也没看到，听了其语言，也没见什么条理，也便打发他在办公室看看门，扫扫地。这人端了公仆铁饭碗，渐渐地忘了当年红米饭南瓜汤的日子，"一日正食，值饭有秕粒，某检出之而后食"。饭里有米壳，谁都会检出来扔掉的，曾大人也会扔，但曾大人扔得，这穷亲戚扔不得，"文正视之良久，亦无他语"。饭局用完，曾大人就叫这亲戚到财务室去领工资，叫他走人："令支应备银二十两赠某以为赆。"

好端端的铁饭碗没了，谁不伤心？这亲戚一哭二闹，要讨个说法，原来在曾大官人看来，这人没有保持戒骄戒躁、艰苦奋斗的优良传统，过去屎里都寻豆子吃，现在参加了革命工作，米里秕谷都扔掉，忘了本了。这人于是做了深刻检讨，写了保证书。曾大官人先是给他做了处分，调离原岗位，把他从办公室搞文秘派到干校去改造，搞农业生产，"时文正喜植蔬，每日撷鲜而食，以为至味，姑令某主持园圃之事"。这亲戚珍惜领导给予的机会，努力改造，洗心革面。曾大官人考察一年，给了这亲戚"重新做人"的鉴定，也就让他重新做官，"某乃益自励，日语佣保杂做，寝食相共，灌溉粪洽，莫或休暇"。改了就是好同志，曾大官人给他另外分配工作，"乃以他事畀之"，使这位老农民"卒以布衣扶摇直上，官至观察使，加布政使衔"。

这位老农民，是生就了一副官相，还是碰上了一位官员？是曾大巫师会看官相，还是曾大官人能施官帽？

曾国藩曾相过一人，这人相貌堂堂，印堂发亮，官相十足："当金陵初复时，冒称校官，往谒曾侯，高谈阔论，议论风生，有不可一世之概，曾侯固以心奇之矣"。曾大师看相，看好这人不是疆吏，就是京官，留在府上好生培养，让他当了后勤部长，"姑令督造炮船"，这人哪是什么大官？只是大贪，"未几，忽挟千金遁去"。纪检部门立案要下追查通牒令，报到曾大官人这里，被他压住了，曾大官人提拔的人出了问题，只能捂住，不能曝光。贪官当了大官看，看相哪里看准了？纵或是当年江忠源，"盖升平之际，物色人才，危急之秋，激昂忠义，精神所感，诚至明生，文正儒臣，岂有相人术哉"？说曾国藩知人善任，倒也不差，说他知貌善相，谁信？曾国藩要用自己人了，放出风来，说这人有一副官相，跟后来的大官人收取了某某金银券，放出话来，说某某德才兼备，套路大概是一样的。

"世有伯乐，然后才有千里马"，我曾经认定这话是混账话，千里马是伯乐生出来的？是先有官相然后才有官位？现在我知道了，确实是先有知府，然后才有县令的。世上本来是不可能先有伯乐，然后才有千里马的，但官场里运用得多了，歪理渐渐也就变成真理了。

# "曾剃头"不剃"伪官头"

大概是在咸丰同治年间，有傅锡恩者，不知江西何方人，也不晓平生行状。鄙人兴趣高昂，百度百遍，也"人肉"不了他。好吧，名字都是个符号，算他是大清国一吏吧（以下干脆称其傅一吏）。傅一吏一路递送状子，往死里告李清臣。李者何人？也不知，百度一下，倒出来他了，却是宋朝人，显然与此人不相干。李清臣李清臣，"你"是大清之臣，其大名代表性蛮强嘛，就叫李清臣吧。

可以推知，傅一吏是官家人，李清臣不用说也是官家人——名字就取为臣嘛。又可推知傅一吏之级别或低于李清臣，若说傅是县长，李大概是市级领导。傅一吏告李清臣，罪状甚多，有"勒索逞凶各情"，贪污腐化啊，杀人放火啊，罪皆归李清臣。罪挂民事与刑事，估计是傅一吏乃刀笔吏故也，若非刀笔吏，其状也请了刀笔吏捉刀，那笔如刀，太锋利了。傅一吏以"勒索逞凶各情"状告李清臣，多半是幌子，最厉害的是另加了一罪，"此案据傅锡恩呈控李清臣等前充伪职"，在伪政府里当过官，到了新政府（大清政府算是死过一回的了），还不把他给枪毙啊。

所谓伪职，指的是李清臣在洪秀全手下当过官。推想来，并不在太平军任军事将帅，而是在太平天国所控制的地方任行政领导。太平天国巅峰时刻，江南半壁全在洪秀全掌控之下，细推算，如李清臣伪政府任职者，有多少？十万几十万吧。吊诡的是，原告傅一吏诉讼被告李清臣曾任伪职，他自己呢？嘿嘿，"粘钞内复有何赓尧指控傅锡恩父子一室三帅，勒派乡捐归己之诉"。傅一吏家，有三人出任伪职呢（可见伪职之多）。

甲告乙，丙告甲，戊己庚辛壬癸又状告乙丙——你咬我，他咬你，我咬你和他，大清广大干部，进入了互咬模式，"看来只为一伪职大题目所误耳"。

"看来只为一伪职大题目所误耳"，这是曾国藩说的，其时曾部堂为两江总督，状子告到他案头，具体情实曾部堂并没了解。那么大官，来审个案，也不现实，曾总督只管大体方向，其批曰："逆匪窜踞之地，何处不有伪职？强者固助贼为虐，便其私图；弱者亦姑且顺承，苟全性命。但不苟派乡里，搜求富室以媚贼，便是好乡官；其义不从贼，尽室先逃暨甘白刃者，有几人哉？"

或谓，人若入官，全说鬼话，是吗？比如曾国藩此处为官，此处所说，无有官腔，全是人话。江南半壁，"何处不有伪职"？不是出任伪职者，都是该关该杀之政治犯，他们之中固然有坏蛋，如借头上那顶乌纱帽，横行街头，鱼肉乡里，清空富贾之家，小半送"伪政府"，大半留自家仓，这些伪县长伪市长该关该杀——不在伪政府任伪职也该刑处嘛。另有些官吏呢，不论出任伪职，还是真职，都干该干的活，干良心活。这些人谁说该抓起来？百姓也都是伪百姓呢，那些愿意为大清跳河受戮者，有吗？是有几个，但不曾"尽室先逃暨甘白刃者"，都该杀无赦？

曾国藩曾有曾剃头之称。太平军初兴，曾国藩自京都回湖南老家奔丧，守制，受皇帝令，墨经出山，初在湖南搞团练，其时湖南兵荒马乱，牛鬼蛇神，强盗恶贼，国之不详，妖孽都出来了。曾国藩本寄寓湖南，算官，也只是客官，理论上没权力管理地方事务，而他反客为主，在湖南大搞严打，为盗者，为娼者，为贪官污吏者，"总以清查本境土匪，以绝勾引为先务。遂设一审案局，与湘人约：凡捆送会匪、教匪、抢犯来者，立予正法。前后杀戮二百余人。"乱世重典，大开杀戒，只要有人告这人是土匪、教匪，那人是会匪、洪匪，捉来后审都懒得审，咔嚓一声，便割其头。故，曾国藩者，人称曾剃头。

曾国藩或是有劣迹的，也曾视人命为草芥，到后来太平天国被镇压后，曾国藩老而不昏聩，不以杀人为英雄了。左宗棠问曾国荃："老九一生得力何处？"曾国荃答曰："挥金如土，杀人如麻。"可见当时很多官僚非人，以杀人为乐，以杀人多充好汉的。曾国藩却是放下屠刀，不曾成佛，也曾成人了。一场太平天国运动，江南十室九空，有统计说，江南劫数过后，人口数较劫前少了一个亿，尸骨累累，人名如鼠命还不及。见此，即使曾做过曾剃头者，也不忍视，大清已经胜利了，何忍再杀？这些人非别人，乃大清人，更是中国人。

曾国藩慎杀，不杀，当然有政治考量。马上杀敌，下马治国，既是统战之策，更是政治伦理。而在此前（也不排除此后），从项羽到张献忠，每攻一城，便屠城，一个不留全杀光，所谓农民起义英雄，其实是杀人魔王。曾国藩镇压太平天国后，放下战刀，也放下了屠刀。屠城之类事，是极少的（若有，也非曾国藩令）。故战后，曾国藩对那些以伪职为状者，并不开杀戒，要惩处的，不是政治犯，而是刑事犯贪污犯，"如确有田产器物可指者，追还故主，银钱衣服架空之数，概不追究。其鱼肉良善，为众论所不容者，重则立毙杖下，轻责予以枷责，谕令受害者永不记仇，犯法者咸与维新，两造气平，则争端息矣"。曾国藩此处政策，分别情况，不以伪职论处，单以贪腐与欺压百姓论罪——他已脱离了茹毛饮血之政治魔头气息，初具现代政治家气象了。

官员之缺陷都是人本身之缺陷，官员之恶性乃是人本身之恶性。傅一吏状告李清臣出任伪职，其心甚恶。你以为他真是在讲政治？真为"清一色"之纯洁大清着想？实际情形可能是，傅一吏曾与李清臣有个人恩怨，他官在李下，以前奈他不何，此处恰好可借官府之刀以杀自家仇人。对此，曾国藩洞若观火，"上年河南捻匪未猖獗时，绅民互认为团，互指为捻，假造枪杀情节，官吏震其题目，不与立时剖析，以拖延含混了事，卒致民气不平，酿成巨祸。云南回汉相杀，其初时亦是虚架题目，互相告讦"。

政治是放大人之恶性，还是抑制人之恶性？只要政治一放任，人之平庸之恶，将如洪水泛滥，将如泥山崩塌，一发不可收拾。恶之政治，爱假借平庸之恶，放任自流，泛滥成灾；善之政治，抑制人性之恶，将其关在潘多拉盒内，若放任其犯恶，作恶，恶行天下，闹到最后，政治本身也不稳了，难收场了。曾国藩以为，河南捻军动荡，云南回汉互杀，都是放任人性之恶，给大清国结下的恶果。

曾国藩不支持傅一吏诉讼李清臣，便是要抑制人性劣根性。他不仅针对这案子，一案一办，而是推而广之，出台了一项政策，不准滥杀伪职。为使政策好懂易记，"本部堂所刊《解散歌》"，其歌白纸黑字，"有'不杀伪官'之条"，官府不能让人性之恶假借公共权力，以了私仇。曾国藩是曾剃头之时，或行恶政；到后来，他初具成熟政治家气质，始行善政了。


# 烦死曾国藩


按没被法律缉罪者都是好官的逻辑来推断，曾国藩也是好官的。别的不说，单是他立意整顿官场，开展治庸、治恶、治贪等三治专项活动，我就觉得曾国藩不错。

曾国藩在安徽剿匪，稳定压倒一切，他在前线主抓稳定工作，只是后方很不稳。直接一点说吧，体制内官员太不像话了，若说洪秀全是体制外悍匪，那么其属下官吏则是恶匪，今天到百姓家捉鸡杀狗，闹得鸡飞狗跳，明天到国库里偷金盗银，搞得财政空虚；前方吃紧，后方紧吃；前院灭火，后院起火；前线将士打仗，后线官员打架，衙门乌烟瘴气，乱糟糟的。曾国藩懂得攘外必先安内。只是，体制外悍匪是看得见的敌人，架起机关枪就可以扫射，体制内恶匪哪里看得清，都跟他一样穿蟒袍戴红翎，脸蛋上都是一副忠君爱国表情。真假孙悟空，弄得佛祖也是难辨。

　　这般官场，把曾国藩烦得要死，何搞？办法总比困难多，曾国藩管理创新，放开网络监督。具体办法是，在其办公室外墙，设计网络终端器，"文正在徽，置一柜"，这柜子设置了密码，只能由曾国藩或曾办秘书打得开，不管是谁，只要你受了官员气，吃了法院冤，或者知情领导贪，看到首长贿，都可整成材料，发送到柜里，民情上达，归曾国藩收集民意，掌握社情。实在说来，这办法并非曾国藩首创，唐朝女皇武则天曾这么干过，《旧唐书·武则天后记》载："垂拱二年二月，初置匦于朝堂，有进书言文者，听投之。"武则天设了四个专用柜，东曰延恩匦（收集社会闻达著作或条文陈述），西曰伸冤匦（受理含冤负屈的状子），南曰招谏匦（收集规劝书），北曰通玄匦（接受哲理类书籍），其中最著名的意见箱是伸冤匦与招谏匦，鼓励大家告状。武则天搞网络监督，搞的是实名制，没实名举报，文件规定一般不办理，比如索元礼、周兴、来俊臣等人，就是靠实名而得到重用的。雍正皇帝也这么干过，搞的是密折，只是密折对你而言是匿名，你知道有人告你，但你不知道是谁告你，这一切都归雍正皇帝一人掌握，单是他一人知道谁告的你，你告的谁。

　　曾国藩虽是继承传统，却也有创新，创新之处是，他不搞实名制。我觉得曾国藩的监督理念很不错，网络如果都搞实名制，不能自由发帖，那谁还敢乱发帖？杨涟实名举报魏忠贤，被魏忠贤打死了去。因为大家是为我朝服务的，所以我朝如果有缺点，就不怕别人批评指出。不管是什么人，谁向我朝指出都行。若大家只去追究批评我朝的是谁，那谁都会怕得要死，谁还敢说真话？曾国藩在工作会上特别指出："凡言地方利弊，悉投其中，不必列名。"监督形式有时比监督本身更重要。比如曾国藩搞

"不列名"监督，我就觉得这监督形式比监督本身，更值得称道。

曾国藩采取了这种"不列名"形式的监督，那效果真不错，一时间，网民发帖相当踊跃。

清代李伯元说，"我不敢说天下没有好官，我敢断定天下没有好衙门。"前半句说得没错，曾国藩就算是好官嘛，后半句说的也没错，天下哪里有好衙门？曾国藩搞得满朝官吏烦得要死，很不安生；衙门官吏也不是吃素的，三个臭皮匠当一个诸葛亮；三百个臭官吏，那就大大胜过一个曾国藩。官吏们开始集在一起，研讨如何对付曾国藩了，"人患之，求于老讼师"。讼师而老，比老狐狸更老。老讼师收了咨询费，捋了胡须，说这事太简单了，上面来了政策，下面出台对策，那不是烂容易？以其人之道还治其人之身，可也。老讼师说："不出三日，必令停止！"真的？"众疑之"，真的。还没得三日，"及第二日，果撤回"。曾国藩那意见箱撤下了，那监督网络关闭了。

什么法子？"盖讼师日写数十无名之禀，皆痛詈曾文正者。"讼师大召五毛党，猛发帖子。这帖子说曾国藩包养情妇；那帖子说曾国藩收取贿赂；这举报信是某月某日，曾国藩跟房地产商勾结，卖了国土；那举报信说，在某地，是某人，曾国藩趁重点项目开工，捞了一大把……这端事，曾国藩干没干？鬼晓得。若这舆论造大了，那就动摇曾国藩执政基础。领导整下属，下属整领导来了，领导烦不烦躁？曾国藩烦得要死，"文正不能不阅，又无可追究"。怎么追究，曾国藩说了"不列名"的，他追究谁去？监督到自己脑壳来了，谁同意呢？"此令遂停。"上面政策很好，下面对策好狠，结果只能是上面把上面的政策收回去矣。

领导心情好，也会制定一些好政策，甚至不怕烦死其下一级来推行，总督烦巡抚，巡抚烦知府，知府烦县衙，官场里这般人文景观也不是没有。曾国藩的制度设计是，此上端别烦自己，彼下端不烦百姓，要烦的是官吏层。这，百姓自然是同意的，官吏会答应吗？官吏与百姓到上级首长那里博弈这等事，百姓哪能赢的？中间层把制度搞坏，这叫肠梗阻，麻烦到了领导层，也卡壳，更是脑梗阻了，制度哪能行得通？中央监督乡长，那肯定没问题，只让乡长烦躁嘛，但若烦到曾国藩，动摇其执政了，只好关闭政策了。然则，巡抚、知府、县衙，该干吗还干吗。官人都能不烦，只好烦死老百姓去。

# 事功未必博士事

曾国藩有一羞，是自个掩鼻羞，还是他人刮脸羞？都有吧。曾国藩24岁中举人，列第36名；28岁中进士，进士没进一甲；没进二甲，进的是三甲，三甲还是42名，皇上赐他"同进士"。同进士之同，其实是不同。

曾国藩的文凭，是打括号的文凭，他羞得不行，如阿Q一样，电灯泡都犯忌。曾国藩听谁说"同进食"，他都要沉下脸的，后人也都爱以这个故事来羞曾大帅。后人者，做过什么事？什么事都没做过，不过文凭蛮高的，是博士。博士一直在找可比项，怎么也找不到，在文凭上终于找到了可以傲然曾大帅的，他自然要爆笑爆笑，还爆笑，笑曾国藩笑得肚子痛。

曾国藩文功比博士们文凭差？博士们自然不去比，比文功，曾国藩可当其百次博导。博士们不这样比啊，他要比第一学历，比得曾国藩头低到胯股沟底。

曾国藩文凭再不硬，他也是有文凭的，怎么说也不是土老帽。所以，曾国藩率湖湘子弟出靖港，出湘江，出洞庭湖，一路枪林弹雨，与太平军拼死拼命，时人也罢，后士也罢，都称曾国藩书生带兵，非土匪领军。曾国藩湘军里头，高否不论，将帅们蛮多是有文凭的，如胡林翼，如左宗棠，如李鸿章。有谓，大清这场造反与反造反，是一场文化与文盲的战斗。洪秀全有甚文凭？萧朝贵烧炭出身；杨秀清砍柴卖柴，是个打柴郎。一边是有文凭的，一边是没文凭的，最终是有文凭的，赢了没文凭的。文凭万岁。

文凭万岁？曾国藩没万岁啊。天天被人喊万岁的皇上，我不能说都是没文化的，皇帝们师资是帝王师，水平比博导高蛮多，故是，你不能说皇帝文化低，然则，他们没一个有文凭哒。乾隆据说曾冒充考生，上了一回考场，也没见谁给他传胪唱名，发录取通知书与他。坑灰未冷山东乱，刘项原来不读书，刘邦没读甚书，你却得喊他万岁。例子还有朱元璋，他也是锄头大学、扁担研究生毕业，硕博连读也是敲木鱼专业，阁下对老朱，也是万岁万岁万万岁，边喊万岁边跪膝盖。

曾国藩书生带兵，是一支有文化的军队，不过，不好说是一支有文凭的军队，曾国藩本人文凭遗人笑，其他人文凭多数也得破帽遮颜，左宗棠文凭也是羞于人言，老曾到底是三甲，考过进士的，老左不过是举人。湘军里头，小学没读过，读过小学没毕业的，大将以上者，也是蛮多的，比如有湘军第一大将之称的鲍超，自个名字都不会写；湘军悍将陈国瑞，大字墨墨黑，小字不认得……太平军被镇压后，湘淮干部崛起，时有八大生员之说，文凭都不蛮高，高中生啊，中专生啊，大专生啊，其文凭都不怎么拿得出手。有好事者做过统计：

一：曾国荃，两江总督，优贡；二：彭玉麟，兵部尚书，附生；

三：刘坤一，两江总督，附生；四：刘长佑，云贵总督，拔贡；

五：李瀚章，两广总督，拔贡；六：张树声，云贵总督，廪生；

七：刘　蓉，陕西巡抚，廪生；八：李续宜，安徽巡抚，附生。

"贡生凡六，曰，岁贡、恩贡、拔贡、优贡、副贡、例贡。"说来，名都不蛮正言都不怎么顺。其中附生尤不好听，怎么说呢，正式高中都没考上的，假如说，县里高中生录取指标是1000名，另外拿1000名卖指标，附生者，大概就是这个买卖指标的指标生。

曾国藩以及这些"八大生员"，都有文凭（大学是文凭，初高中毕业也是文凭），文凭都不高，而他们所建之事功，好像不比谁低。大清进士者多又多，状元郎也有几十上百，文凭硬得很，跟曾国藩来比事功，不敢比吧。大清八大生员，做官都蛮不错，德能勤绩，蛮好，纵或是政声人去后，民意闲谈中，他们没当官了，清誉也胜出大清数万官僚许多，如彭玉麟，还真无负面评论。

或谓，"薄士"者创功开业，多是马上得之；"博士"者建功立业，多是马下得之。开创时期薄士卖命，守成时候博士承功；马上那会儿，让博士去挡子弹，博士不愿，薄士也觉得不甘：他读了那么多书，不能先去送死啊，要死也是我们薄士先死去。薄士真是这么想的，也是这么做的。博士啊，您就不要笑话薄士了哪。您笑，您也笑得出来？

其实也不是马上那会儿薄士方建事功，承平时期，也未必需要博士文凭，才能行政。博士者，并不博，倒是窄的，其所研究者，一个孔眼钻到底，钻出个洞来，豁然开朗，也是一个洞嘛。博士洵是"窄士"，他们是术业有专攻的；专攻者，学术上建功是本行，转到非专攻的行政上，未必能展其才，能逞其能。

学术是窄的，窄才钻得进去，行政却是博的，方方面面不求其深，但求其广。博士书生气太浓，如何与各方面沟通？认了死理，行政便没活路。博士一窝蜂来从政，看上去浪漫，究其实是浪费。学术要高精尖，要的是高端人才；行政是短平快，一般文化就够用了。

理论学功之事，让博士去；实践事功之事，让薄士来。

# 独居思云馆

曾国藩的荷塘雨色，撩人得紧。很多次，驱驰高速公路上，见着迎面扑来是山头，挂着曾国藩故居的巨幅牌子，便想跳下车，走访曾国藩去。有回真的让车扳了道，停车一问，曾家在何处？有答，只在此地中，尚有百余里，便喊司机打了一把方向盘，绕了回来。这次江南春雨，山绿如蓝，惹了游兴，动了心思：曾国藩是必须去访的，哪怕是路迢迢，雨蒙蒙。

路迢迢谈不上，我之所居，离曾国藩直线距离，不上百里吧，江南路弯弯，其弯线也是二百里的样子，只是越近的地方，越觉得容易去，越觉得容易去的地方，越不容易去。而雨蒙蒙却是真的，一场大雨过去，山青了，水秀了，荷塘边柳色荡漾了。曾国藩故居前面恰有一处水面浩大的荷塘，塘边有柳，柳已出条了，依依垂绿；塘里有荷，荷却没露角，斑斑点点水——刚是一只蜻蜓大，落在水面上，漾动水轮如树轮大小；荷塘中间还有洲呢，还有石拱桥呢。风吹动，水流动，柳摆动，细雨如珠，落水里，打荷叶，雨声也是活的，这风景自然比贴在墙壁上的曾国藩更诱惑人，同去的美眉开春雀一般叫着，竟然撇了曾国藩富厚堂，先去浏览荷塘雨色了。

行至一处石拱桥，眼睛为之一亮，心思为之一紧，桥两边，勒着一副对联：大处着眼，小处着手；群居守口，独居守心。好像头上猛然被人击了一榔头。上联与我无关，我又不是大人物，也没想过要干甚大事业，看些闲书看些闲景，够了，哪用得着要从"大处着眼"？"小处着手"，吃些家常饭，喝些老叶茶，天天在着小处，这个不用提醒。倒是下联，得是当头棒喝才是，而且得三棒五喝才是。跟众生搅和一起，也不分辨其中君子几个，小人几许，若有得意，或是失意，口刺刺不能休，大祸倒没，小羔是常常有。兄弟哥们阁下我，要"群居守口"哪。

荷塘之水，并不清，纵使清，我也无缨可洗；荷塘之水浊兮，可以濯我足，荷塘水漫小桥，我脱了鞋和袜，踏着水波，绕水一圈，在荷塘雨色里铺垫了游兴，也要奔赴主题了；于是洗脚上岸，拜谒富厚堂去了。曾国藩以书生带兵，风云际会，以文人而建树武功，封侯拜相，是南蛮一大奇，将寒门子弟功业做到了极处，诏加"太子太保"，封"一等毅勇侯"，授"武英殿大学士"，升"光禄大夫"，谥称"曾文正公"。曾国藩是最懂月圆月缺的，人生到了这一步，夫复何求？到了此处，真是富厚，再往前，那就不是富厚，是福薄了；再去求，那就求不到富贵，只能求来人亡，家破，诛九族了。同治四年（1865年）秋，曾国藩向家眷做思想工作，准备回籍"立家作业"，乃修筑了这幢富厚堂。

尝了大城市富贵味，要重过穷乡僻壤的日子，这思想工作怎么做？曾国藩一再嘱咐，房子不要弄大了："屋宇不肖华美，却须多种竹柏，多留菜园，即占去四亩，亦自无妨。"回家过小日子的思想做是做通了，但"屋宇不肖华美"却有所变通，菜园我是没看到，屋宇却不止多占四亩。纵或是百年而后，曾国藩故居虽无雕梁无华栋，无金玉满堂，但也是蛮威武，蛮雄壮的。屋宇旁边一面帅旗，最少一栋五层楼房的墙面大，墙面高，风吹猎猎响，这旗子据说原先就有的，"文革"停摆了一阵，现在又招展如初了——想见当年气概，将是何样威风凛凛。曾国藩是低调的，低调的王侯还是王侯，不低调的呢？

曾国藩还是低调的。曾国藩的富厚堂落成之后，其妻带着子女辈，富贵归故乡；而曾国藩本人却没有回来过着优游林下、濯足荷塘的生活。他在富厚堂里，并没住过，住过的是思云馆。曾国藩称其"五杠间而四面落檐，即极大方矣"。其实并不大，与富厚堂比，那是"小屋见大屋"了。馆名来历取自狄仁杰，"仁杰登太行山，反顾，见白云孤飞，谓：亲舍其下，瞻怅久之，云移，乃得去"。思云望亲，故典出此。曾国藩将此楼取名思云馆，盖是其老父亲过世，他回家奔丧丁忧，在此处筑楼，一面"恪守礼庐"，一面"读礼山中"。

思云馆，是曾国藩的伤心地，子欲孝而亲不在，睹此故山旧水，岂不黯然神伤？而思云馆之为伤心地，不单是老父归山陵，也是自身无去从。何去？何从？曾国藩在此馆，闭门思过，思路，思前途。面壁十年倒是没有，却也是在这里，格竹子，格荷花，格菩提，格山背后那片林，格屋前面那塘水，格啊格啊，格思了一年多。

那段岁月，确是曾国藩最为惨淡的日子，这个猪崽子（左宗棠是这么骂曾国藩的——其实呢，也是湖南人的爱称）出了洞庭湖，却还不能算出得了湖（湘方言，出得了洞庭湖，意谓经得起事，干得了大场面活）。曾国藩在江西"剿匪"，朝廷要马儿跑，不要马儿吃草，只授权曾国藩打仗，不授权曾国藩节制地方，日子过得左支右绌，最为憋屈。恰在这时，他老爹归去道山，他向皇帝写了一个请假条，也没管皇帝批不批假，他卷起铺盖就走人。皇帝开始是不批的，后来批了三个月，一再鸡毛鹅毛令箭催，他都不去。受了一点委屈，受了一点挫折，就眼泪八点掉，就做缩头乌龟，缩在荷叶塘里不出来了，这熊样，让左宗棠看不惯、看不起，去了一信，将曾国藩骂了顿饱的。大家都晓得，左宗棠骂人，是出得了口的，什么话他都敢骂，将曾国藩骂了个狗血淋头。曾国藩何以受得了？他信也不回，山也不出，天子呼来不上船，何况是战船。

打起仗来想起我了，安稳日子何以不想起我？曾国藩想不明白，都说皇恩浩荡，怎么他是这般皇恩浇薄？后来想明白了，安稳日子想起人，是叫人玩物丧志的，国难之际想起我，是叫我建功立业的（皇帝有这么好吗？权当这么好吧）。曾国藩独居思云馆，思前想后，前瞻后顾，梳理了诸子得失，检讨了自个思想。曾国藩读的是四书五经，考入京都当公务员，当的是太平官，其主体思想是崇儒。后来烽火起广西，火势漫江南，曾国藩弃文从武，用的是申韩。过太平日子，开开会，喝喝茶，做些主旋律报告，闲扯些孔孟之道，足以应付上面检查与考评，写起述职报告来，也字正腔圆。但碰到非常时刻，譬如洪秀全烽火烧诸侯了，那三字经与四六句子还管用吗？难了。曾国藩在江西剿匪，转而使用了申韩之术，严法格律，一切行动听指挥，不听指挥者，斩！

申韩之术，全管用吗？也不是。孔孟儒道，纯，眼泪揉不得沙子；申韩法术，刚，手里放不下皮鞭。脑里装的是儒道，手里执的是法鞭（韩非子法道鞭子），那谁敢跟你玩？你能跟谁玩？思云馆的日子，曾国藩检讨自己，发现自己最缺的不是贞操守，不是严执法（韩非法道），而是待人的亲和力。曾国藩也便悟出，儒道从心，法道在手，还得有黄老柔术随时佩带在身。

曾国藩在思云馆里，丁忧一年，也是面壁一年。远离闹市，远离人群，按其自道是独居守心。其实说来，这不是守心吧，当独居叫格思。思想有怪特性，闹市出不来，群居出不了，硬是得关了门窗，关了霓虹灯，将自己关在孤独的笼子里，才出得了。释迦牟尼要离开皇宫，到一颗菩提树下，去冥思，才思得出佛来；王阳明坐龙廷，想不出什么好思想来，得到龙场驿之竹林里，枯坐N天，面对竹子，格竹子，才能格物致知；曾国藩枯坐思云馆，格出了他的道道来。

重出江湖之前，曾国藩是愤青角色，这也看不惯，那也瞧不起，谁有点对不起他，那对不起，他也死不理你……独居思云馆，"格"了一年竹子，他有所变了，将儒道、法教与黄老之术，糅合了起来，待人接物，不求他人那么纯，不对他人那么严、柔、亲、容等，也入了曾国藩为人处世自守守则。他既没弃儒家进取心，所以他要出山，要立功立德；也没弃法家严律法，管人管自己管自家，也算是严的；更多了黄老顺自然，眼宽了，心宽了，沧浪之水浊兮，也不全抛掉，倒在脚盆里，可以濯我足了。

曾国藩出了思云馆，第一件事，是去找左宗棠。他先前立壮志下狠心，从此再不理左宗棠的，现在要理他了，要与左宗棠讲和了，还晓得左宗棠显摆个性，叫左宗棠给他写了一副对联。左宗棠也高兴，两人重归旧好，合起来打造湘军，成就大业。曾国藩闭馆一年，格思一年，独乐乐一年，比舞厅十年，比酒话十年，比众乐乐十年，于人生受益大矣哉！集体出生活，生活要群居才出味；个体出思想，思想要独居才出众。

阁下知道，思路决定出路；阁下尤应晓得，思想决定梦想。我返曾国藩半月荷塘中，再去格那对联，心痒手痒，蛮想改一下，上联写：大处着眼界，小处着手力；下联写：群居出生活，独居出思想。只在心里想想算了，我若真手痒，那不把我破坏文物起诉，将我抓起来？想带回去自用，可惜我家从窗口到门是三步半，从门到窗口是三步半，并无大面积荷塘，更无小桥无庙堂，贴不下这对联。阁下屋大心大天下大，姑且献您了。

世上已无左宗棠

# 于吾意见总相左

　　左宗棠不愧姓左，他与曾国藩有桩公案。曾反对左，出了上联：季子言高，于吾意见总相左。左对曾不示弱，对了下联：藩臣属国，问汝经济有何曾？读左宗棠，除了能够读到他伸展抱负建功立业之外，就是读到他常发脾气与人吵架骂架。他早年与总兵樊燮吵了一架大的，差点性命不保；后来入募曾国藩的湘军，更是与一些人吵得不可开交，与郭松焘吵，与李元度吵，与王闿运吵，与曾国藩尤其吵得尤其厉害，吵过好几次，吵而至于曾国藩发誓说与左宗棠"永不说话"。

　　郭松焘是与左宗棠都是湖南湘阴人，美不美，家乡水，亲不亲，故乡人，两人同为湘军要员，结下的梁子却是很深。郭松焘办外交，是一大才，他作为清政府的外交使节，对西方政治制度研究精深，然则，办理内政，却被左宗棠骂为"迂琐"。左宗棠领军在湖南，郭松焘在广东任巡抚，按照清政府"全国一盘棋"的调度方针，战事后方的广东有为前线湖南筹集战饷的义务。郭松焘不是没筹集，一是筹集不力，二是筹集之后，他找个机会又克扣回来。郭松焘此举，是地方与部门主义思想作梗。左宗棠于是撕破脸皮，给郭松焘参了一本，说郭志大才疏，"才不副其志"，根本就是个不懂事的人。参劾的出发点"甚是歹毒"，就是要将郭松焘拉下马来，使其当不成巡抚；写完这弹章，还向郭去了一信，语气强硬，富有挑衅，"知我罪我，听之而已"。理解我也罢，不理解我也好，随你！郭松焘被左宗棠参了下来，自此十六年，两人未尝通音问。

　　左宗棠与曾国藩恩怨尤深。两人分久必合，合久必分，闹过好几回。

曾出道比左早，左郁郁不得志的时候，曾已然成了一方诸侯，左氏才气被曾氏所知，曾国藩爱才若渴，于是将左纳入帐中，曾国藩委实是左宗棠的知遇恩人。两人呆在一起，总免不了一番龙虎斗，即或在一起喝茶闲聊，左宗棠常常没上没下，总打曾国藩的岔，曾国藩肚量算是比较大的，虽然当时不太愉快，但小事不较。

两人闹得首次闹得很僵，缘于曾国藩"夺情事"。咸丰七年（1857年）二月，曾国藩父亲过世，按封建丁忧制度，曾国藩当应回家奔丧。然而此时战事吃紧，按照清政府对丁忧制度的"补充规定"：督、抚、司、道等军务在身的要员，如钦命不准离职，则不得擅离职守。曾国藩此时在江西战场，朝廷既要马儿跑，又不给马儿吃草，既要曾国藩到全国各地去打仗，又不给他调动全国各地的权力，弄得他左支右绌，狼狈不堪，正是满肚子怨气，早想甩担子了，替父奔丧，是个最好不过的机会。所以，他一方面上书朝廷，请丧假，另一方面，不待朝廷回复，他先斩后奏，兀自回家。

左宗棠见之，毫不体恤曾国藩的用心与苦衷，马上去了一封措辞严厉的信："忠臣之于君也，不以事不可为而奉身以退，其任事也，不以己之不能而他诿之……但谓匆遽奔丧，不俟朝命，似非礼非义。"说曾国藩这种临阵脱逃是不忠之举，是不礼之举，是不义之举，将曾国藩骂了个狗血喷头。曾国藩当时心里那个气啊，恨不得给左宗棠扇个耳光，但他表面上置之不理，一言不答。一年之后，再过长沙，才"交欢如初，不念旧恶"。

曾左这两只刺猬在一起，互相取暖，互相刺伤，常生一股怨气，常是一团和气，就这样矛盾统一地共同撑起大清帝国之腐厦危局。两人再次交大恶之时，恰是大胜之日。曾国藩以书生带兵，攻克南京，平复太平军，建立了不世大勋，举国欢腾，人人称赏。独有这个左宗棠，又来打岔，差点搅黄了这一伟大胜利。曾国藩破了南京城墙，洪秀全已死，而其"幼主"不知是死是活，斩草未除根，等于是"革命尚未成功，同志还须努力"，还远不是庆功的时候。曾国藩在南京城破之时，给朝廷上报的是："城破后，伪幼主积薪宫殿，举火自焚。"而左宗棠呢，却在背后捅曾国藩的刀子，他举报说曾国藩"谎报战功"："据金陵逃出难民供：伪幼主洪填福于六月二十一日，由东坝逃至广德……"

这张乌鸦嘴，此时发声，实不得机。不但曾国藩恨不得食其肉，整个湘军队伍都恨不得寝其皮，因为幼主还在，功还不能颁，赏还不能发，曾国藩及其将士到手的爵位还可能被清政府弄回去，曾国藩忍功再好，也忍不住了。从此割袍断义，近乎老死不相往来。

左宗棠爱吵架，爱骂架，常与此人结仇，常与那人结仇，是他闹个人意气与个人英雄主义么？考左宗棠与郭松焘结怨，考左宗棠与曾国藩结怨，考左宗棠与李元度结怨，有左宗棠的个性在焉，却无左宗棠的私情作怪，要而言之，左宗棠与这些重要人物结仇，结的都不是私仇，"吾与文正交谊，非同凡常，所争者国家公事"。也实如左氏所言。左与郭与曾之间，有着各种情感的交织，亲情、乡情、恩情以及英雄惺惺相惜的交情，他们常常闹翻，都是源自国家公事。敢为国家结公仇，所以湖南一日不可无左宗棠，中国一日不可无左宗棠。

不以私情害公义，敢结公仇断私谊。于吾意见常相左，缘自敢为家国结公仇。这种公务员，怕是比较少吧。"他可能有许多敌人，但未必有一个私敌。"这话，左宗棠不可完全当之，但煞几近之。

# 左宗棠中举

男儿有泪不轻弹，只因未到伤心时，那么，男儿有喜不轻癫，是因为什么呢？只因未到"破装"时。伤心时应该与动心时才构成对偶，怎么变成了破装时呢？这是因为，男儿有喜，动心早就动了，只是还没达到其破除伪装之时刻。黄翎顶戴侧，他不喜形于色；粉红黛绿旁，他不笑逐颜开，看起来他是万般皆不动，但若是见了中堂大人呢？那就人癫狂了。左宗棠在陕甘当总督，有年元旦到了，秘书们张灯结彩，布置喜庆，写了一幅横批挂他的门楣上，写的是"一品当朝"，左首长回家来，仰首一看，"忽皱眉曰，俗不可耐"！秘书赶紧撤下，却是挠破脑壳，不知写什么，有秘书老油子轻哂一声，说声"我来"，挥笔一就，写上"万里封侯"，仍贴原处，果然搔到痒处，"文襄归见其字，乃颔首笑曰'庶几近之'"。一品当朝，当然喜，老左本来就是了，再喜也不再上脸了；万里封侯，才喜欲狂啊，喜到再假装宠辱不惊也装不了了，他就以物而喜，以己而悲了。

左宗棠一品当朝，让他不怎么高兴，或者说，虽然高兴，却不足以让他手舞足蹈，只是世易时移罢了。想当年，他一举登榜，前途八字仅是一撇，却让他癫喜得差点跟范进一样，要人捆他一掌，才能回得过神来。

老左在一日看尽长安花之前，都是昔日龌龊不足夸，参加过几次科举考试，把人考焦了，考糊了。道光十二年（1832年）八月，他与其二哥左宗植到得长沙，再次高考，考完了，兄弟俩吃了睡，睡了吃，呆在一家旅馆等着公布成绩。黑色八月，度日如年，终于等到放榜了，大家都跑去看天大的好消息或天大的坏消息。左宗棠兄弟呢，说不去看。有什么可看的？中了就中了，不中就算了，摆着"宠辱不惊，看庭前花开花落；去留无意，望天空云卷云舒"的姿态。

从昼到夜，两人在房间外挂起"请勿打扰"的牌子，睡大觉！睡呢，睡不着，辗转反侧，寤寐思服，在床上烙烧饼，烙到近半夜，砰砰砰，外面有位"一只眼看人做官，两只脚沿门报喜"的人来敲门了，"兄弟共卧一塌，忽闻捷报至，叩扉甚急，则文襄中式矣"！左宗棠鲤鱼打挺，翻身而起，整顿整顿，装修装修，当然得将仪容弄得端正端庄。其他的都装修好了，就是一只袜子怎么也寻不着，一只脚穿了袜子，仪容整洁，另一只脚光光的，打赤脚，这模样，怎生迎接人生至喜？寻啊寻啊，硬是寻不到，外面敲门急，里面寻袜急。他二哥左宗植睡在床上不起身，看着他老弟急急如蚁，他淡淡然！自己亲弟弟高中了，亲哥哥真是如此淡然？人性还有幽微之处，耐琢磨。下面情节意外连连！

左宗棠寻啊寻，寻了床铺，寻了床底，寻了屋角，寻了卫生间，寻了半天，终于寻到了，那袜子不在别处，就在枕头下。脖子上找围巾，脊背上找背心，手中寻手，眼前寻眼，何则？喜的呗！喜得物我两忘了呗！

左宗棠中了举，到处寻袜子，袜子平时都是在脚底下的，这回却到了枕头上，他二哥左宗植一边发笑，一边发骂："汝何量之小耶？一第安足荣，乃失措至此！"他左宗植比左宗棠大二十多岁，经事多一些，遇事沉稳一些，看到左宗棠一点小事就高兴成那样，将他骂了一顿饱的：大丈夫的志向应该远大点，屁大一点小喜事就高兴坏了，怎么成得了大器？骂得左宗棠很不好意思！"文襄赧然复眠"。

左宗棠二哥果真是镇定自若，历练到了卒然临之而不惊泰山崩前而不乱之高境界了吗？不然！两兄弟一夜无话，都睡了，是真睡沉实了，还是假装酣睡？不知道，反正两兄弟是一夜不曾再说话。

次日大早，又是砰砰砰，沿门报喜的来了，这回报的是左宗植的喜，而且喜更喜，左宗植中的是解元。"黎明捷报再传，宗植中解元！"这回轮到左宗植举止失措了，他也是整顿衣裳。仪容上釉完毕了，一只脚穿上了袜子，另一只脚呢，袜子不见了！到处寻袜子，寻啊寻啊，床上寻到床下，被里寻到被外，枕头下面呢，也寻了。这回，左宗棠帮着二哥寻，把屋子都翻了一个遍，寻不着。袜子在哪里？"扰嚷既定，乃见宗植一足着两袜！"两只袜子都穿到一只脚上去了！这回，轮到年轻二十岁的小弟笑话年长二十多岁的二哥了："功名之际，岂真能让人颠倒耶！"

左宗棠是枕上寻袜子，左宗植呢？是脚上寻袜子，这回，真是袜子做了引体向上，举到肚皮上了。


# 左宗棠死骂曾国藩


晚清有一大不解事，湘军大帅左宗棠整日里刺刺不休，大骂湘军老帅曾国藩，死骂曾国藩，骂死曾国藩，骂得曾国藩要死，只要谁去找左宗棠，去找他打牌的也好，去找他签字的也好，他先把你捉住，按到椅里不让起，听他骂一番曾国藩。"皆云文襄见宾客无他语，不过铺陈西锤功绩，及历诋曾公文正而已。"苏州市长（时谓道台，尊称观察）潘季玉，老大远从苏州跑南京去请示工作，一入左帅府，便把他按凳上，骂曾国藩了："刺刺不能休，令人无可插话。"直到左帅端茶送客，潘市长一句话都没汇报。那就改日再去吧，"乃甫入座，即骂曾文正公"，从上班骂到下班，从开餐骂到餐毕，"言尚如泉涌也"，饭局完了，可以汇报工作了吧，左帅要中午睡觉觉，养足精神，下午好来骂曾国藩了。

这确是件费解事，曾左同为湘军大将帅，何以大水来冲龙王庙？一个湖南人是条龙，两个湖南人是斗鸡公，三个湖南人是螃蟹进了笼。左骂曾，莫非是湖南人这德性？说来，曾国藩对左宗棠有救命之恩，有荐举之情，当年左宗棠得罪了满人樊燮，樊氏参了左宗棠一本，说左蔑视满人，朝廷发了话来：若果有这般情事，可就地正法。正是曾国藩一班湘军，竭力运作，才保得左宗棠一命；左宗棠保了命后，也是曾国藩疏举他做了浙江巡抚。左帅之皮囊生命与政治生命，或可谓都是曾国藩相与的，左宗棠却这么对待曾国藩，天理何在？人品何在？暗使绊子倒也可想，何以这般不顾场合不避亲疏，乱骂恩公？未免非礼非义了。

周玉柳先生曾在其大著《向曾国藩学领导艺术》里，提出过一说，曾左之间的分裂，"也许是一种安排，一个计划，一个保全湘军的措施，是两位湘军统帅所唱的一曲双簧，因为只有两人的分裂，湘军才是安全的"。在周玉柳看来，鸟尽弓藏，兔死狗烹，大清死敌洪秀全被打败后，余下的敌人是谁来着？还是洪秀全？不了，正是大清功臣曾国藩了。曾国藩手握重兵，而这重兵都是湖南子弟兵，曾国藩功成之际，便是其命悬之时。曾国藩是大清救命之人，瞬间转为大清的心腹之患。大清雄猜之时刻，湘军却是狗咬狗了，那最是为大清所乐见，若湘军还是铁板一块，军民团结如一人，那曾国藩与左宗棠，不是韩信，便是蓝玉，莫说一等侯、一等伯爵高帽子找不到北，那项上头，也得到乱草岗喂狗去了。

周玉柳先生此说，确乎新鲜，又挺有道理，问题是其中"也许"一词不太服人，我曾对周玉柳先生说，阁下大胆假设，固然可以，不过还得小心求证，方让人感觉君论是从史出的，而非史从论出。周玉柳后来又著了《左宗棠绝活》，正在这说上，用了些力气，举了些新证，再次支持了立论。

曾左闹矛盾，最厉害的是在天京被攻克后。曾国藩喜之不尽，向朝廷奏捷，奏云冲天一炮，将太平天国炸了个稀巴烂，轰了个底朝天，斩了草又除了根，不但洪秀全被击毙（其实洪秀全在天京被攻克前，早死了），而且其储君洪福瑱也被"楚人一炬"，烧成了草木灰。这捷报奏得大，大清十多年来，为剿灭"洪匪"没睡一个好觉，如今大患已除，其欣喜为何如？谁想到，同为湘军大帅的左宗棠，却来捣蛋，来乱搅局，让他不但不能得奖，反面临大处分，他向朝廷上了一折，说曾国藩谎报军功，冒领徽章："昨接孝丰守军飞报，据金陵逃出难民供，伪幼主于六月二十一日由东坝逃至广德，二十六日，逆酋黄文金迎其入湖州府城……"江东弟子何谓卷土重来？现在还在卷土。慈禧接了左宗棠此报，立马下谕，大批曾国藩捷报所云之伪幼主之死"茫无实据"，捷报所云"斩杀净尽之说，全不可靠"。慈禧此间措辞，何乃汹汹？更是明示杀机："并将防范不力之员弁从重参办。"湘军将士拼死拼力，取得攻克天京之胜，功尚未领，命已悬线。

　　后来证明，左宗棠所参，确是对的，伪幼主确乎没死。问题是左宗棠纵使了解了其中内情，何以要用这般"告密"也似之参奏方式？他可不可以先去函曾国藩，提醒提醒？左宗棠骂曾国藩，不是这一次，上次曾国藩父亲死，曾国藩从江西回家丁忧，想起在江西受的窝囊气，他把剿匪担子一撂，爷不干了。连请假手续都不履行，不来剿匪了。左宗棠当时不也可以参奏一本，参他违反皇国纪律，参他私自离开战斗岗位，犯上渎职大罪？左宗棠确乎是以此罪来问曾国藩的，"但谓匆遽朝命，似非礼非义，不可不辨"。若要向朝廷争功，卖友求荣，这也是好机会，而左宗棠这次却非以参奏，而是两人通信。两人闹了个不愉快，其中有几年不通音问。然则这回，左宗棠却以这般参奏，给曾国藩挖了墙脚，打了一记热耳刮子。曾国藩对左宗棠这一辣手，气愤不已，你做初一，我做十五，你参我，搅我好事，我也参你一把，让你先受皇国"从重参办"。曾国藩也检举左宗棠杭州一战也曾放逃过太平军："杭州克复时，伪康王汪海洋，伪听王陈炳文两股十万之众，全数逸出，未闻纠参。此次逸出数百人，亦应暂缓参办。"

你参我，我参你，你揭发我，我揭发你。湘军两只大狗，互相咬起来了。朝廷甚反应？蛮高兴啊。看来湘军起来造反，可能性不大了。大清果然不再作声，既没"从重参办"曾国藩"防范不力之员弁"，也没处理左宗棠杭州之战让洪匪"全数逸出"之罪。后来听说左宗棠逢人便骂曾国藩，更是欣然，乐见两人闹翻，随两人你踢我的脚，我顶你的角。

曾左是不是唱双簧？直接证据是难找的，他俩并不曾到茶馆里坐起，共相谋划。曾国藩对左宗棠先出手咬他，他先前或不理解，后来见了朝廷问罪文，也便领悟其中道道，曾国藩干脆不跟左宗棠玩了，又是多年"不通音书"，像小孩子玩家家，两个"结仇"了。两人结仇，功高未震主，性命得两全。

左宗棠一直死骂曾国藩，直到骂曾国藩死。周玉柳先生找了个证据，可证左宗棠骂曾心迹，曾死后，左对曾之后人剖心："弟与文正论交最早，彼此推诚许与，天下所共知；晚岁凶终隙末，亦天下所共见。"两人有隙，就是要让"天下所共见"哒，左宗棠不论谁来，逢人便骂，是骂给朝廷看的。

顺便说一句，周玉柳先生的《左宗棠绝活》立了很多新说，比如李鸿章何以甲午海战、何以败于日寇，一大因是李鸿章这人是缩头乌龟，碰到难办事，先缩了头。说来很对。比如左宗棠收复新疆，左之所临北极熊之俄敌，其恶输日寇吗？其势强于抗日吗？左宗棠力敌俄罗斯，乃是自做一口棺材，抬着棺材进新疆，李鸿章何曾有这意志力？左宗棠死骂曾国藩，朝廷被他轻轻瞒过，也是源自朝廷晓得左宗棠公忠体国，还有那个性。

# 左宗棠遗恨失归琉球

日本霸琉球为冲绳县，将国王尚泰及其世子掳去日本，禁了起来，琉球国内哀鸿一片。情急之际，赶紧向大清求救，有谓琉球英雄林世功者，曾长跪东华门七日夜，"为一死泣请天恩，讯赐救亡存国"。大清正是中原多事，太平天国刚刚平息，尚没喘过气来，英法联军又已进犯，纵使林世功自杀彰心迹，大清也下不了决心。林世功之后，琉球国多次遣人来大清，向李鸿章、向总理衙门恭亲王奕訢"奏表陈情，以救琉球"，留给历史的却是一声长叹。

琉球归心难遂，琉球国王尚泰打发向德宏等人，向左宗棠求援。向德宏是国王尚泰之姐夫，他矬发易服，扮作商贩，秘往福建。其时左宗棠以钦差大臣督办闽浙军务，向德宏拜见左宗棠，如逢救主，"效包婿之哭，希垂救援"。左宗棠对国土与主权有非同一般的母鸡护雏之心，这与其他重臣是不太一样的，"尔时文襄公哀其窘色，动义概而忤雄心"。慷慨激昂，答应先将情况汇报给朝廷，然后等中法战事平定下来，再全力操办这事，"允法局定后，尽情陈奏，悉心斡旋"。向德宏听了左宗棠这一许诺，顿时泪飞如雨，"敝国父老子弟一闻此言，皆以手加额，如大旱之望云霓"。

这还真是找对了人，左宗棠给了琉球国不一样的信心。向德宏诸人找了朝廷多位重臣，大清重臣，自然大都是一把鼻涕一把泪，而有些不免有些支吾慢应。李鸿章自称是大清裱糊匠，勉为其力，干了很多和稀泥事，只是遇到难事绕道走。周玉柳曾在其大著《左宗棠绝活》里，比较了左宗棠与李鸿章的施政作风，言李是缩头龟，夸左是湖南骡。甚有识见。李鸿章遇战事，能躲便躲，不能躲了，硬一下头皮开战，他是一鼓便衰，不待二鼓。庙堂占据着这般重臣，能办得甚事？

后人体谅李鸿章难处，弱国无外交，当然也不无道理，却也不能过分给他开脱重臣之责。左宗棠收复新疆，其面对的强敌俄罗斯，论凶心与凶器输与日本吗？李鸿章自己也说："俄在西国为最强，其与中土沿海沿边交界三万余里，更非英美德法可比。"而中国"粤捻平后，遣将裁勇，而饷源愈竭"——甲午海战，李鸿章不也说缺钱吗？"无饷则无精兵无利器。淮军协饷亦十去其四。上年奉部议饬裁一万余人，又分防南北两洋，势可谓强耶？不但南北洋兵势不足，黑吉两省，既乏将帅，更乏劲兵巨饷。"李鸿章说他领导的淮军不行，左宗棠领导的湘军也是兵疲师老，"左公意在主战，未免不知彼己、不顾后艰"，故李鸿章得出结论，若新疆开战，"断难与俄抵敌"。

左宗棠呢，不信这个邪。其时，左宗棠也是一饭三遗矢，廉颇老矣，他却自打了一副棺材，抬着官场进新疆，不也一举收拾河山了？国无事而好战，国之不祥；国有事而怯战，国之不保。对付强敌，经济实力，政治能力，装备军力，一样都不能少，而主事者之意志力也是不可或缺的。意志力不能无限夸大，但意志力也不容小觑。主帅抬着棺材冲锋，与主帅装着财宝开跑，便一样开战两样结局；军事准备也大不一样，以实战做来备战，与以虚战去应战，胜负会一样吗？

琉球国被日本侵占，国民过得苦不堪言，"敝国臣哭其君，子哭其父，妻哭其夫，兄哭其弟"，其痛如此，琉球国便找到左宗棠，"文襄公一片热肠"，给了向德宏等不一样的希望。左宗棠"不忍置琉球于度外"，许诺中法战争一结束，便再打一副棺材，"大伸挞伐，张我国威"。得到了左宗棠这话，琉球国国民十分振奋，也发出号召，地无分南北，人无分老少，拟将箪食壶浆以迎王师，里应外合赴死抗日。可是天不假人，"孰知法局略定，公竟鞠躬尽瘁，骑箕逝矣"。人间或又生左宗棠，朝廷却再无左宗棠了，琉球国一片哭声，左宗棠已逝，琉球国复国无望了，"呜呼，敝国之不幸至于此极耶"？

左宗棠逝世消息传来，该国痛哭流涕，向德宏等专作了一篇《琉球国陪臣祭文》，开首即是"维大清光绪乙酉年九月初二日陪臣国紫巾官向德宏等谨以庶馐清酌致祭于天朝太傅文襄公之灵"，痛悼左宗棠，"揽涕操觚"，情有难忍，"宏等剖心泣血，沥情上诉我文襄公之前，所冀在天之灵，鉴苦衷而垂呵护，诚幸甚也"。可惜左宗棠哪能再生？向德宏有国不能归，有家不能回，困守福建，于1891年客死福州。四年后，甲午海战爆发，李鸿章所创的北洋海军，溃不成军，几乎是全军覆灭，天朝都国将不国，琉球国复国，也便遥遥无期了。

历史无法假设，若左宗棠不死，琉球会是如今样子？制度已确定，国家便靠人来定了。庙堂之高椅子上，坐的是左宗棠，还是李鸿章，政治格局是大不一样的。

## ▌弱将手下出强帅

大人物初出场，往往要有些三顾茅庐之类的佳话。一则轶事说，左宗棠本想笑傲山林，老死南山下的，却被湖南巡抚骆秉章连哄带骗弄出山来。"左文襄公方为举人，公（骆秉章）欲罗致之，而不肯出。乃假捐输事，拘陶文毅公之子入署，文襄遽出与辩。"陶文毅即两江总督陶澍，陶公子也就是左宗棠的乘龙快婿。骆秉章骗以欠交税款，将陶公子关起来，惹得左宗棠裤带子都没系好，遽然出庭，到骆秉章府上大逞辩才。骆秉章目的达到，"于是笑谈甚得，文襄遂出佐戎"，一代伟人自此横空出世。

这故事的真假难说，而骆秉章对左宗棠的器重不用怀疑。骆左之间，名义是上下级，骆是左的领导，左是骆的幕僚，实际上骆是手，管的是签字盖章的秘书活计，左才是出谋又拍板的领导派头。不是骆秉章指挥左宗棠，多半时候是左宗棠如臂使指，指挥骆秉章，湖南巡抚府上，只有左宗棠的搞场（湘方言，意为只有他的世界）。比如大清有个规矩，重要文件送京都，要弄个仪式，焚香、遥祝、敲锣、打鼓、发演说、放礼炮，甚或还要文艺宣传队与府衙唱诗班，唱唱朝歌、山歌，跳跳街舞、王化舞，别小看这些仪式，那也是蛮有味的，别的不说，出镜多啊。这些仪式都是左宗棠在搞，这也许没甚稀奇，野外吹风淋雨的活动，下面的人出面也就可以了。这事比较奇特的地方是：这些文件的起草、签发以及举行发送仪式，都是左宗棠一人包圆，很多连骆秉章晓不晓得，湖南还是骆秉章负责啊，这些文件是直送紫禁城的哪，若是文件里出了什么纰漏，或者竟是弹劾骆秉章心腹乃至骆秉章本人的（按左公性格，他是做得出来的），那何事搞？秘书起草文件是正理，秘书将文件起草后，看都不让领导看，那可是大事故，但在左宗棠手里，这是经常的事。"世传骆公一日闻辕门举炮，顾问何事？"骆秉章在巡抚府院打盹，猛然听得一声炮响，他问左右：左宗棠又往朝廷递送啥省书国书了？左右答曰："左师爷发军报折也。"骆秉章也就笑笑，噢，这样啊，能不能拿那折子给我看看——以他名义递送的文件，他没看过。

左宗棠反客为主，反主为上，场火是搞得很大的。有个故事，几乎人人皆知：永州总兵樊燮，是个野战军司令，他去巡抚府办事，骆秉章对他说，这事莫找我，找我没用，要去找秘书左宗棠（找省长没用找秘书才有用，这个例怕是孤例了）。樊司令去了，见了左宗棠，只是握握手啥的，未曾跪下去（大清没有武将拜跪秘书的规矩），被左宗棠大骂王八蛋。这事故闹得很大，无须赘述。而另外一个例子，可见左宗棠威风：骆省长有个相好，他与这相好特相好，这相好有个表弟，看到表姐夫有权，也想弄个县市长干干，骆秉章知道左宗棠那关难过，特地按照时规，做了饭局，请左宗棠赴会（真是反了，世上只见藤缠树，这回硬是见了树缠藤），叫起个草，任个命，将文件发一下。左宗棠倒是给了领导面子，饭局是参加了，但听说是这事，二话不说，说了一话：这秘书，我不当了，公器用在蝇营狗苟事上，谁爱做谁做去，我不做。一点面子都不给，夹起公文包就走人。弄得骆秉章赶紧拉着左宗棠，拍了胸脯保证，不再枉曲国法乱行私，才使左宗棠重新坐下，留在幕府里。

左宗棠与骆秉章之关系，当然不可大面积复制，对所有下属都如此，那了不得，打着领导旗号而混世，不乱了世界？但看准了人，还是可以复制人才生产路径的。世人说起这些故事，视角投射过去，见着的都是左宗棠的强悍，没谁去议起骆秉章的示弱。骆秉章是领导，权力在手，可以升人，也可压人，可让人活，可让人死；可让人晴天一鹤排云上，可让人去十八层地狱挖煤矿……若换了别个领导，对秘书这般嚣张，这般不听话，这般坏自己好事，不撤职不关牢不开除也罢，少说也要批他两个耳巴子，踢他一脚，叫他上正骨医院呆一个几个月去。但骆秉章认了他，忍了他，容了他，用了他，放手让他干事去。在这里，左宗棠的正直固然可颂，强悍固然可赞，但骆秉章的宽容更加可贵，民主更加可圈可点。骆秉章真不容易的，不但官场规矩多是主子要强，臣下必弱，绝不容许下凌上，而且舆论论起来，骆秉章也不会好过：那大一个领导，叫一个秘书篡了位夺了权，有甚用？莫若自挂东南枝算了。

然则，正因为骆秉章领导力"弱"，造就了千古强人左宗棠，若骆氏什么权力都要抓到手，一根权力发丝都不放松，那么左宗棠在幕府里，能有甚作为？骆秉章执政湖南，让左宗棠放手大干，"知无不言，言无不尽，湖南之强自此始矣"。与其说骆秉章之弱势领导造就了左宗棠，莫若说是骆秉章的民主作风批量产出了湖南人才，"骆公以休休有容之度，适苤是帮，而逢其盛，每与诸公论事，颇能不掣其肘，不掩其长，以故勋望日隆"。湖南近代史上出人才，原因固然多多，但骆秉章宁弱领导不让人才弱，这或也是一大因吧？一个领导，没有太大的本事，而若他有宽容之心，有民主之风，也是会"勋望日隆"的。

史上出人，大体上是三种模式。一种是主强臣弱。他一人包打包唱，其他人谁也莫想从权力里分一杯羹，他自己或许成为大人物，然则让天下英雄成为奴才，使得人才无以为继，最后是国有疑难无人可问，独马长啸，万马齐喑。一种是主强臣强。比如曾国藩，自己能力超众，却并不独揽大权，能让属下出一头地，一马既当先又万马可奔腾。一种是主弱臣强。自己没太多能力，但不是武大郎开店，有雅量有心量，罗致人才，大胆使用人才，如刘邦如骆秉章，也能使人才辈出，遍地英雄下夕烟。

比较吊诡的是，左宗棠在骆秉章手下，成长为伟人，在他手下，却数不出几个人才来。"文襄尝与幕僚谈及文忠（骆秉章谥号文忠），以为才不逾中人，而独得民心深用为讶"，左公提出议题，"举座不言"（为什么不言啊？有问题）。左宗棠再问大家："诸君视仆与文忠如何？"冷了好久场，有一人斗胆说了真话："公不及文忠。"左宗棠问"何以言之？"这人说："骆公幕府人才有公，公幕府人才乃不复有公？以此视之，殆不如也。"骆秉章府里出得左宗棠，左宗棠府上再也没出过左宗棠了，是没左宗棠可出？非也，是左宗棠不让出左宗棠也。还好，左宗棠听了这句逆耳言，不怒，没发火（这么刺激领导，换了别人那可不得了啊），"文襄大笑"，只是左公大笑，是不是多是自得之笑，少有自省之笑？左宗棠嘴里还是承认"诚如子言诚如子言"，诚如子言，他还能实践子言吗？他已老了，时光不能倒流，他培养不出左宗棠来了。

"诚如子言"，这子言的是什么言呢？其言之义是：一人独裁，或许会让斯人成为强人；一人民主，不仅会让自己成为伟人，更会成批量生产英雄。

# 左宗棠只堪土皇帝

左宗棠英武大人物，也曾被小毛贼调戏过。

左宗棠在地方干得蛮好，政绩卓著，天子瞩目，大概是想调他到大机关去工作吧。天子呼来即上京，左宗棠报到前，住的是宾馆叫善化会馆，善化即长沙，怕也是湖南设的驻京办吧。左宗棠整顿衣裳，锁了房间，去应天子呼。去时，门窗都是关好了的，苍蝇都飞不进半只来，没想到回来，吃一惊，他黄马褂给丢了。左宗棠检索一番，其他啥都没丢，金也在银也在，证也在卡也在，宝也在贝也在，独有黄马褂不在。

左宗棠也是帝国高干了吧，到了京都，虽说一片树叶可砸十个司局长，但像老左这般人物还是少的，小毛贼动土动到大领导头上来，让左宗棠气得跳脚，他喊来了京都卫戍司令兼公安局长，强烈要求破案，把贼牯子给抓起来，"乞步军统领缉之"。若你我他，纵或丢了小命，来了小警察，那可高呼人民警察爱人民了。但左宗棠不一样，他是领导，他丢了一件外套，步军统领就亲自来了，统领察看半分钟现场，就跟左宗棠扯白话：没事没事，这衣服过天会送来的，"不必缉捕自当送还"。统领夸下这口，您别误会，以为统领是上海滩流氓领袖杜月笙，你丢根针，只要他发话，都会完璧归赵。统领说的是，左首长的黄马褂穿又不能穿上身，卖又不能卖到钱，这小毛贼只是来逗要您一下的。果然，"不数日文襄出门归，见塌上置一袱，黄马褂在焉"。左宗棠舌子吐得小桥流水，缩不回去，"文襄舌桥不能下"。

那么这个小毛贼干吗要来偷老左黄马褂呢？统领刑侦推理是：左兄，

左领导，左首长，您兴冲冲来京都，话说得太满了，说得太大了，说得太海口了，京都不是南蛮湖南，也非边陲新疆，不是小地方，是大机关呢。您誓言抢大刀，他跟您兜小技玩，"此必尔曾放大言，故若辈显其手段耳"。

左宗棠说了什么大言呢？左宗棠大言是很多的，这次大言学舌杜甫腔，道是要致君尧舜上，再使风俗淳。左宗棠天子高呼他去，他顿时壮志凌云，心雄百官，要来一次京都大整风。机关里干部作风太不像样了，上班时间不上班，打牌的打牌去了，桑拿的桑拿去了；上班时间上班的，不是在办公室聊QQ，就是去百姓家里敲棒棒；作公文的，东剪贴故纸堆，西复制互联网，剪裁的文件像懒婆娘裹脚布；召来开会的，不是鼾声若蚊蚋，小试牛啼，就是转黄段子、拟情诗吟哦发短信……总之，这大机关里文风、会风、工作作风与生活作风，不是好得很，而是糟得很了。左宗棠看不下去，"昔左文襄罢西师而入朝也，愤纲纪之不举，盛欲有所整顿"。

这就是左宗棠的大言。

左宗棠大言放出之日，就是其黄马褂被窃之时。

黄马褂被窃，是背后的大官僚打发小毛贼跟左宗棠开个小玩笑。

自从左宗棠进了大机关，放言要对大机关搞打整顿，大官僚们也就经常跟左宗棠开小玩笑。左宗棠要搞整顿，自然想到要文件治国，先要把祖宗成法从档案馆找出来，秘书们一路小跑去档案馆，回来报告：故宫文物被偷黄马褂的贼牯子偷去了；左宗棠发火：堂堂国家级特级文保所，哪会被盗？左宗棠批示一日内破案，秘书们便呼轿车去了，回来报告：文件找到了。左宗棠打开一看：我不是叫你找一号文件的嘛，为何弄来了100号文件？左宗棠只好自己找，"诸臣知其欲研究诸务，任其自行料检。左顾此则失彼，举端则不能竟委，数日茫无头绪"。

左宗棠文件找不到，就到金銮殿里去发脾气，大骂干部作风真是差，高腔起到气愤处，气闷心口，一口痰提不上来。插个话，左宗棠由地方官转任机关官，已是老大一把年纪，大腹便便，早成官肚，"又左体肥，每当治事之处，喘息殊甚"。大臣们看到老左胡子一抖一抖的，大气一出一出的，便跑过来关心左公，搀的搀领导腋窝，抚的抚领导后背，按的按领导大腿，扪的扪领导胸脯：哎呀，哎呀呀，领导，您先喘口气，有话好说，有话好说，有话别着急，慢慢说。把左宗棠玩弄一番，然后等皇上说散朝。大家搀扶着左宗棠下班了。

左宗棠何许人也？竟是这样被人戏弄。老左在地方做官，那是"刚明果断，任事勇毅"，雷厉风行得很的。他说这楼堂馆所要拆掉，其指示不过夜；他说上面文件是狗屁，揉做一团丢纸篓，不唯上，不唯书；对属下干部，骂得其脑壳往地缝栽；当年他在湖南当秘书长，对官位居上的樊燮，也是大骂王八蛋，还给批两耳光的，省长骆秉章的话，该听则听，不该听的也不听。

县里机关哪是乡政府？县长到了市直部门，强项令也得做缩头龟。市长在其一亩三分地，扬威耀武，生杀予夺，指东打西，南征北战，心想事成，万事如意，没半点阻碍；到了省直部门，也是站街的哼哈二将，守门角色了。您别以为左宗棠的秘书，级别远在其下，然则没关系，他进得了大机关？左宗棠原在湖南确整过领导，但那次差点连命都掉了，此后，他虽有雄心来整顿干部作风，却再也不敢猛打猛冲，趟地雷阵了。

设栏杆拦挡左宗棠的，不单是小秘书，六部九卿都是要设栏的。左宗棠发大话"盛欲有所整顿"，那些"朝中诸大臣颇相忌畏"，虽相忌畏，但初始，很多大僚与王侯态度还暧昧，未曾表现倒戈倾向性，待左宗棠抓了几个会场睡懒觉吏员开刀，渐渐显出其强悍作风，高干们态度也明朗化了，"已而察知议政王意亦不愿，于是遂群起侮弄之"。左宗棠只是百僚之一，欲与百僚斗，哪里斗得赢的？他又不是皇帝，他连丞相都不是的。皇上没让他当丞相（清朝没设丞相，但名片里上还是可印制"相当丞相职务"的），"而未有以相制"，螳臂当车，何以制得了？

若有皇上支持，或许也制得了的，王安石变法，发大话说"虽千万人，吾往矣"，那是因为其背后有皇帝。左宗棠背后好像也是有皇帝的，不然调左宗棠到机关来干吗？只是皇上态度也是暧昧得很。说暧昧其实也不暧昧，皇上那次对左宗棠说：老左啊，现在我把你调机关来了，机关不是好玩的啊：半夜喊天光，要早朝的呐，"汝在外久，今在京须早起，想不便"。听这话口气，皇上是不太蛮想调左宗棠到机关的，也许是左宗棠自己要求的吧。一是老了，要到机关退休，福利待遇与生活环境好一些，二是雄心未老，欲为圣明除弊事，要来整顿疲软、慵懒、散漫与恶劣的官僚习气。皇上念其功大，政绩突出，起意满足左宗棠第一项心意，却未必要他来打乱既然秩序与格局，也就意在言外，跟左宗棠半开玩笑半敲警棍，说了那话。

左宗棠脾气大得很，在地方上闯祸不怕天大，到了大机关，见了皇上，也是战战兢兢汗不敢出的。他曾大话连篇，"以为天威不若是之可畏"，但真见了皇上，"入觐，九重召对之下，举止不觉失常"。双腿跪在金銮殿里，脑壳一个劲往故宫金砖里钻去，头上红翎子乱摇，左宗棠退朝，裤裆未干尚湿，对人说"吾今而后知天威咫尺之森肃矣"，也就"于是始不敢为大言"。

我们也就晓得，担任方面大员之强势领导，在地方上干起来，那是风生水起，政绩卓著，转任了部门首长，多半成了小混混或大混混，难以建白。左宗棠铁砂掌收得了外疆，到了机关，也是铁砂掌打在棉花上，再厉害也无法收复内廷。左宗棠说自己"能用人，而不能为人所用"，只有到地方当土皇帝才能不为人用单是用人，在京都干不下去，恰好"两江总督缺出"，老左请求去当土皇帝，"遂简放左公督两江云"。左宗棠是自比诸葛亮的，他很想做丞相，大机关的丞相哪做得成？后来到福建当领导，每出行，"沿路安抚百姓"，叫"人人呼'丞相万福'"。天高皇帝远，僭越一下，意淫一番，过过干瘾。

# 左秘书给骆省长上政治课

左宗棠充其量算个"三本生"吧，他以前连秀才都不是，考举人是没资格的，但没有政策不可以变通，清朝的变通法子是"捐监"，就是说，未曾中过秀才者，如果想参加乡试这个高考，可以出钱买一个监生文凭，一样可以上"本科"了。这么一说，大家也就明白了，左宗棠的第一学历是三本。

按清朝的制度设计，三本生想直接授官，是不太可能的，毕业出来当服务员吧，这样的工作在酒店、饭馆等场所，干的是端茶送水、替客人递毛巾擦脸的活。左宗棠也就当服务员，不过他当的是政府机关里的服务员，名声好一些，是文秘，其工作性质与侍应生好像是没什么差别的，都是当阿猫当小白鼠，做狗腿子使唤。可是怪得很，左宗棠当秘书，好像是当爷爷，牛气得很啊。先举个大家耳熟能详的例子吧。武将樊燮，人家是朝廷命官，职高三二品，远在秘书之上，他来见左秘书，大模大样地来了，腰未弯，揖未做，左秘书就"厉声喝曰'武官见我，皆要请安，汝何不然？快请安'"！老左是个湖南汉子，吃辣椒的，平时说话都像骂架，此时怒气冲天，你就可想那厉声有多厉，真把人给吓住了。樊司令小声嘀咕道："朝廷体制，未定武官见师爷请安之例。"老左听到这话，"益怒，欲起脚蹴之"。想一脚把樊司令踢出去，这倒是忍住了。脚已饶，口不饶，大呵斥道："王八蛋，滚出去！"

这形状看起来不可思议，其实是很好理解的。左宗棠是省长秘书，宰相府里三品官，省长秘书对下面的市长县长什么的，不看在眼里就不看在眼里，是没法子的事情，对上当孙子，对下当爷爷，这难道不好理解么？而左宗棠牛，牛就牛在对下是爷，对顶头上司也是爷。

老左当的是骆秉章的秘书，骆是湖南巡抚，省长人物，其时骆省长弄了个小秘，这小秘有个亲戚，想弄个县长科长干干。

大概省长想提拔个人，也要走一走组织路线吧，这提拔干部的事情，不知道怎么由左宗棠同志分管了，老左权力是很大的，说话特别算话，"公可亦可，公否即否"。骆省长授权是充分授权啊。据说皇帝制是专制制度，他想怎么样就怎么样，想来，骆省长也是个土皇帝，提拔个把人不是什么问题吧。但是，挺怪，他想提拔小秘的三亲六戚，却来找秘书来了，找秘书也容易懂，干啥事，都要跟分管领导通个气哒，而且通过分管领导这一程序，特符合组织原则，可以把所有的口都给堵了。但还是挺怪，这样的事情，本来骆省长一句话可搞定，而骆省长却采取了"攻关方式"，他请分管领导左宗棠的客，为这事情，在馆子里安排了一桌，专门拜请秘书，先是王顾左右而言他，高谈阔论一番，谈得入港，气氛融洽了，就开口说项了，而言语甚是唯唯，开口道："有佐杂班中某人，到省已久，闻尚赋闲，似宜酌派一差使。"似宜酌派一差使，好语气，不愧是官场中人啊，这事"请酌情处理"，语气软绵绵的，意思却是硬邦邦的："你看着办吧！"老左却不买账，情绪从高昂之处降了下来，坐在那里不作声，"文襄默然"。看到左秘书不表态，骆省长就直话直说了："实不相瞒，此人是小妾之弟，小妾向我聒耳久矣，余迟至今日方说。已探得此人小有才，品亦谨慎，佐杂班中如彼者，闻多有委任，似不应避以嫌故，独令向隅。"人家把关系都亮了出来，是我小秘亲属，你看如何？不但已经考察了，而且给了"德才兼备"的组织结论，这人你不用么？

据说，话说到这地步了，左宗棠的情绪又是高昂起来了。"文襄乃莞尔笑曰：'吾今日甚高兴，何不饮我以酒？'"看到分管领导还很听话，骆省长当然更高兴，连连发话，给馆子里的服务员下"通知"，叫倒酒，

"酒到，亲酌之"。省长亲自给秘书倒酒？这事真新鲜，秘书不受宠若惊吗？"文襄一饮而尽，再酌再饮，三酌三饮"。喝了三杯了，不喝了，左秘书把酒杯倒放起了，他就向骆省长作了一揖，说："喝过三杯离别酒，左某从此别矣。"马上打发家人收拾行装，"促家人束装便行"，给骆省长打了热耳巴子。骆省长还不知道耳巴子上有了红印，他"骇愕"得很，忙问这是为什么，左宗棠说："明人不烦细说，意见偶然不合，便当割席，君子绝交，不出恶声，何必多言？"我为什么要走？你骆省长装什么傻？骆省长看到左宗棠这样子，赶紧"改容"道歉："顷说作罢论可耳。"刚才算我放了个屁，就当没说，行不？

不买账也就不买罢。秘书左宗棠还不放过，又给骆省长上起"思想政治课"来了："今何时耶？大乱初兴，军事倥偬，苟欲维系人心，急宜整顿吏治，倘用人略一徇私，便足贻误大局……万一因派差之故，使官场疑中丞因专房之宠而派差，疑左某因徇中丞之请而为谋位置。此声一播，则群小奔竞，志士灰心，此后无一事可为也。"国事第一，还是私事第一？这个问题一般是这样的：如果在主席台上说，那绝对是国事至高无上，私事是要批斗的，这叫做政治课；但在酒桌上，私事第一，国事算什么？私事绝对是"根本利益"，谈"国家利益"，那是要受耻笑受奚落的。真是没想到，封建社会也有关于组织工作的"政治课"啊；真的没想到，在这样的"暗箱"场合，也堂堂地上国家利益摆第一的政治课；尤其没想到，竟是下级给上级上政治课。左宗棠这秘书当得真牛。

省长走秘书的关系，秘书居然不肯，拂袖而去的，不是省长，居然而是秘书；大道理不是省长讲，而居然是秘书讲；秘书给省长上品德与政治课，而且省长居然是："公真益我哉，骆某受教矣。"这事，真的让人没法想象，算是一桩奇事吧。没人不喜欢猎奇，所以刘某我特记之，供当代好奇者见识一回吧，让大家都知道，官场里还有过这样的好事：只要原则在上，下级也是可以义正词严教训上级的。

# 左宗棠禁烟

禁烟这事，情况蛮清楚啊，是利国利民的，当是为国干为民干。可是您有所不知，其中有大利，地方衙门可以从中抽丰，这利来得容易，么事都不用去想，财源滚滚，财库满满，不用去干甚活了。卖几块土地，土地又不是他去挖的，亿万年前老天给做好了，上挂了云和月，下置了尘与土，摆在那里拣现钱，便生意兴隆通四海，财政广进到三公，好轻松的活计，好丰厚的活钱。

干活干不干，怎么干，大致如此：利国利民又利衙，叫干也便干；利国利衙不利民，不叫干也干；利国利民不利衙，叫干不想干；利衙利民不利国（如地方保护主义），暗干明不干。

左宗棠西北禁烟，算是利国利民不是很利衙的。左公说，"禁种罂粟为此间第一义"，话题提得蛮高，列入了中心工作，可惜言者敦敦，听者藐藐，你说你的，我干我的，这事有点搞不下去，是执政能力事不？不，是执政宗旨事，没解决为谁干，这事怎么也干不好的。左宗棠甘肃禁烟，有些官员便叫苦，说这事不好干，块块田都种鸦片，"随处皆有"，个个人都从事这活计，"积重难返"，法不责众，莫犯众怒。

左宗棠听了，啪，主席台上，桌子拍得响彻云霄，法不责众，先责你众，莫犯众怒，先犯你怒，弹章不上，先行免他职。左宗棠在西北禁烟，一连免了好多位官僚职务。有个叫余三德的，名字取得蛮好，却是他爹挂羊头，他卖狗肉，什么余三德？他是余三得，讲得不讲德的。这家伙其时职务是河州营属把总，又兼了蓝翎补用守备，军区司令一级，他抓是抓禁烟，怎么抓呢？路上设横杆，此杆是我杆，此路是我拦，"于汛地盘获回民私贩烟土过境"。缴获不少啊，山堆山积，这些被查的烟土放哪里？放大仓库，放小金库，老百姓不能卖，衙门专卖店卖。利润有多高？他禁甚鬼烟，放手种烟去。有这等事？这等事多呢，官场叫放水养鱼，衙门最爱干的事，到处在干的事。左宗棠听说了，却是瞪眼睛，摔桌子，二话不说，先将此人免职再说，免职后再交司法机关。

他不是也这么干的？他指的是贺少农。这厮是湖南人，在宁夏做官，是官二代，也是左宗棠亲二代，其关系好得很，"世谊，年谊，姻谊"，老乡加亲戚。他老爸叫贺长龄，道光时历任江苏、福建、直隶等省布政使、贵州巡抚、云贵总督等职，是湖南一位影响力蛮大的人物，好多名人曾在其帐下，如魏源，左宗棠也是的。贺长龄是个禁烟派，任职一地，查禁一方，没想到他公子见利忘义，见利忘民，见利忘国，阳奉阴违，两面三刀。左宗棠禁烟禁令下，我行我素，明顺暗顶，其辖区继续搞种烟财政、土地财政、小金库。左宗棠很气，给湘军另一人物叫刘典的，先去了函，问这事。刘典一脸苦笑，说：左公，我也没办法啊，贺少爷跟您关系这么好，又都是在西北的湖南官人，处理他，我下不了手啊。左宗棠听了，有点冒火，在官言亲，这官为谁当的？"顾在官为官，伊在任已久，竟无察觉，于宁夏广种罂粟一事，始终无只字启告，则咎有应得，岂可以私废公？"我们都是干部呢，在衙门说衙门事，如何说得家门？要说家门，你回家去。在家言家，在国言国，这才是家国情怀——这般高调子，你以为是如今官人做报告么？左宗棠不是，他是言出法随的，大话之话有大法。"伊在任已久，竟无察觉"，是不是首先要拿你刘典是问？该查查，该抓抓，没什么客气可说，没什么"三谊"可讲。"如有纠聚抗阻者，则痛惩之，何尝不可禁绝也？"宁夏府有官员，"既没严禁于先，又没查禁于后"，搞"虚文掩饰"，与当地驻军勾结，包庇种烟者，左宗棠查实后，将宁夏府官员连根拔起。

　　把保护伞给连根拔了，把参与其中的干部，该撤职的撤了，该关的关了，当交司法的交了，没有办不下去的。这真不是执政能力，首先是执政宗旨事。

　　禁烟这事，需要左宗棠这股狠劲。说起来，林则徐过后，没几个官人说禁烟，前车在焉，先例在焉，林则徐一心为国为民，奋力禁烟，最后结果是：烟不禁了，人被流放。全心全意为人民服务，一心一意为国家除弊，信而见疑，忠而被谤，忠心耿耿为国为民除弊事却遭流放，能无怨乎？太冤了，纵使林则徐无怨，后来人也止步啊。林则徐禁烟之后三十年，朝廷几无人将禁烟提上议事日程。

　　左宗棠曾与林则徐有过一聚，林公流放新疆，再被召回，经长沙，特地喊来左公一见，"是晚乱流而西，维舟岳麓山下同贤昆季侍公饮，抗谈今昔。江风吹浪，柁楼竟夕有声，与船窗人语互相响答。曙鼓欲严，始各别去"。一夜都在谈，一夜不曾合眼。谈什么？新疆要防强邻来掳，中间也谈及禁烟吧，那是林则徐未竟之事业，终生之遗憾。

　　这一夜对左宗棠影响如何，未考。左宗棠西北禁烟，也不单受林则徐建言，这鸦片，害国殃民，太厉害了。西北汉子，高大威猛，站起来是一座山，坐下去是一座坝，抽烟之后变什么？站起来是麻秆，坐下去是牛屎："久食鸦片者，肩耸颈缩，颜色枯羸，恹恹若病夫初起。"一个家庭，男人吸上了，这个家指定垮了。左宗棠曾亲见亲闻，有强盗跑百姓家来，掳鸡掳鸭，或奸妻奸女，这些瘾君子躺床上，想挣扎而挣不起，想反抗而全身无力，只能眼睁睁看着强盗在其家放肆，便是戈矛已杀到了门首，也常因为懒得动弹，不能及时逃避，等死，束手就屠。家如此，国呢？人呢？外地入侵，谁来保家卫国？"剥榆皮屑而啖之，人多黄瘦死，有坐守空屋待毙者。"很多地方，竟然出现人肉相食之惨剧。

　　左宗棠坐镇西北，西北种毒吸毒，不是一般的严重，开始的时候，"即有种植者，每村不过二三家，十数亩而已"，到得后来，"烟苗广植，无地无之"，左宗棠做过一个调查，宁夏三原县，"城里人吸烟的十之其七，乡里人吸烟的十之其三"，种之者多，吸之者多，吸之者多，种之者多，形成了恶性循环。从宁夏到甘肃到陕西，都不种粮不种麦，都来种鸦片了。"始于甘肃，延及陕西、山西，近复江苏、河南、山东等省亦渐有栽种者，小民贪利忘害，仅顾目前，势必至膏腴之地，尽种无用之物，于百姓生计大有关碍。"

鸦片将中华民族的性命都拖死这里。如此，国将不国，等瓜分；民将不民，等宰割；人将不人，等变鬼。国家危机，民族危机，人种危机，林则徐长沙有无寄语，都不重要，重要的是，左宗棠有良知，有担当，以良心来从政，以担当来执政。朝廷并没怎么布置禁烟，朝廷千万干部都噤口，没谁建言禁烟，没谁敢言禁烟，左宗棠以一己之力，冒林公后果之险，他也要干这事，一定要干好。"吏治之振兴，全在上司精神贯注"，左公决心下得蛮大，"在此一日，即办一日"。有好事者统计，《左宗棠全集》中，涉及禁烟的公文有六十多篇，非公文的书信，有三十八篇，尤其集中在从同治六年（1867年）到光绪八年（1882年）。禁烟成了左宗棠中心工作，不搞运动式，而是常抓不懈，不收全功，绝不罢兵。

"谕尔农民，勿种罂粟。外洋奸谋，害我华俗，借言疗病，实以纵欲。吁我华民，甘彼鸩毒。广土南土，吸食不足，蔓连秦晋，施于陇蜀，土蔽不长，荣必肥沃，恶卉滋长，废我嘉谷……"左宗棠作了《禁种鸦片四字谕》，将种鸦片的种种危害，制作布告，"张仕邮亭，刊发村塾"。

左宗棠之四字谕布告，都是四字句，全文三百三十六字，皆押韵，易懂易记，左公其时书法高手张寿彝写成径寸小楷，刊印成册。政策推动，宣传先行，不算独创，这事情大家都喜欢干，容易干嘛。可是，你干得那么好吗？干得那么精心吗？做宣传，你能开夜班，撰四六句子，句句押韵吗？左宗棠要干事，先把态度端得正而又正的。

禁烟这事，一禁了事，是了不了事的。百姓都曾种烟，靠烟买盐买衣送孩子读书，现在不准种了，百姓怎么活？首先是"审时势，顺人情"，审时势，都在审，随便捉一个干部，叫他谈国际国内形势，他能谈三天三夜不歇气不换气；顺人情呢，他哑口了，一句话都说不上来。左宗棠先人情之忧而忧，"凡宜种罂粟之地，最宜草棉，棉花之利与烟土相若，时值大旱成灾，粮价异常翔贵，百谷之利亦略与烟土之利相等，亦饬令广种杂粮以裕生计"。西北有左公柳，飘拂成荫，新疆棉花遍地开，是不是也当叫左公棉？禁种鸦片后，左宗棠是做了非常多功课的，他考察了西北土壤土质，以及农作物的种属种性。左公刊行了《棉书》与《种棉十要》，向农民推介农业科普，"分陕甘两省敦饬官吏士民一律经理"。种棉效果如何？不听你的回报，我亲自去田间地头看看去，"路过各处，正值棉熟时，每停车，父老聚观，辄转令近前，与谈一切，皆知棉利与罂粟相持，且或过之。一亩之收，佳者竟二十余斤，每斤千丈，其费功力翻省于罂粟果刮酱也"。

各地土质自然不同，左宗棠因地制宜，典型引路，搞了很多种庄稼在西北做试验，"因思南方稻谷利倍之，遂于去岁驻平凉时，令军士试种"，效果挺好的，"日据代理平凉县事王令启春呈送白米来辕，禀称系该令今年试种所得，每亩可得四百斤上下，民间效种，收获亦多……大约平川足水之地，以之种稻，本无不宜，惟必购得六七十日可收之种，乃能成熟"。很多地方缺水，那就种桑，养蚕，"查桑树最易长成，一隙之地皆可种植。棉则喜燥恶温，宜种山坡，沙碛间，平地则只须四面掘沟以泄永潦。二者皆不须肥美之地，分种谷田毫无相碍，且初种不甚费资本、工力。迨及合用，则养蚕纺织诸务，又皆妇女所能，不能有碍农事"。禁烟是困难的，农业产业调整更是困难重重的，困难多，办法更多。想办法还是有办法的。紧要的是，办法要想，不想没办法，想了有办法。左宗棠都在为百姓想，其心在百姓。心用百姓身上，才为百姓去想。

"在林则徐以后的遥远的三四十年间，最热心禁烟的，怕只有文襄公了"（秦翰才），左宗棠西北禁烟，其成效比林公广州禁烟，好得多——自然这个也无法比，林公禁的是列强，左公禁的是吏民（左公也与列强过了招，如提高洋烟关税，让洋人大不满，左公却是不怕），左公禁烟，禁下去了，禁得非常好。道光五年（1825年），左公欣喜地向朝廷汇报，甘肃鸦片基本铲除，"实已根株净绝"，百姓生活提高了，身体素质变好了，"罂粟既禁，以其腴地改种草棉，向之衣不蔽体者，亦免号寒之苦"。汇报有水分？且看洋人去西北所见，"鸦片现在种者绝，而吸者亦少，昔栽种罂粟之处，今为艺稻之所，近来大有收成"。收成者，是棉是稻大获丰收，棉价与粮价，都大降价，"陕甘一带，面粉每斤十三四文，杂粮更贱也"。

左宗棠禁烟，多难的事，硬是被他破了难，成效卓著。可见，天下难事，都是能干的，真干起来是能干好的。各位真不用怀疑朝廷的执政能力，要怀疑可以去怀疑其执政宗旨。左宗棠将禁烟难事干得那么好，有何要诀？照我来说，是三句九字：正宗旨，下决心，想办法。三者当中，首先正宗旨，其次下决心，再次想办法。

宗旨，最是要紧。

# ▎寻左公不遇

五百里路迢迢，兴冲冲去左家塅，意殷殷去寻访左宗棠。

左宗棠不在。

盛夏酷暑，游兴勃发，缘起于周玉柳先生。周玉柳先生原来是东一榔头西一棒子，乱写；某次他请我客，约我茶叙；端了他一碗茶，就要服务他——我劝他，别像我，像无头苍蝇，飞哪没方向，原则上，全听巴掌响（巴掌响，则飞反方向，虽然着意规避，却也挨过一些巴掌）；周郎著作，有意藏诸名山乎？写系列啊，湘人就写湘军。周郎纳了谏言，写完了曾国藩，大著付梓，便写左宗棠；左宗棠亦已稿成，周郎羽扇纶巾，谈笑间，邀约我去访左宗棠。

周郎或是早起了这兴，却是到了长沙才策我去的。太阳厉害，晒死个人，哪想热烧烧里，去乡下访人？在长沙，遇到了一位老乡老板，人呼彭总，他原在上海发展，是搞房地产的。我与之初遇，乱扯淡，却没一句扯地产房产，在商言的是其"微粒子说"，他说世界是微粒子组成的，诸如周公梦、爱情缘、风水学、宇宙起源……一切平常，一切灵异，三千世界都解归微粒子——他近来在挑战爱因斯坦的相对论，申请去搞实验，实验室那头说，得三十万才可。三十万？这钱出；却又被拒了，传出话来：国家实验室不是谁想就能进的。彭总听了，未沮丧，反是豪情顿发：我自己建去。几天前跑到长沙来了，计划宏伟得不得了，要筹资几百个亿，建这馆建那馆——小文科生我记不住。旁有学物理的，趁彭总去小解，我悄耳问：彭总这人怎么说？他顾左右而言他：湖南出奇人。

湖南确出奇人。左宗棠就是。周郎说要去左家塅，这位彭总，居然也兴趣盎然，乃凑合了一组三人行，坐公交，转中巴，走乡间小道，拜谒左宗棠来了。左宗棠不远，当算是长沙郊外吧。不过半晌，服务员便叫下车，兰花指指了指：左宗棠，在那。

左宗棠就在那？两三里路，都是自行脚道（有路，没车，得靠脚自行），逢人便问左宗棠在哪？都答在那。左宗棠真在那？嗯，就在对面。我一遍遍地问，源自我一次次生疑：此地山不高，零星几处山包子，都是扁平不见突兀；此地水不灵，水？好像没有水；风没见吹，水没见流，缺风缺水，何来风水？早稻刚刚收割了，晚稻也已插了田，山青青，田青青；难说风水，倒也有满眼风光，稻黍千重浪。

左宗棠根脉地，农人谓之新屋山。对面望去，一面白色大墙隐在草深树绿中；山不高，山终究是山，山上有树，因了树，山便成山，或者说，树就是山。左宗棠的新屋山，真不能叫山，连坡都没，何以叫山？稻田略处低洼，高三五级梯子，便叫做山了——江南丘陵，委实称不上山的，不过是土包偶突起，树木一长，便是山了。真不晓得山生树，还是树生山。

绿树掩映，白墙青瓦，蛮符合胜地景。胜地出了圣人，当年是有门卫守着，现在门卫没了，当有挡在门前收买路钱的吧？我对卖票的，自不生好感，但若没了卖票的呢？却又是无限怅惘。左宗棠故居，没有卖票的呢。这是左宗棠故居？面前一处小坪，隐约可见水泥结面，却全是野草萋萋，青草矮，也埋脚背；青蒿高，高过人膝；狗尾巴草，风一吹，搔人搔到人脸上来了；举头望，墙上有字，是白纸写的，白纸也破碎漫漶，许多笔画都掉了，细辨端详，那字是：太傅祠学校。这是左宗棠出生地？周郎一口咬定：是的。周郎自问自答，这是左家塅？嗯，左宗棠是在这里出生的。

有人吗？没人。来到这座臆想中的左宗棠故居，铁门半掩，我们侧过身子大声问："有人吗？"没人应答，这里没人，这里只有灌木丛生，青草满地长。那草，生到阶沿上了。何止草？好几棵野辣椒树，错乱地站在阶沿，长得已然齐我腰，攀我肩膀了。屋坪里，草木尤茂盛，直逼二楼，城狐虽没，村鼠定然在这里乱窜吧。太傅祠结构是两进两厢，那就进厢里看看。不进还好，一进去，心生凉意。厢里有甚？什么都没，地板上一层层牛屎，夹杂着驴粪，都是干的——莫非最近，连牛也不进了？

左宗棠自称是一头牛，一头湖南蛮牛。左宗棠出生于清嘉庆十七年（1812年）十月初七日，呱呱落地之夜，祖母杨氏做了一梦，梦见牵牛星乘白云降落此地，韶乐声起，响声嘹亮，响声将人惊起，却是放鞭炮，原来是左宗棠横空出世了。左宗棠从娘肚子出来，老娘四十来岁了，生活困窘，奶水不足，左宗棠嘴大，把奶头当抽水泵，牛饮鲸吸，哪里吸得出奶？左宗棠便哭，哭声震地，哭个不停歇。据说因往死里哭，肚脐眼都哭得往外高凸，肚大如孕，肚腩有七八个月大。多年后，左宗棠扪腹问养士：此腹里藏的是甚？有答韬略者，有答诗书者，有答宰相船者，有答将军肚者……身旁多有马屁精，却无一个是朝云，只好左宗棠自解：此腹全是马鞭草。

马鞭草是江南生长最盛的牛草，细长细长，细长如青绿毛线，织在江南的田垄田埂上，根是韧的，韧得如牛筋；草是嫩的，嫩得蛮生脆。我做过多年看牛娃子，晓得水牛最爱吃的是马鞭草，生脆脆，易吃下肚去；吃下肚去了，却像筋一样，难嚼难消化。曾国藩传说是蟒蛇转世，左宗棠呢是牵牛星。嗯，左宗棠是一头牛，一生都难改其牛脾气。他当湖南巡抚骆秉章秘书，敢斥骂军区司令"王八蛋，滚出去"；曾国藩功名立得比他早，他常骂曾国藩是"猪崽子"，老了还在骂个不休——当年阁下若想去左宗棠府上，那你先得听他骂半天曾国藩，才准端杯喝酒举筷拈肉；新疆被沙俄偷觑，满朝文武，被人打怕了，都不敢出声，只有这头湖南蛮牛，声如牛哞，蹄子刨地，率了八千湖湘子弟，上马击胡，下马栽树。大将筹边尚未还，湖湘子弟满天山；新栽杨柳三千里，春风度过玉门关。这左宗棠硬是以牛筋精神，以牛角蛮力，将侵略者顶回去，收复新疆。

左宗棠建功立业，功勋赫赫，放在五千年文攻武略者之封神榜中，也是放光芒的显目人物，在这里，何以凄凉如斯？左宗棠出生于斯，在这里度过了少年时光；百年过去，左宗棠魂归何处？老屋产房或已不在，而祠堂。左公任陕甘总督，出三千养廉银初建祠堂祭祖，其族裔扩为"太傅祠"，以为义塾，意在使左氏子弟承续文明，耕读传家；私塾远去，转作学堂，也是得宜。许是因为计划生育，读书子弟渐稀吧？学堂已废弃，正好可作文物啊，谁想却是这番荒凉境地。上了楼去，黑板倒在，却也听不到半点琅琅书声，回音都没——沿着二楼教室、走廊，走廊、教室，走了一圈，听不到左宗棠一声书声，看不到左宗棠一角鬓影。

左宗棠不在？

唏嘘复唏嘘，周郎玉柳先生忽喊：这里，这里，左宗棠在这里。跑去一看，正门所对的对楼，楼有高龛，高龛挂有左宗棠一帧照片；照片摄于陕甘总督任上，细辨相下字迹，道是外国人给摄的，摄影技术并不高，逆光照的，英气不在，显影的是蹒跚老境，虽然慈祥，却不免英雄落寞。楼下杂木疯长，盖过了神龛，若不仔细寻觅，你还不晓得这里有一帧方框尺许的英灵呢。周玉柳先生连道罪过罪过，嘴里呐呐，说是不该这般漫不经心撞见左宗棠。他重下三五级阶梯，再沿梯而上，对着左公，郑重三鞠躬。

时已中午，肚已空空，哪有饭馆？左太傅祠旁，有左宗棠族裔，我等三人贸然走了进去，寻老乡家吃饭，老乡却也慨然应允，没吃上左宗棠鸡，却也吃了地道家常湘菜。问老乡，左宗棠出生在这里吗？是出生在这里吗？老乡答是的，确是的。再问左宗棠少时有甚传说与故事，老乡答道，时代久远（百年算久远了？），嗯太（湖南方言，不太）晓得了。他晓得的是，左宗棠后来当了师爷，赚了些钱，将家搬到了二十里外，建了一幢柳庄，在那里作了十八年的"湘上农人"。左宗棠住柳庄去了。

据说柳庄是蛮热闹的。周郎与彭总提议，再去柳庄？我却不想去了，留个遗憾吧，我的说辞是：有遗憾在，堪为以后留念想，可引我再访。其实是我已意兴阑珊：左宗棠不在这里，会在柳庄？左宗棠恐也不在那里，多半只是卖门票的在了。

第四辑

# 裱糊匠李鸿章

# 张之洞搞李鸿章

张之洞与李鸿章俱为晚清大臣,关系不太好。同为同朝官吏,有时真没啥道理可讲,关系就是不会好,同一重量级的尤甚。原因有二,一是张之洞与李鸿章虽然未曾在同一班子做过成员,直接摩擦少些,但只要在官场,反正是要摩擦的;二是张之洞与李鸿章秉持政见与为政作风也多不同,李鸿章对他老师曾国藩自承过,他做官艺术是打痞子腔,张之洞呢,最初是做清流派的,约等于如今在研究室机关当差却爱发表时评的一类人,纵或外放做官去,骨子里还是遗存些书生气。中日甲午海战开战,李鸿章要和稀泥,行痞子作风,张之洞执言玉石俱焚,力主抗战,发书生习气。李鸿章恨得牙根痒,不惜破坏官官相护潜规则,向皇上打小报告,说张坏话:"张之洞为官数十年,犹不免书生之见。"张之洞也不输火,反唇一讥:"李少荃议和多少次,公然以前辈自居。"时人莞尔,谓为绝对好对联;后人惊悚,可推知官场就这么个斗争生态。

张之洞在两江总督任上,他想搞一个形象工程,经营南京城市,搞马路扩改,弯路拉直,窄路拓宽,棚户区要建楼堂馆所,这是好事。这好事,规划好做钱难筹,开发的是马路,又不是房地产,只有投入,不见产出的。张之洞执意要出政绩,也就难不倒他,办法总比困难多,他多管齐下,筹了大笔钱,却有二十万两银子缺口。如何补缺?张之洞那办法相当前卫:到钱庄里去查账。那时候大概钱庄存款都是实名制的吧,也没洗钱转存瑞士银行之说,各级官员将卖官买官款项、工程提成费、老板给官员的这样那样的感谢费……零存整取,都存钱庄里。于是乎,张之洞没怎么着力查，就查到了李鸿章李大人在南京某一钱庄里，存了二十万两白花花的银子，哪里要再查其他人？用李鸿章这笔款子足够了。李鸿章在京城做官，将钱存到南京来，啥意思？巨额财产来源实在是不明。张之洞对钱庄老板说，给我把这笔钱提出来，做人民公益事业。钱庄老板叫苦，说这钱是李大人私款，不是国库的，李大人以后向我连本带息要钱，我嫁老娘嫁婆娘也赔不起。钱庄老板说的也在理，他开的是钱庄呢，又不是官方纪检监察，他只管存钱，哪管钱来处？

张之洞却是打定主意要用这钱了，黑吃黑都要吃，何况这是红吃黑。钱没什么污浊与干净之分的，一张脏兮兮的纸钞值一百元，一张挺刮刮纸钞也同样只值一百元。钱之污浊与干净，关键看如何来的，来自谁的。来自官员贪贿之款，使银两取之于民用之于民，也是银两得其所哉。取出李鸿章这笔来源不明的巨额存款，常规办法是，参劾李鸿章，举报李鸿章，然后让上面发话给御史台与监察院，派一干人马，或人多马众搞暗访，或声势浩大搞明察。我疑心张之洞也想过这办法，估计他为此磨过脑壳。这法子合乎法律，合乎程序，但毛病也不小。一，破坏了官场生态，这么釜底抽薪，搞干部路子，会让其他干部对张之洞齿冷；张之洞跟李鸿章矛盾是有矛盾，但斗嘴归斗嘴，没到撕破脸皮与刀对刀枪对枪干的程度。二，风险很大，能不能把钱搞到手难说。李鸿章并非蟊贼，能量大得不得了，他若反反贪污，张之洞能不能奈得他何，也是未知数，二十万两银子，于百姓而言，是天文数字，在领导眼里，也许只是毛毛雨，上面说反腐要抓大放小，那就自讨没趣了。三，接待那些来查案的钦差大臣，也挺麻烦，要吃喝，要按摩，要土特产。查的只是二十万，花费的可能上三十万，何苦来？

别看张之洞书生气重，在官场历练那么久，也学会了用蟊贼手段。蟊贼偷钱，最爱往大官家里去偷，既钱多，又安全，还满怀正义感。吴用等人智偷生辰纲，几担子都担不完，得用板车拉，拉去大碗喝酒大块吃肉，还可以高呼替天行道。盗贼偷得大官金银细软，可以留书：偷钱者，偷钱英雄"武紧也"，大官根本就不会去报案。说张之洞小偷，实在是亵渎领导了，但张之洞这次反李鸿章之腐，却与盗贼做法还真有点神似。他一面直接将二十万两银子取了出来，一面以私人通信给李大人去了一封公函，大意是：李大人，两江总督张某，近来要搞南京街道扩改，资金有点不足，看到了李大人在南京某钱庄有一笔二十万存款，您的钱闲着也是闲着，莫如先借给我一用，以后有钱了，即行奉还……书里盖了公章，一是告诉李大人，这事可以公对私处理，如不行，那也可以提高调子，公对公对簿公堂，二也是说，我这么干，不是谋私，若有事，也可把自己撇清。

李鸿章接到这信，是甚表情？是脱裤子骂冲天娘，还是捶桌子骂娘希匹？估计是肯定的。但李鸿章口骂干了，手捶痛了，末了，还是得修书回复张之洞：一来代表上级政府感谢张之洞为人民服务，为群众干好事干实事；二来表态，大力支持张之洞，能以个人绵薄之力为公益事业做贡献，也是无限光荣。

官员们不明巨额财产在一定范围内，比如在小偷，或者在纪委等眼皮子底下曝光之后，这钱也就未必能以个人实名存在银行金柜中或存在墙壁缝里了。墙缝里不必说，小偷贼眼是很厉害的；存在银行金柜里的，也往往得转移地方，谓大公无私，姓公了。这笔钱，有些地方叫廉政账户，有的地方叫上交礼包红金，这也给官员们添面子；可在其廉政述职上，大着彩笔，谓拒收礼金若干，谓上交红包多少。这笔钱，是跟张之洞一样用于城市扩改了，还是用于农村扶贫了？我不太懂行，不敢乱说，待到此款堆满山，莫问钱归处。

据说张之洞用了李鸿章这笔款后，继任两江总督是李鸿章的大哥李翰章；这时张之洞之族兄张之万已与李鸿章结为亲家，李翰章也没问起这笔款子。官场生态事大，钱事小嘛。

这事，是张之万孙子张达骧先生说的。张先生还说，张之洞在李鸿章七十大寿时，先请秘书们起草颂寿词，他不满意，张之洞只好"三天三夜没有睡觉，为李做寿文"，情意甚是殷殷，据说这篇寿词在"李所收到的寿文中，是压卷之作"。张李关系修好了？也是没有呢，李鸿章死了之后，张之洞"既不作挽诗祭文，也没写挽联，仅仅送了祭帐一悬，当中只有一个大字'奠'"。按张达骧先生的说法，张之洞此意是："我对你，没有什么可说的了。"

官与官，为了一个共同的革命目的，五湖四海聚一起来了，是缘分啊，再斗啊闹，面子上得过得去，若他已死，还有甚话可说？

# 李鸿章偏爱"捣他姐姐"

先要说明一个，"捣他姐姐"确实是一句粗口，与精神文明建设很不相符，但是，李鸿章爱这么一口，时代发展到现代，我们用不着为尊者讳，所以鄙人也就不想"美化历史"，只想保持历史的"原生态"，如实记录李大人的"起居注"。还要说明一下的是，李大人这句"捣他姐姐"，有时只是一句口头禅，与官员做报告，里面满是无数的"恩恩恩""这个这个"一样，并无微言大义，习惯用语罢了。

李鸿章是合肥人，被人呼为李合肥。我们有一种特异的文化现象，名人常常不喊其名字，而喊其出娘肚的出生地，吃喝拉撒的住居地，当官发迹的所在地。以前没去细想这里有什么奥秘，看了李合肥（以后都喊他李合肥算了）爱"捣他姐姐"的故事，我才知道这里确有中国地域传统文化的精髓在。这么说吧，李合肥是个特有乡情观念的领导，他当了大官之后，热不热爱祖国不太清楚（不是有人说他是卖国贼吗？），但对家乡是特别热爱的，资金只往合肥那里拨，项目只往合肥那里批，好处只往合肥那里送。李合肥当领导当久了，他懂得一个至理：送家乡钱送家乡物，不如多提拔几个家乡干部。他爱帮家乡的忙，这忙帮，那忙也帮，最爱帮的是把他们都弄到革命队伍里来升官发财，共同致富。"李鸿章待皖人，乡谊最厚。晚年坐镇北洋，凡乡人有求，无不应之。"只要你是安徽人，你想办个"私企"，李合肥马上就给批条子，你想减免"个税"，李合肥马上就给有关部门打电话，你想打个官司、拿块地皮、评个三好学生高考加分……李合肥马上给相关负责同志打招呼。

安徽人都听说李合肥这么热爱家乡，关心家乡人民，关怀家乡各方面的建设，一传十，十传百，百而千，千而万，都来找他了，搞得他不亦乐乎，搞得他疲于应付，安徽地域那么广阔，不累死他了？李合肥就觉得这不是个路，于是把范围缩小：只接待合肥人。李合肥这个"政策"调整没多久，虽然未曾颁昭天下，但天天在揣摩领导心思的人，天天在领会与学习领导风向与精神的人，谁又不知道呢？上海人，闽南人，都说自己是合肥人，一个一个地、一队一队地往李合肥那里去跑资金、跑项目、跑官要官。这些人呢，为了不至于在李合肥那里露馅，都先自费到合肥去学习语言，把合肥话学得半生不熟，就往李合肥那里去了。真合肥，假合肥，把李合肥搞得够呛。所以，李合肥给门卫颁布了一道口令：凡合肥老乡来，随时禀报，不得怠慢；自然，另一条口令是，把其他人乱放进来，看我掌嘴。

可是，门卫又不是合肥人（门卫这档事，李合肥当然不叫合肥人干啦，合肥人都要提拔当官的），他哪里分辨得出谁是行者孙，谁是孙行者，谁是者行孙？话说这天，来了四个真合肥人，说是要见李合肥，被门卫给挡住了，要他四个打"乡谈"，一个要进，一个不准，推推搡搡，搞了好几个回合。搞得那四个合肥人火起，顿时骂骂咧咧开了："捣他姐姐，要见就见，不见就不见；撮他妹妹，打他妈的鸟什子乡谈。"哪个吃了豹子胆，敢到李合肥这里来撒野？到这里也敢来撒野的，肯定不是一般人。所以，门卫就屁颠屁颠跑进去，通报说，外面来了几个"捣他姐姐"的，李合肥一听，马上叫门卫开门，把这四人全迎了进来。不用文凭，不用口试笔试，不用体检政审，就招了工，进了机关，火箭般地提了干。

大家知道，这里的"捣他姐姐"，就不能算是一句粗口，只能算是一句接头暗号，能够说"捣他姐姐"的，肯定是地道的合肥人啊，其他人来学习合肥话，都是学习其"雅言高调"的，谁敢到李合肥面前粗口？只有真正的乡人才无忌无讳，才无意识地"捣他姐姐"。李合肥凭这句暗号，把这四人全部安排工作，安到自己的亲兵队伍里。他的亲兵，全是清一色的合肥人，"局所军营，外省人几无容足之所"。按李合肥的说法是，带领"子弟兵"为国家"捐躯杀贼保疆土"。因此，在李合肥曾经当官的北京、天津、河北保定一带，就有这样的民谣流传："捣他姐姐，撮他妹妹，都是李鸿章的亲兵小队。"

段祺瑞是个大人物，大家都是知道的，他是怎么发迹的呢？据说，也是因为他会"捣他姐姐"。光绪十一年（1885年），段氏考上了天津武备学堂炮兵科，其时，李合肥从德国进口了一批"威力无比"的新式样炮，李合肥想威力一把，就搞了一次"军事演习"。这天清早，风和日丽，云淡风轻，待到李合肥重要讲话讲了大半天，正准备正式演习，天突然就变了，狂风大作，尘土飞扬。当然，演习照常进行，可是，打了一个上午到中午，要么是臭弹，要么是射程不够，总之是没一发命中目标的。折腾许久，轮到段祺瑞这小子上场，天忽然"阴转晴"，他一发炮弹打去，"捣他姐姐"，打中了，所以这个段小子就骂了一句："捣他姐姐，天助我也。"这话被李合肥听了，眼睛顿时发亮，一下把他提了士官。光绪十四年（1888年），清政府准备派士官去德国学习，天津武备学堂报了名单，李合肥就是不批；到第三次，有人才醒悟，赶忙把段祺瑞加上去，李合肥二话不说，一笔给签了。

据说，什么地方出人物，什么地方不出人物，是有风水给管着的，风水是不是山川形势？这个玄远难言，我知道官场的风水，也与山有关，只是不叫山川形势，而叫山头主义。同宗是官场的一座山头，同窗是官场的一座山头，一同考上公务员的"同年"是一座山头，一同扛过枪、一同分过赃的，都可能是一座山头。这山头，那山头，最容易形成山头的，也许就是这个同乡了。在许多地方，如果某地出了一个人物，那里的人物啊，就一个一个一串一串鱼贯而出了。这是山川形势使然么？恐怕更是山头主义起作用吧（腐败常常是一拔就是一窝，也许这一提就是一串是源头吧）。

只要是合肥人，就升官，哪怕是一字不识的白丁，都给你一支队伍带，这事，连到李合肥那里去跑官的老乡刘铭传都看不上眼啦。刘铭传那次到天津，看到有个人在那里吆三吆四，做"重要讲话"，不禁吃了一惊，这家伙不是在合肥"掏厕所挑粪卖"的汉子吗？于是大骇曰："如某某者，识字无多，是尝负贩于乡，而亦委以道府要差。"北洋舰队是李合肥一手打造出来的，饷是由国家发的，按理是"国家武装力量"，其实，是李合肥的私家军，也是地方武装淮军，据说"营以上干部"几是李合肥家乡人。"未几，中东事发，大东沟一战，海军尽毁，若丁汝昌、卫汝贵、龚照屿等俱误国获重咎。"而丁汝昌等，都是淮人。

还顺便说一句，刘铭传看到李合肥把乱七八糟的老乡都升大官，说了一句"晦气话"，也就是"是尝负贩于乡，而亦委以道府要差"这话后面，还有一句："几何而不败耶！"他说这话的时候，甲午海战还没爆发，刘铭传就肯定地说，一旦国有战事，这支队伍开赴前线，则一定会惨败。果然如此。时人都佩服他有先见之明。

铭传先见是先见，但未必是高见，想来实在是卑之无甚高论，常识罢了。可是，在常识被长期掩蔽无存中，喊出来，也是难得的勇气。

# 李鸿章的遗恨

座师，便是古之监考官（与现在监考老师区别还是挺大的），或叫学政，大清也叫红翰林。翰林院之翰林，有红翰林与黑翰林之分，大体是，能外放去做学政考官的，叫红翰林；天天伏在办公桌上写材料的，叫黑翰林。红翰林，一脸通红，红光满面，当了帝国最大单位的教育部门一把手，吃甜的喝辣的，脸色油抹水光自是当然。当红翰林味死个人，更味的是，一日为师终生为父了，你监考了他一次，录取他了，他入得官场，他终生门生，你终身座师（比终身教授味多了）。你九年义务，再加九年非义务教育他，特别是小学那会，上给他揩鼻鼻，下给他揩屁屁，你看，你看看，他有无如此尊你？

李鸿章从不想当甚老师，哪怕当了教授，他都要参加公考，跳出"臭老九"牌位。但李鸿章做了那大官，比处长高五六七八档，他日思夜想，他夜思日梦，他辗转反侧，他寤寐思服，不想死你们，他想死座师啦。

阁下死想的是，将厕所当卫生局，将卧室当计生局，将厨房当粮食局，将客厅当会议室，不仅在客厅要咳嗽几下，如厕也要大放几声，过过干瘾，过过官瘾。李鸿章这瘾倒是不那么强烈，他天天如此，入得家来，官场那套场面不想也不用再彩排，"李文忠公文通武达，出将入相，早依香案，晚博侯封"，官瘾过饱了，尝足了，不用想，也天天有。李鸿章想懵了的是，"独终身不预皇华选士之役，不无缺陷"。

阁下想死了当官的味，入夜拿出小孩子作业本，签"已阅"，签"知道了"，签"拟同意"；李鸿章想死了当座师的味，没事时拿出高考作

文，眉批"这是狗屁"，总评"狗屁通了，这篇没通"，卷头红笔打分
"59＋1"——算你及格了，"公最喜衡文，前充总理衙门大臣，适同文
馆学生年终考试，中文一场，试卷多有束笋"。作文卷子如山堆积，老师
您见了，愁死了吧？"各大臣请公校阅，公喜甚"。可以当人师了呢，
"扃门三日，亲手点定甲乙"。你演戏，过了一把官僚瘾，他充师，过了
一把师爷瘾。

"岁在丁酉，顺天乡试将届"，又要科举考试了，李鸿章高兴得不得
了。他听了风，风闻慈禧老佛爷这回，将补李二先生终身遗憾，放他外去
当回学政（宰相了，还入梦切切，想着当阅卷组组长），急切切跑到瞿鸿
机家，"排闼而入"，僧敲月下门，官推属下门，僧人有礼，素养高，官
人去领导家，素养比僧人更高，去下属家呢，脚踢门而入。

瞿鸿机是长沙人，其时任内阁学士，比李鸿章官职卑微多了，"平昔
绝鲜往来"，领导降尊纡贵去顾茅庐，吓得瞿鸿机整顿衣裳，"闻公来不
识何事，急肃衣冠出见"，迎迓进屋，"公屏退左右"。

什么事什么事，搞得这么神神秘秘？宫斗事，还是政变事？都不是，
是外放当主考事："闻今科北闱乡试主考，已经内定。我与君均在选中，
但我数十年戎马奔驰，久荒笔墨，不知能胜任否？君年优学富，久掌文
衡，确系科场熟手，届时务祈主持一切，格外偏劳。"瞿鸿机官小，却是
红翰林，先后出任福建、广西乡试考官及河南、浙江、四川、江苏四省学
政，李鸿章不耻下访，不耻下问，看重的就是瞿公这经历。到时会让瞿公
"格外偏劳"么？估计不会，他官者，阅卷会让人"格外偏劳"矣，录取
则让人一边"特别安逸"去，而李鸿章指定是，阅卷与录取，都将是"扃
门三日，亲手点定甲乙"，为何呢？阅卷，可以过把好为人师瘾。

这让瞿鸿机吃惊。这回吃惊，不是领导下访，而是阁老此闻，"文慎
（瞿鸿机）闻公出言突兀，不胜骇异，而未便辩驳，阻其兴致，姑漫应
之"。这消息哪儿来的？我没听说过。李鸿章是领导，消息自他那里来，

也是可能的。可能个鬼，这消息是李鸿章做了个梦呢，直把美梦当新闻。

确实是李鸿章一个梦，"文慎得江苏学政"（最终名单也落空），左看右看，上看下看，将任命文件看了个遍，也没见李鸿章三个墨黑字，瞿鸿机"始觉前言全无根据"，是有人故意编笑话李鸿章？"不知何人凭空结撰，以饵公。"估计不是，是李鸿章自己做了此梦，拟梦做文件，下发给自己。

李鸿章那么想当学政，推想也有话没话，有意无意，跟慈禧表达过这意思，慈禧也是听得懂的，老佛爷何以不开济开济老臣心？宰相都让他做了，教育厅长做做无妨哒。问题就在这个一日为师终生为父，教他九年，至多为老师，考录一日，便做了座师，此后做什么官，都是他的官崽子。干部皆为下属，下属却也是有种类的，至少可分两种，一是外人，一是心腹。何为心腹？喊蒋介石当校长的，喊李鸿章做座师的。他们做了李鸿章心腹，那么将做老佛爷什么呢？将做老佛爷心腹大患。李鸿章淮系已经蛮厉害，不过多是些兵痞而升武将的，乱世要武将，如今大清火山进入死火期，武将作用弱化，文臣群体才是治国团，文武都归了李鸿章，老佛爷肯定晚上睡不着了。

门生故吏，李鸿章做了大官，有大遗憾：多的是故吏，少的是门生。故吏枪杆子可以，其时也，马放南山了哒；大清缓过劲，暂不乱，真真假假是承平，笔杆子作用突出来，李鸿章没笔杆子怎么行呢？国史馆没他的人，李鸿章便没谁描摹光辉形象，描摹出来，着色多半不会太亮，果真，史册里李鸿章形象，还真的并不"伟光正"，也不怎么"高大上"。

# 李鸿章让天之功

诗云：

> 北平无战事，天京战犹酣。
>
> 曾鼠打地洞，李马放南山。
>
> 谦让皆云德，谁知竟是奸。
>
> 红炮冲天起，白骨摆地摊。

话说同治三年（1864年），北平无战事，何止北平无战事？南平，东平，西平，都没甚战事了。同治二年（1863年）十月，李鸿章收复了苏州；三年二月，左宗棠攻克杭州。太平天国大势已去了，唯剩下孤岛天京，如瓮中鳖，待人来捉。捉鳖手是湘军另一猛将，湘军"军长"、曾国藩之弟，人称九帅的曾国荃。九帅是曾军主力师，曾国藩安排其他偏师打外围，安排亲弟弟攻天京，呵呵，也是打虎亲兄弟，上阵父子兵嘛。

其他地方已无战事，同治皇帝喜得跳，革命胜利在望，同志无须太努力，努力一下就OK了。同治也是太想胜利了，于是急电一封，发与曾国藩："金城大而坚，围攻不易。诚恐各营将士号令不一，心志难齐，曾国藩能否亲往督办？俾各营将士有所秉承，以期迅速奏功。"

曾国荃攻南京，哪里是"各营"？分明是一支部队。部队都姓曾，五百代都是一笔难写一个曾字，何况曾国藩与曾国荃是一胞所生？"号令不一"，这话何说？"心志不齐"，此话何来？曾家军不听曾国荃的？曾国荃不听曾国藩的？同治下的这圣旨，莫不是在挑拨离间？

同治倒不是这意思，他是太想革命胜利了。他发这作战电报，意思是叫曾国藩把李鸿章调来天京，把左宗棠调来天京，三军合击，直捣黄龙府，三军事后尽开颜。同治心急，蛮好理解，天京打围战，已打了两年多，李鸿章打苏州只用了两三个月，这天京不解决同治睡不着觉啊。李鸿章打苏州打得那么快，并不是他金叵罗，指挥倜傥，颠倒淋漓意，而是李家军武装到牙齿，部队装备早已鸟枪换炮，已是洋式装备：不但有洋枪（李家军有一支洋枪队），而且有洋炮。洋炮是厉害的，曾国藩以前是从不相信武器，他相信的是革命精神与革命意志，每次作报告都是"我再强调一点"：干革命，"在人不在器"。后来看到李鸿章一炮轰兮轰他娘了，这才晓得要发展武器："炸炮轰到之城，实可骑马而登，胜于地洞十倍。"曾国藩后来爱上了洋务运动，也是洋炮威力更新了他观念，解放了他思想——这是后话，不提。

将李鸿章的洋枪队与洋炮营调到南京来，还怕南京土城墙？同治没这么直接说，明话是叫曾国藩亲自去督战，暗话是叫曾国藩将李鸿章、左宗棠都调来，一发发炮弹打进南京城，搞"炮海战术"，比一个个战士冲进黄龙府，快捷多了，快多了，捷极就快了嘛。搞人海战术，要多牺牲多少战士？

同治脑子进水的时候挺多，这封作战令却不算进水。曾国藩服从皇令吗？他倒是听旨的，问题是李鸿章不听令啊。曾国藩将作战令发与李鸿章，李回了电："廷旨有令蔽军会攻之说。鄙意苦战日久，宜略休息……"苏州是打下了，可是部队也要休息休息啊，发扬连续作战作风，写写新闻可以，作作报告可以，真这么搞，哪里搞得了？我的部队刚打了恶仗，也要洗把脸，睡个觉，养好精，才能蓄好锐，何况夏日炎炎，炮弹易发热，不好使（洋枪连发三四次则过热，多则炸裂）。话说得没错，冠冕堂皇得很。李鸿章刀笔是蛮厉害的，最会做锦绣文章了。大家都知道有个著名文案故事，曾国藩先前部队一战一败，十战十败，他往朝廷写汇报材料，写的是屡战屡败，后被改成屡败屡战，背后捉刀手，正是李鸿章——他此时正当曾司令文字秘书呢，刀笔很了得的。

李鸿章不来天京合围，曾国藩调不动，同治在北京急死了，这回作战令绕过曾国藩，直接指挥到军到师到旅团，圣旨口气严厉得很："李鸿章所部兵勇攻城夺隘，所向有功。炮队尤为得力。现在金陵功在垂成，发、捻蓄意东趋，迟恐掣动全局，李鸿章岂能坐视？着即迅调劲旅数千及得力炮队前赴金陵，会和曾国藩围师，相机进取，速奏肤公（肤者，大也；公者，功也）！"

圣旨下得明确，蛮严厉，李鸿章听不？不听；去不？不去。李鸿章回电，说部队倒是休整了一下，战士体力确也恢复了，只是，情况有变，"臣因湖郡贼氛尚炽，实为苏省切近之忧，应先派劲旅进规长兴，协取湖郡。俟湖州克复，门户稳固，然后分兵会图金陵，方无后顾之忧。"李鸿章刀笔再见功夫。将在外，君令有所不受。我这里敌人还没彻底肃清，左宗棠围攻长兴，我得就近去协战，把那里的敌人彻底消灭了，我们再同心同德，齐心协力，一举攻克南京。话硬是说得漂亮。

李鸿章硬是不出兵南京，是他怕死？是他坐山观虎斗，然后再渔翁得利？李鸿章不怕死，他虽则是淮军，到底属曾国藩节制，打仗也不是没打过。李鸿章不愿协同作战？看到友军在那死战，他不愿拔刀相助？非也，左宗棠攻长兴，他不也主动向皇帝请缨，也去"进规长兴，协取湖郡"么？（左宗棠其实也不要他来，说他来是"越界立功"）

李鸿章愿打，愿帮，就是不帮曾国荃打？嗯，是的，什么敌人他都愿去打，谁的友军他都愿意去帮，他就是不帮曾国荃。

他与曾国荃有甚过节？没有（小矛盾或许有，大冲突真没有）。他是想害曾国荃？不是。他想的是帮曾国荃。可以这么说，李鸿章此时不听"县官"同治帝之令，他不听"现管"曾国藩之令，圣旨军令都敢违，这一切都是在帮曾国荃。帮曾国荃什么？帮他立功。"且沅长劳苦累年，经营此城。"曾国荃在这里打了几年，眼看将打下了，我李鸿章带一支炮队来，一炮轰夕，那攻克太平军首都的首功，算谁的？皇上说了，叫大家"总以大局为重，不可少（稍）存畛域之见"，若"和衷共济，速竟全功，扫穴擒渠，同膺懋赏"。奖金大大的有，每人挑箩筐来担就是；功勋章多多的，每人戴块大的，但李鸿章不要"同膺懋赏"，他愿曾国荃独自获"首功"。

首功，首功。古时记功，确是以首相记的，除四害，以老鼠尾巴算数，记工分；除敌人，以敌人脑壳算数，记功劳；扔一颗脑壳到桌上，记一功，扔百颗，千颗，万颗，恭喜您，万骨枯了，你就成了大将大帅了。曾国荃后来被封为太子太保，一等伯爵，就是他一人独得金陵首功之故。

曾国荃立了这首功，着实是用不少首级换来的。曾国荃虽是曾家主力军，但其装备比李鸿章差远了，李鸿章鸟枪换炮了，曾国荃依仗的多半是战士们手上的那杆鸟枪。南京城墙不只是六朝金粉糊的，也是多少朝铜铁垒就的，异常难攻，曾国荃靠战士们的鸟枪，鸟被炸飞无数，城墙不稍损。曾国荃想的法子是地道战，老远开挖，挖个地洞到南京城下，然后装满炸药，去南京城放炮仗。

地道战想起来挺浪漫的，实际不是那回事，实际是特浪费，特惨淡。曾国藩叫他老弟别打什么地道战了，地道战太费力，死人太多，"地洞一事，前十月五日，已浪费药数万斤，近日又有一洞将发，又将浪费数万"。挖一个地洞，挖深了不行，挖深了怎么去炸开城墙？挖浅了呢？挖了一个几个月，把草根挖断了，那一线草便枯黄了，一线草是黄的，黄成一线，旁边却是青草，这不是向太平军报告军情了吗？"贼酋李秀成登陴遥望，见其上草色，辄知有地道。"李秀成站在南京城上，看你挖地道，待你挖得差不多了，他"薰以毒烟，灌以沸汤"，湘军哪里跑？一炮打下去，黄土全盖下来，嗯，比泥石流还厉害啊，湘军只好一起举行了集体葬礼。挖了大半年，用去炸药十数万近，牺牲工兵两千有余。南京城呢，却是毫发未伤。

　　不是还有李鸿章洋枪洋炮吗？把他调来，哪要这么老鼠子打地洞？不，谁也别来，这功劳必须是我曾九帅的。南京城，不用枪，不用炮，我只有用人，要把这城墙拱倒。曾国荃立军令状，军令状里都是豪言壮语，这话多壮烈啊，多气魄啊，多伟大啊，多英雄啊。嗯，曾国荃便是这么干的，战士死得越多，红旗不染得越红？翎子不染得越鲜艳？反正南京城已是瓮中捉鳖，走不了，用人堆，可以堆倒南京城！没错，曾国荃百败一胜，最后胜利属于了他，几个月后，他放了个大炮仗，那炮仗放得大，整个南京城都摇动了。这事大家都晓得，不说了。

　　要说的是李鸿章。李鸿章何以要抗曾国藩的军令，甚而敢抗圣旨？抗圣旨可能是真的，抗曾国藩却是半真半假。谁打下天京，功劳都是曾国藩的（所有成绩都是领导正确领导的结果嘛），这点没错。但李鸿章打下的和曾国荃打下的，对曾国荃而言，那区别可就大了。现在来看曾国荃的态度，曾国荃心迹没全集可读，要读其心之蛛丝马迹，可看《曾国藩全集》："何必全克而后为美名哉？人又何必占天下第一真美名哉？"战天京，战得特别苦，曾国藩一是心疼老弟（南京久攻不下，其弟肝火旺得不得了），一是顾全大局（其大局观要强些），一是怕皇帝怪罪吧。从此信可推知，曾国荃是坚决反对李鸿章来帮忙的。曾国藩是希望曾国荃打下天京，还是希望李鸿章？我们看到的是《曾国藩全集》苦口婆心规劝其弟，没收入的呢？湘人袁树勋曾见曾国藩删日记，"常见其将家书底稿躬自删改"："弟若一人苦挣苦支，不愿外人来搅局，则飞速复函。余不得弟信，断不轻奏先报。"哥俩双簧，李鸿章洞如观火，他也要来帮着演哒。曾国藩命令是下达给了李鸿章，那是给人看的，给朝廷看的。李鸿章抗命不遵，人见其硬骨，曾国藩见其妩媚。李鸿章乖，真乖。曾国藩后来一直培养李鸿章，将其送上青云，既是看到了李鸿章之才，更看到了李鸿章之乖。

　　曾国荃贪天之功，李鸿章让天之功，贪让之间，功成一人事费百倍。

李鸿章不争曾国荃之功，关系自然好了，自然也等于跟曾国藩搞好了关系，他还获了让功之高誉呢——莫谓官场只有争功夺名是恶生态，让功也是生态恶呢。有诗为证：

> 大炮轰兮轰他娘，他自按兵看秋凉。
>
> 国事人命谁最重，官场关系第一量。
>
> 千亿山河纵打碎，百万袋装喜洋洋。
>
> 谦争进退乘除算，小亏大赚李鸿章。

# 请李鸿章把李鸿章关进法章

李鸿章任两江总督，做过很多报告，春来了作春耕生产的，秋来了作天凉好个秋的，还有教育、财政、审计、科技、卫生、环保、地方志、互联网……在他一亩三分地里的任何事情，任何专业，他都懂。说来也无甚关窍，按我们秘书行话说，不过是制套套。比如说春天作报告，题目叫《天大地大不如春耕大》；比如作低保工作报告，题目叫《天大地大不如群众吃饭事情大》；比如要贯彻上面法治工作精神，题目再套一下，叫《天大地大不如法治大》。李总督好像很博学很深奥，天文地理人事都装脑子里了，其实就那半桶水，满世界晃荡。

以上只是题外话，下面转正题。话说李鸿章贯彻最新精神，专题作了法治工作报告，报告作得特别好（秘书统计了，掌声有九十九次，热烈掌声有八十八次），铿锵有力。其中提出的新口号激动人心，如王子犯法与庶民同罪（口号貌似很旧了，但专家解读说有新内涵）；法治是老百姓的太阳（这却是新提法，旧提法不是太阳，是天）；公正是法治生命线（听起来开心，爽——简报上用词很规范，叫振奋人心）；云云。

不过李总督作的报告，大都是原则性的，不针对具体案件，碰到了个案如何审理？彭玉麟是行伍出身，其时正任安徽巡抚，恰是李鸿章的父母官，不过他虽是李鸿章之父，但李鸿章作报告来，他上不得主席台，得下面就座（当然是前排），那天李鸿章作的法治报告，彭玉麟就在下面听的。

彭玉麟听得蛮认真，报告听完了，李鸿章前脚去了总督府，彭玉麟后脚跟了上去，他带了一件案例，向李鸿章请示来了：假如有浪荡子，把人家老婆连拐带骗给强奸了，如何法治？（设问，或说有民人诱奸民人妇，当如何？），李鸿章刚才报告作得铿锵响，口里自还有余气，便慷慨指示：败坏社会风气，大危人伦教化，没什么可审的，拉出去枪毙（文忠语之法），彭玉麟使劲点了头，拍胸脯保证遵照首长指示。胸脯拍完了，他又问，若是这家伙是干部呢？（使有官吏诱占民人妇，法如何？），李鸿章迟迟疑疑了一下，马上又拍起桌子来：官纪要严于民法，王子犯法没有例外，彭玉麟使劲点头，使劲拍胸脯，向李鸿章保证，坚决按总督指示执法如山。过了一晌，彭玉麟又请示李鸿章，若是官一代官二代到处抢夺良家妇女，那是不是一样办？（今有封疆大吏之子弟，诱占民人妇，于法又如何？），李鸿章目光落在彭玉麟脸上，彭玉麟目光迎着李鸿章目光，目光与目光在总督府里迎面碰撞，碰得溅出了火花，这是什么火花？法治火花。李鸿章火花暗了一下，重又高烧起来，没办法啊，李鸿章被彭玉麟顶在墙壁上了，他只能摆出高级干部激昂姿态了，"文忠愕然，强语之"，带头喊口号：王爹犯法都没例外，天王老子都没意外。

彭玉麟听了这话，转身回去了。将诱占民妇的四大人发往死牢，再发放牢饭，吩咐执法人员，把铡刀磨快，立即要行刑。

原来，彭玉麟接到了一个案子。合肥有位人呼四大人者，这家伙仗着他哥是个官，今日闯进赵家，明日闯进钱家，后日闯进孙李家；见了人家媳妇有姿色，便把人家媳妇给糟蹋了；见了人家待字闺中的乖乖女青春韶华，便以搞团活动之由，由台上骗到床上，"托以太夫人命诱入署，逾月不令归"，玩了个把月，玩腻了，要玩新的了，从此再也不管了……引得天怒人怨。大多数人自然是认定吃哑巴亏，却也有一人气不过，相信天没黑，一路告。"控之县，不理"，"控之府，不理"。他渐渐绝望了，想去一个叫水西门的茶馆酒肆里，喝杯茶喝杯酒，再喝杯农药算了，没想到在这馆子里，恰好碰到了彭玉麟。老彭看到这人情形不对，"公一日，泊舟水西门，遇生茶肆，异其状"，一问，便问出这桩案子来。

四大人姓甚？姓李。哪里人？合肥。为何县里市里皆告不准，问到这里，这人只是哭，哭，哭，哭得没眼泪干了，没眼泪了，便答：四大人，不是别人，他是李大人鸿章亲弟，排行老四，人皆呼四大人的。彭玉麟怔了一晌，喝了茶，转身拍了拍其人肩膀：没事没事，明天你剁斤把肉，打几两酒，等老婆回来，"明日候妇归也"。记得噢，你老婆也是受害者，不准打她，不能嫌弃她呐。

彭玉麟把这事记在心上，恰好次日上午，李鸿章主持开了法治会，他便把这案子，报了李鸿章，李鸿章给了批示。李鸿章给这案子做的批示，是蛮公正的，算得上是有法必依，违法必究，执法必严。彭玉麟所汇报的案子，跟他没甚关系，没甚血缘血脉，没甚经济瓜葛，李鸿章不妨公正执法，以树正气树形象。谁想彭玉麟设的是套子，这案子跟他李鸿章有关系，关系密切，案中主犯是他打断脊梁连着筋的亲弟呢。李鸿章便向彭玉麟转口气了："请以私谊故，稍宽假可乎？"彭玉麟说，这不好吧，您前一分钟说，王子犯法与庶民同罪，王爹犯法更要严惩的，言犹在耳，我俩若徇私枉法，怎么向上向下交代？"顷以言之，但不上闻，斯为私以厚耳。"李鸿章眼泪出来了："然则以家法处之，何如？"彭玉麟倒点了头；李鸿章得寸进尺："请稍缓其死，可乎？"彭玉麟却坚决不松口，其他什么都可以，这个不可以："他唯命，是则不敢"。

李鸿章作了法治笼子，说来全是套别人脑壳的，彭玉麟呢，把李鸿章请到笼子前，把李鸿章给套进去了。

人谓这是彭玉麟之智，说来这智不是太高，这般套子谁都编织得来，彭玉麟当巡抚，官大，书底子并不厚，套文凭，不过中专毕业，哪比官员拿出来的文凭，不是硕士，便是博士。若比智，彭玉麟要输人。彭玉麟能编织套子，将高官子弟圈进法治笼子来，其他官人为何不行？不是智输人，而是胆输给了彭玉麟。李鸿章官比彭玉麟大，官大一级压死人，李鸿章更是彭玉麟直接领导呢，不怕官只怕管哒，彭玉麟却是官也不怕，管也不怕，他所怕的是，是法律。不过说起胆大，官员也不输彭玉麟，官有多大胆，钱有多大贪，官员怕什么？什么都不怕，法不怕，律不怕，天不怕，地不怕，推土机把活人活生生推死，没见他怕过。官员胆子奇大，那官员何以又不能如彭玉麟，把官老爹老婆老弟与官二代以及官家七大姑八大姨，凡跟官员稍有关系而胡作非为者，捉拿归案？说到底啊，根在没得一颗民本心，没得公平心，没得正义心，他们有智有胆，单是缺德，单是没了良心。这案子受害人跟彭玉麟是甚关系？叔侄？不是；舅甥，不是；老乡？不是；情人之兄弟？不是；送了钱给他？不是。这人只是老百姓，只是受辱者受损害者，彭玉麟要为百姓伸张正义，他想让法治的阳光普照到每一位老百姓身上。

彭玉麟是湖南衡阳人，曾国藩所属湘军之下一员大将，朝廷给他谥号"刚直"，后人呼他彭刚直。朝廷给谥号，多半是乱搞十三（湘方言：没规矩）的，既无文又不端，却谥号文端的，太多了。秦桧都谥号"忠献"呢（天下第一忠臣，政绩贡献第一号）。不过彭玉麟谥号刚直，却对了一回，他当官还真是既刚正又正直的，"衡阳彭刚直玉麟巡阅长江，墨吏奸民望风震栗"。他最见不得官吏与其家人欺凌弱势群体，欺凌穷苦百姓，他任职地方与京官，都有很多类似智勇斩李鸿章之弟的故事。除敢为百姓伸张外，"不爱财，不好色，不计家室。口不言攻伐，心不恋官爵，衣服玩好，一无所爱"。他曾对人说："人生无留后累，予若今日事败，今日即可赴死，毫无牵挂也。"几近完人。

人或问，彭玉麟如此设圈套，将大领导李鸿章都敢给套进去，他在官场还混得下去？许是混得不好吧，更可能，他本来就不想混官场，"心不恋官爵"。彭玉麟后来六七次打辞职报告，不想当官（有人谓：彭玉麟拼命辞官，李鸿章拼命做官），终归辞了，"以寒士始以寒士终"。最后职业是画家，专画梅花去了。

# 李鸿章招婿张佩纶

李鸿章招婿张佩纶的版本多矣。

一说是：李鸿章有天偶患小恙，张佩纶入得中堂大人卧室，探望首长，恰好李鸿章女公子也在侍侧，李鸿章很讲礼性，叫其女公子喊"叔叔好"，女公子喊了一声，即归内室。李鸿章话题转到其女身上，说其女才气了得，有诗人气质，说罢，从其枕头下面拿出一本诗集给张佩纶："此弱息手笔，雕虫小技，贻笑方家，君惠教之幸甚。"张佩纶展卷而读，忽然之间涕泗滂沱，哭得一塌糊涂，原来是其中有一诗曰："基隆南望泪潸潸，闻道元戎匹马还，一战岂容轻大计，四边从此失天关，焚车我自宽房琯，乘障伊谁任狄山。宵旰甘泉尤犹望捷，群公何以慰龙颜。"此诗说到了张佩纶伤心处，张氏甚是引为知己。谈来谈去，李鸿章与张佩纶谈得入港，李鸿章叹息一声："小妮子质尚不钝，惜蹉跎至今，镜台未下，君留心代为物色何如？"李鸿章的意思是，叫张佩纶给他女儿做个媒，有合适者就推荐给他做女婿。没想到张佩纶毛遂自荐，自己推荐自己，说自己是最适合者，待李鸿章话音一落，张佩纶一脚委地，跪了下去：让你当我的岳父，让我当你的女婿吧。李鸿章惊愕了一大晌，窘迫不堪，犹豫片刻，说要得要得："大佳大佳，君出速以媒来。"

另有一说与上面所说，主要情节差不多，只是细节有出入。李鸿章那天得了轻感冒，睡在床上，忽有一事想与张佩纶商量，即招张氏入内室。事情商量完了，两人就在那里扯白话，有句没句地搭了一会儿，张氏忽然看到案头上有一卷诗集，以为是领导新出大作，即捧手而读，读到了"基隆南望"那首诗。读完这诗，张佩纶眼泪鼻涕成双流，忙问是何人所作，李鸿章说是其女公子闲时没事，心有余力即吟诗。话题就转到李鸿章的女儿身上，李鸿章的女儿是李鸿章的一块心病：皇帝女儿愁嫁，他相府里的女儿也愁嫁啊。李鸿章叹了口气说："小女年逾二十，未议婚，君其为我留意择婿。"张佩纶就问：您开个条件吧！"才学地位应如何？"李鸿章说：哎，已经年逾二十了，还讲什么条件？跟你一样就要得。"似君足矣！"一听这话，张佩纶扑通一声跪下去：别说似我，就说是我吧！"门生方丧偶，而女公子又文字知己，敢以婿请！"李鸿章本来是随口说的一句话，却被张佩纶顺着杆子往上爬，一瞬间，堂堂中堂也窘迫万端，不知如何是好，"计无所出"，张佩纶却是长跪不起。尴尬之中，李鸿章漫声应诺，连说好好好。张佩纶跳将起来，一出相府，就向普天下声张："相公婿我矣。"

这两版本的背景是：张佩纶以清流派居晚清士林，学问与才气都是一流的，且因"遇事敢言"而"扶摇直上"，在晚清中央政府里，当了智囊团顾问团一类角色。光绪十年（1884年），法国舰队进犯疆域，清政府是战是和，举棋难定。张佩纶属清流派，力主抗法，朝廷于是派其以钦差大臣身份前往福建指挥作战，是年六月，法军首攻基隆，未曾得逞；转攻福建马尾，福建水师开始没做开战打算，命令各舰"不准先行开炮，违者虽胜也斩"。没想到法舰发动突然袭击。福建水师舰只未及起锚，就被法舰第一排炮弹击沉两艘，重创多艘，张佩纶竟吓得神慌意乱，晕倒在地，由随从扶起逃命。张佩纶"马江一役，开炮先溃，身败名裂，为世唾骂"。所以清政府也就撤了他的所有职务，让其赋闲。李鸿章觉得张氏文笔好，就把他招至幕府，奉为西席，当幕客以养。张佩纶一介文人，当当愤青，当当愤老，自是其本行，让其带兵打仗，哪儿行呢？但在李鸿章女公子看来，张佩纶怎么着也是爱国，岂能以一次失败而论英雄？所以就写了那首"基隆南望"的七律替张氏抱不平，张氏读了这诗当然就引为红颜知己，委屈与感激的眼泪自然而然夺眶而出，让未入牢狱却戴罪在身的他"眼泪止不住地流，止不住地往下流"了。

与上述两个版本都不太相同的是：那年，清政府开考了一次公务员考试，李鸿章任考试领导小组组长，张佩纶报名参加了考试，考得特别好，李鸿章把他给录取了。张佩纶在考前没去李府意思意思，张榜公布后，他觉得不去意思意思也就显得他太没意思，所以，"张谒师至李宅"，李鸿章对他夸个不尽，"文忠喜其才华，酬奖极至曰'汝才气与我女同'"。李鸿章这话刚一落腔，张佩纶应声跪了下去，岳老子岳老子地连连喊。一个书生能够攀上相府中堂，不但户口可以留京，而且高升几率接近百分百，这不让张佩纶跪下吗？"张即伏拜称婿，谢不已"，李鸿章呢，"李迫于势，无能辞，因纳取焉"。

不论哪一版本，都是张佩纶跪着求爱，而且都不是跪着向女方求爱，都是跪着向岳父老子求爱，张氏这一求爱模式为时人诟病。而且，李鸿章女公子其时虽然不是豆蔻梢头，也只是二十出头，不满三十，张佩纶呢，已是梅开二度，两鬓发白。他先娶的妻子也是名门闺秀，因为张佩纶走麦城，落魄不起，她就郁郁先亡。张佩纶再做李鸿章佳婿，其实不关道德清议的，然则老牛吃嫩草，时人对这对老少配，讽刺多于祝福，其中有二联尤其刻薄，其一云："篑斋学书未学战，战败逍遥走洞房。"单讽张佩纶不会与敌人开战，只会与女人开战，其二呢，则把李鸿章与张佩纶翁婿俩一并给嘲笑了："养老女，嫁幼樵（张佩纶字幼樵），李鸿章未分老幼；辞西席，就东床，张佩纶不是东西。"

# 杀个县官升个官

同治元年（1862年）七月，上海发生了一件本可发号外的新闻，如今没甚声响了，虽不能说了无痕迹，却也难见细节。

这事确乎算大的，李鸿章组建淮军，进驻上海滩，其手下干将刘铭传驻守奉贤县。按李鸿章说法是，淮军兵勇野气未除，何止兵勇野气未除，军官如刘铭传也是不曾雅驯。铭字营在驻军之地偷鸡吃，打狗吃，闹得鸡飞狗叫，这不是新闻。最大新闻是，刘铭传手下士兵，闹事闹到奉贤县衙，没吵上几句，嘭，一声枪响，该县县长杨某应声倒下，再也不能起来。杨某？某字怎生书？到底是个县令嘛，名字都没一个？嗯哪，您找万能的百度，看你能不能百度出其大名。莫说百度，千度万度，也实难度出其名谁。

大兵枪杀了大县令，这新闻不算大？在大清政治生活里，这事当然算不上盛事，却应该算大事。可是这般大事，连主角之大名，也让后人索解不了了——这也是自然的事，新闻事件越大，新闻信息量或越小。可怪也软？不可怪，小新闻如明星如厕，新闻全息报道，大新闻如县令被枪杀，县令之大名都云山雾罩。新闻多半都是这样处置的哪，这有甚看讶异的呢，这或叫大清新闻定律吧。

这新闻细节真难核实的了，我们只能听李鸿章说了。大致情形是这样的：刘铭传部不晓得从哪弄来一船军粮，噗噗噗，屁屁屁，行驶黄浦江上。奉贤县民兵见了，打声哦嗬，汹涌而上，打劫了。劫走了军粮否？李鸿章没说；李鸿章没说的，还有这军粮到底从何而来；李鸿章也没说，民兵凭什么敢抢正规部队，他只说："近因奉贤县民勇劫夺刘营军船米粮，并驱逐病勇，杀伤抬夫。"刘部士兵气不过，去找该县杨县长理论理论，而杨县长置之不理，士兵们被激怒了，"遂联合革勇游勇十数人，闯入官寓"，杨县长包庇，怒气冲冲走出衙门，"迎出弹压"，士兵火气，"面中洋枪子伤，旋即殒命"。这新闻中，李鸿章算不上主事人，也该算当事人，刘铭传是他部下嘛，事情归他来叙述，真实度怕是要打很大折扣的。好吧，我们相信他吧。

这新闻现在到底还留有一些影子，缘自被杀者是朝廷命官，官不大，是七品，七品也是县令，算是地方土皇帝呐。若是引车贩浆者流，朝野定然不震惊，也就湮没无闻了。被杀人是县长哪，政治影响大了去了，不作处理不好向社会交差。李鸿章事后向曾国藩拿出了处理方案："现将凶手拿获，交苏州府李守严讯，并委刘松岩廉访往奉查办，将来自须分别正法，参办数人。"派刘松岩廉访去查办？谁派的？李鸿章派的。自己人犯案，派自己分管的纪检监察去查办。嗯，有姿态。

李鸿章将案情报曾国藩这里，老曾吃了一惊，他接材料后十天（这么久才给意见，想必经了几次讨论吧），回复了："刘营勇夫伤毙杨令一案，关系甚重，务须认真查办，宜杀一弁目或杀数勇，乃足伸法，断不可敷衍了事。"曾司令调子定得高高的，措辞下得重重的。曾司令还特别提出一件旧事，当年其部下有叫李元度者，"丙辰三月烧杀辰州勇二百余人，次青（李元度）不究，又庇护之，鄙人深恨之矣"。湘军与淮军，一而再再而三，滥杀无辜，这股歪风不整顿，何日是个头？曾国藩对这事，想出重拳，便有这般考量。

李鸿章说要割几个人头来正风纪，曾国藩也说要枪毙一个头目来祭国法，两人不是想到一块去了？曾李两人对这事，处置落差是蛮大的。大在如何处理负责人上。曾国藩的意思是，这事要上责一级，要给刘铭传作个处分，出了这么大命案，分管领导不负责任，处理几个毛头了事？曾国藩在给李鸿章回复里，直截了当点了名："阁下设身处地，俨若代为杨令之尸亲而以铭传为仇，则足以服各官绅，而淮勇亦知畏惧，渐成证果矣。"杨县长遗属什么心情，你李鸿章给想一想吧；不处理刘铭传，人家家属不答应，天下官人也封口不住哪；不给淮军一个颜色看看，淮军能畏法吗？要把这支部队带出来，非得严肃军纪不可。淮军军纪确乎是很滥的，郭嵩焘曾指称，"李公所部皆淮人，负气凌上，一语不得，怒哮相睟"。此处措辞"怒哮"，嚣张之态蛮恐怖啊，可见其军纪素来败坏。

曾国藩这么回函，乃是见了李鸿章之处理意见，其精神是弃卒保官。李鸿章是老刀笔吏了，很会做文章的，他在给曾国藩的汇报里，预先给刘铭传曲为回护，谓刘部士兵乱杀杨县长时节，"刘铭传在张堰营内，尚不知也"。不过，李鸿章蛮会做官，把这责任往自己身上揽，"然约束不周，致出重案，鸿章亦自愧悚"，愧吗？怕吗？与其说李鸿章愧悚，莫如说是在摆姿态；姿态都摆得不蛮诚，其紧接着，便是撒娇了，"潘、刘肃清浦东，骄气未除，借此警戒，益见带勇之难"。浦东这地儿的匪患是谁肃清的？是刘铭传嘛，功大大的。哎呀，骄气难除，带兵很难哪——您体谅体谅。

杨令被杀一案，社会反响如何？估计不大，大清邸报压下没报，舆论未能参与进来。对这事处理，只在大清内部讨价还价，甚而只在曾李两人间称衡。李鸿章着眼护犊，意在笼络部将，打造听命于他的李家军（部下犯错误，在领导大造恩情好机会），接到曾国藩指示，他再次替刘铭传说情，"刘铭传虽近粗鲁，尚知大义，不谓遭此难白之冤"。

亏了李鸿章措辞。刘铭传部杀了朝廷命官，要对其处理，在李鸿章眼里，居然是"难白之冤"，领导这般认识，挺让人骇怪的。"吾非不杀伯仁，伯仁由我而死。"奉贤杨县长被杀，凶手固非刘铭传，却是刘铭传部下，其军纪之责，该归谁担？李鸿章其论说来也不奇怪，下面干出成绩来，都是领导正确领导的结果；下面捅出娄子来，都是下面自个乱搞的结果——这逻辑不始自李鸿章，也没终于李鸿章。

李鸿章向朝廷汇报，自然不敢如此表态，声称严肃处理，不敢稍有姑息。此非李鸿章真实心态，他对曾国藩便不打诳语了，"只有奏请薄惩"，如何薄？如何惩？"暂行革职，留营剿贼，以观后效"。单开不双开，开除职务，不开除公职。处理重吧？屁，不过是虚晃一枪，让他暂时避一避清议风头——你道是处分？那是保护。

有种处分叫作保护，曾国藩也是此中人，他也蛮懂的。别说县令是大清体制人，这般潜规则下，他也只能做牺牲品。杨县令"入土为安"，事后不久，刘铭传不仅官复原职，更带病提拔，升了。

## ▍家仇变国恨

晚清两位重量级人物李鸿章与翁同龢结成梁子，起始于李鸿章曾以文字"杀"过翁氏家人。翁家上溯三代是农民，但从他爹翁心存开始，到翁同龢走上政治舞台，翁家就开始当宰相，当帝王师，子孙个个了得。翁同龢不用说了，其长兄翁同书，也高至巡抚。所谓是"两朝宰相，再世帝师，三子公卿，四世翰院"。翁氏与李鸿章结怨，正是因为其兄翁同书。

　　翁同书在安徽巡抚任上，奉命剿杀捻军，因为不能妥善处置境内叛将苗沛霖，搞得整个形势十分难堪。在另一条战线上英勇杀敌的曾国藩说"攘外必先安内"，他也想"搞倒一个算一个"，于是打算打小报告了。可是投鼠忌器，偌大一个权力家族，若扳不倒，岂不自伤其身？他磨砚搦笔，搔首弄姿，良久都不能下语。在曾府当秘书的李鸿章见状，连忙接过笔头："臣职分所在。例应纠参，不敢因翁同书之门第鼎盛，瞻顾迁就。"别小看这几个字，可以说是暗含机锋，绵里藏针，所谓"例应纠参"，是说搞倒翁同书，是你皇上分派给我的工作，不搞，那是我的失职。所谓"不敢因翁同书门第鼎盛，瞻顾迁就"，那就是说，皇上你会不会因其门第鼎盛而瞻顾迁就呢？如此下笔，曾国藩特别激赏，也因此报到皇上那里，皇上觉得不办不行，于是立刻立案，经众大臣组成的"合议庭"审判，一审被判处"死刑"，后来因翁上诉到"最高院"皇上那里，皇上"念旧"，讲点"老感情"，改判为流放新疆。

　　官场里，有一个"搞路子"之说。就是说，如果你在官场，他也在官场，那么，不管你是什么原因，你出于什么动机，只要你去参劾他、只要你去检举他，那一定是你带着政治斗争的丑陋心思去搞人家的路子。比如，某官告倒了某贪官，大家首先问的不是贪官之贪了多少银子，而是他与人结下了什么梁子。翁家看到曾李"例应纠参"，首先想到的，不是翁家有没有做对不起人民、对不起国家的事，而是他俩在搞我路子。因此，翁李从此开始了到死也没罢休的互相倾轧。或许有人会问，虽然翁家倒了一个翁同书，但瘦死的骆驼比马大，家族权力仍可盖帽，为什么又让李鸿章爬上来呢？当时李鸿章不过是个"小秘书"啊。这里也是十分复杂的，李鸿章有曾国藩这棵大树遮凉，苗壮成长了，后来组织淮军，也功劳大大的，难压；更重要的是皇上也不压，皇上素来的御臣术是斗鸡术，他让两只鸡相斗，他便于观瞻，更便于掌控。

　　翁李两人，几乎是无时无刻不在你咬我一把，我捅你一把，上面手握手，下面脚踢脚。一般的小事且不提，单说一件大事。李鸿章组建北洋水军，这是大清命运之所系，军强则国安，军弱则国危，这是一条验了数千年颠扑不灭至今依然无比正确的铁律。但养军可不是闹着玩的事，是特别烧钱的。李鸿章时为水军司令，翁同龢则主管"户部"。兵马未动，粮草先行，军马需要钱做马，可是，翁同龢则一味卡李鸿章的脖子，李鸿章多次打报告向"财政部"要钱，而翁同龢则每次都说没钱，致使北洋水军从光绪十四年（1888年）以后，没再买过一艘军舰。"丁汝昌及其将领屡求添购新式快船"，而"近年部议停购船械"，光绪十七年（1891年），离甲午海战只有三年了，"海军战斗力远逊日本，添船换炮不容稍缓"，海军再次打要钱的报告，但翁同龢批示："饷力极绌，仍遵旨照议暂停。"次年，李鸿章亲自"打报告"，提出向德国购买克虏伯厂生产的大开花弹，翁同龢则称这是无用浪费，一把把报告退了回去，等到正式开战，被誉为北洋铁堡的定远与镇远两船，前者只有炮弹一枚，后者只有两发。自然，水军里的腐败也是罪不可赦，水军经费再紧张，也不至于只有三颗炮，很多钱被他们拿出买烟土买小妾去了。他们是这么想的，再给我批点钱，我就再给办点事，从中割一块蛋糕自己玩；不批钱，我就什么事情都不办，也要从原来的那块割点自己玩，天塌下来，关我甚事。

有人说，这主要是因为慈禧挪用海军军费搞六十大寿庆典去了，这当然也是事实，领导要钱，首先保证领导，这是搞财政工作的干部常常遵守的"第一原则"。但国家可以花千万给领导办喜酒，却无一万十万买一炮吗？"翁文恭以帝师而兼枢密，预闻军国，实隐操大权……光初朝局，系翁一言。"既然翁同龢一言九鼎，一言可以兴邦，一言可以丧邦，那么，即使慈禧太后要用军费做"喜酒"，翁氏为什么不进一言？不进言也罢，不可从其他渠道解决一点？翁氏可以给其他人钱，但就是不给李鸿章。山河破，社稷碎，黎民悲，源自翁李两家族的个怨私恨，国家与国民何辜？

一方面，翁同龢不给钱，另一方面，他又死力主张开战。李鸿章是主和派，他知道其水军有几斤几两，所以坚决主张求和；而翁同龢呢，则以保家卫国的爱国主义大旗子为号，非要主战，"甲午之战，由翁同龢一人主之"。在翁氏心里，水军一败，就是李鸿章之败，就是彻底把李鸿章搞垮的天赐良机。他的理由又是多么堂皇，我爱国，你呢？你不打，就是卖国。翁氏的这一招比曹操还狠，曹操挟天子以令诸侯，人多有不服者，而翁氏挟国家以令诸侯，理由更正当，谁敢调皮？莫说李鸿章，就是慈禧太后，也忌惮得很。这里，翁氏的爱国不是愤青式爱国，愤青爱国，心地单纯，"无私"愤怒；而翁氏这种爱国，是政客式爱国，他心里的小九九是，借此机会，把其政敌搞垮，而且搞臭。

翁氏与李氏都有着超能量，因为他们所挟持的不是用一根棍子、一块泥巴去打，而是用一个国家、一个民族去打人的。用棍子、泥巴去打人，不过是棍子折断，不过是泥巴碰碎；而用国家、用民族呢，常常是国家破坏了民族遭殃了。压垮清朝，不单是某一根稻草。翁李之斗，却是其中一根稻草。把李鸿章搞得狼狈不堪，国家也更难收场了。但，百足之虫，死而不僵，清朝还没完，翁李之间的折腾也依然没完。吴永的《庚子西狩》记载有一事，说甲午海战后，李鸿章四面楚歌，成为众矢之的，但因为有慈禧保着，倒也虎半死而威未全去，虽然被摘掉了直隶总督一职，但仍然占据着大学士的头衔，也就是军职没了，行政职别还在。翁氏想一并给夺去，翁氏一直有块心病，他虽然为帝王师，但没有当过"首相"。如果使李鸿章把位置腾了出来，那么，他就可以过足好官瘾，所以，他多方使劲，想叫李鸿章引咎辞职，李鸿章呢，偏要尸位素餐："要我乞休开缺，为翁叔平作成一个协办大学士，我偏不告退，教他想死！我老师的《挺经》，正用得着。"这里的"我老师"，就是曾国藩。李鸿章不辞职，目的是什么？是为大清？是为慈禧？是为中华民族的伟大复兴？都不是，一半是因为权力还在手，可把令来行，一半呢，就是为了与翁同龢"继续战斗"到底。

　　他们俩是大清未死，战斗不止。李鸿章一直"总理各国事务衙门"，专司对外交涉。甲午战败，还是得通过外交来收拾残局。弱国哪里有外交？既已是斗败了的公鸡，那清朝就只有任人宰割的份了。日本漫天要价，要清政府割地，李鸿章知道日本那狼子之心，除了割地，几无他法，所以主张"割地求和"。既然这是李鸿章的意见，那我翁同龢就不能同意。割地求和，或者是再次开战，如果都站在真正爱国的起点上，那只是"主义之争"，谈不上谁对谁错，求和虽非长久之计，倒也可以"以空间换得时间"。求战打赢了，自然是好事，但若是再输，那地要丢许多了，民也要亡许多，谁好谁孬，谁可行谁不可行，都可以"争议"，都可以"权衡"。而翁李之争，是什么呢？你说要上山，他偏说要下水，你说要下水，他偏说要上山。李鸿章说，既然如此，那么请您翁老人家去日本谈判吧。翁氏就以"未曾办过洋务"，得请"洋务专家"亲自出马为由，把李鸿章置于火山刀口，他站在干地，享受清凉。李鸿章当然也不是一只什么好鸟，而且也不是吃素长大的，他也常常到慈禧太后那里去告翁同龢的阴状，翁同龢说要改革，李鸿章说，老祖宗法度改不得。于是也就形成了清朝的"两党制"：一个"后党"，当主席的是慈禧，副手是李鸿章；一个是"帝党"，当主席的是光绪，副主席是翁同龢。两人斗了军事，再斗内政，然后斗到外交：你翁同龢站在干地看把戏，那我也让你来火海里来玩一玩，李鸿章经过运作，果然把翁同龢弄到"总理各国事务衙门"任上来了，什么感觉呢？"日伍犬羊，殆非人境。"天天跟不讲理的畜生打交道，实在不是人呆的地方！

　　以国家做棍子，以社稷做棍子，以民众"生命财产安全"作为政敌间的倾轧工具，并非翁李两人始，也绝非翁李两人终。翁同书占据了财政位置，那么李鸿章的军事部门就莫想出气，以人而废一项事业，何止相闻于翁与李？我的政敌搞教育，那么教育休想发展；我的政敌主管科技，那么科技就别想进步；我的政敌在政法战线，那么政法如果要想获得恰当的地位，且等那家伙下台再说。这也叫做城门失火，池鱼遭殃，一人招致领导的恨，其下面的人、其领导的一方土地与一门事业也跟着倒霉……这事情多普遍啊，只是如翁李之斗，实是两个稀货，国防事业，国家安危，也能够如此么？

不该如此，而竟如此，可知，这官场里的官人是什么东西了！这里也可以套得上"好制度可以把人变好，坏制度可以把人变坏"这句话的。官场是有个"官对子"铁则的，只要是个官，那么他就对应着占有公共资源，财政部门管钱，人事部门管人，两部门之一把手相好，则我帮你弄钱，你帮我进人，如果交恶呢？则你卡我部门的人，我卡你部门的钱。这就是说，如果两人是"对联"，人好事业也会好，你帮衬我，我帮衬你，你帮我部门，我帮你部门；如果两人是对头，那就我孬你也得孬，你坏我的事业，我也坏你的事业，政敌间的私恩私怨，常常演绎为公共事件，原由就在这里。

前面已经说过，官场有个"搞路子"铁则，单有这个铁则，还是解读不了官场文化的，得与"官对子"铁则对照着读，才能略入堂奥，才是完整的官场文化。"搞路子"铁则与"官对子"铁则互为因果，互为巴掌。翁李互相搞对方的路子，都是运用"官对子"规则的，也就是说，都是运用公共利益做棍子的。于是，一个人的私仇于是被无限放大为公恨，官小一点的，放大为部门与地方之恨，官大如翁李，则成为民族与国家之恨。他们是没有什么怕的，倒是越斗越起劲，所谓是与人斗，其乐无穷；遭罪的呢，用鲜血用脑壳来替其买单的呢？则全是百姓了。

# █ 官服吓死洋鬼子

这阵子装鳖，憋死人了。先是规定要着汉服，展现汉官威仪；再是规定要穿唐装，复兴大唐盛世；后是要开一级会议，务须西装革履，还要求一根索子吊颈也似，要在细脖子处，死死地紧箍一条领带。憋死个人哪。今天便弄个笑谈耍耍，松一松神经。

说的是刘焜亲见亲闻亲历的一则事。我们先以为口述史是如今才创造的文体，其实不是。西太后仓皇辞庙，狼狈西逃，沐猴卸冠，全无官仪，如丧家犬而至河北怀柔县，遇到县长吴永，才吃一顿饱饭。后来吴永口述，刘焜记录，著了一部口述史之《庚子西狩丛谈》。不过下面这事，虽出该书卷四下，却非吴永口述，乃是刘焜的"三亲"材料，故其开篇即申明："予生平未见文忠，然无意中却有一面，至今印象尤在脑际。"印象印脑际云云，正是回忆录文章的标准开笔。

说的是有回刘焜过同文馆，"闻人声嚣嚣，从窗际窥之"，看到好几个洋鬼子在那里耍横，"座中有三洋人，华官六七八辈"，二比一还有剩嘛，打架也打得赢哒，却只有洋鬼子的搞场，在那大吼大叫，"首坐一洋人，方滔滔汩汩，大放厥词"，吓得中华官员如毛毛虫蜷起，"华官危坐祇听，面面相觑"，听得难堪处，想辩几句，洋鬼子气来势来，"末座洋人复蹶然起立，词语稍简，而神气尤悍厉，频频以手擒拿，如欲推翻几案者"。看到洋鬼子发火了，华官"支吾许久，始由首座答一语，声细如蝇，殆不可闻"。中华外交，殆不可闻。

吴永见到这场面，他说他肺都气炸了，"血管几欲沸裂"。后来某王爷到，也没扭转这局面，"旋闻足音杂沓，王爷服团龙褂，随从官弁十数，皆行装冠带"。王爷"昂然而入"这间谈判厅，"华官皆肃立致敬"，这个不用说。洋人却不管这一套，"王爷尚没落座，即已厉声向之聒噪"。后来谁扭转这局面？李鸿章。"既而中堂果入门，左右者只两人，入厅才数步，即止不前"，却把洋人给镇住了，"此时三洋人之态度，不知何故，立时收敛"。

李鸿章曾向曾国藩请教如何搞外交，曾国藩反问他，你准备怎么搞，李鸿章答曰要跟洋人打痞子腔。李大人如何打痞子腔？在吴永所见这回，没见李鸿章打痞子腔，却见他在玩痞子装。入这般外交谈判之庄严场合，当以庄严服装才对，李鸿章却反之。脱，脱，脱，李鸿章一到谈判厅，便开始脱衣服，"两从人为其卸珠送扣，逐件解脱"，脱了蟒袍，再脱了长袍，再脱了毛线衣，再脱了运动衫，再脱脱脱，脱到最后，只剩下几根纱的短裤背心。然后再穿，穿，穿，把衣服重新穿上，"似从里面换一衷衣，又从容逐件穿上"。

李鸿章在走T型台，做男模，走时装秀？那些洋鬼子却给镇住了，"而三洋人仰面注视，如聆训示，竟尔不赞一词，喧主夺宾，顿时气势为之一变"。这场外交，便胜利了。

据说大领导是有气场的，这次外交胜利，是源自李鸿章的气场？若非气场故，莫不是李鸿章痞子故？李鸿章在会议室里无所顾忌地脱衣，真是一副黑社会老大派头，莫不是这派头吓住了洋鬼子？刘焜解读，既非大领导有气场，亦非黑老大有气势，而是咱们老大帝国制作了一个神话，那身五千年官人皮毛吓死了洋鬼子。刘焜亲见外，还亲闻了："吾友因为言：'中堂一到即更衣，我已见过两次，或者是外交一种作用，亦未可知。'"

清官一身蟒袍摇摆过来，唬得明月落沟渠，这个可以相信；城管穿了一身制服招摇过来，吓得街上鸡飞狗跳，这个可以相信；一身汉服，一身唐装，却把洋鬼子吓得含屁噤声，这个也可以相信？

刘焜所言，难信；刘焜之"吾友"所言，也难信；洋人也这么说呢？你相不相信？

有英国人名普兰德的，"曾充上海工部局书记官，后至北京为银公司代表"，著有《江湖浪游》。其中说洋人到中国，天不怕地不怕，只怕官人那身制服："五十年来，我西洋各国，因与中国通商，耗费许多兵饷，损失无数将士，每战辄胜。"可是，可是，可是呢，"及战胜之后，一与交涉，无不一败涂地"。原因是甚？"是岂中国官员之才智胜我欧人耶？"不，普兰德说中国官人智力，"大概即使为我欧人看家门丁，恐亦不能胜任"。"抑其品行胜我欧人耶？"更不，"论人品行，亦大半穿窬之不如"。而每到了谈判桌上，那些无才无德无品之人物，却"何我欧罗巴之钦使领事遇之便觳觫畏惧，若不能自主，步步退让，莫之奈何"？

普兰德自述，对这现象研究了很久很久，"余于此事每以为怪，研究多年"，最后研究出了一个阶段性成果，结论乃是大清官员制服，吓着了洋鬼子："盖中国官之能使我西人一见而觳觫恐惧者，无他谬巧，乃其所服之黼黻为之厉也。"普兰德这文章之标题，就叫《黼黻之厉》。普兰德说除想洋人军事完胜中国后，要在外交等一切方面全胜中国，那就要与中国签订一部条约："以后凡外务部及各省与我交涉之大小官员，不准挂朝珠穿黼黻，逼令改用窄袖短衣、耸领高帽，如我欧制。如此，黼黻即不能为厉于我，则我西人交涉庶不致于失败矣。"普兰德说如签订了这条约，将庚子赔款全退还也无妨，"中国果能遵此新约，我西人即将庚子赔款全数退还中国，犹觉尚操胜算也"。

普兰德所谓"逼令改用窄袖短衣、耸领高帽"，这倒是实现了，没谁逼签约，都如他欧制，都西装革履了；国事庄严场地，纵大人，中山装不穿，都穿西装了，故此，西人不用"耗费许多兵饷"，无须"损失无数将士"，便搞外交，"则我西人交涉庶不致于失败矣"——不用枪炮打开中国大门，只用西装西化中国大人——原来这般和平演变理论，非后来之西方政客搞的，普兰德就先立了论。

当年大清穿了一身蟒袍鹤服，便大胜洋鬼子于朝廷了？签《南京条约》，签《北京条约》，签《辛丑条约》……大清官员都没挂朝珠穿黼黻了？都穿着窄袖短衣、耸领高帽而签的？最先引述普兰德这文章的，是大清最后的长袍马褂者辜鸿铭。呵呵，是辜鸿铭啊。

辜公要恢复唐装汉服，能从儒经找典故支撑，那是高兴的；若更从洋人那里，得到理论支持，更其欣喜为何如？纵辜鸿铭吧，他引述普兰德，也看穿了其心底的，"所载皆琐屑，专用讥词揶揄我华人"。晓得这是幽默之讥，不可当幽深理论，后人却当真了，以为穿汉服着唐装，便可以阻世界强敌于大门之外。有这回事吗？此事若司马光来撰，定然不入《资治通鉴》；若让冯梦龙来撰，冯哥才欣然写进《古今笑史》。

## ▎赢他一个出国相

国人到洋国那里出洋相，实在不是什么事情的。乡里妹子进城来，城里伢子笑她打赤脚；汉家高祖下乡去，庄稼老汉笑他乔人物。有甚胡突处？不过是各有各所知、各有各不知的习俗罢了。

然则出洋相了，事关国体了，那是了不得的大事了。林公则徐到洋人府去做客，六月酷暑，热浪翻滚，人家洋人讲客气，递过一根冰激凌，替林大人防暑降温。林公接过，见白气蒸腾，以为热气，噘嘴吹啊吹，不敢下嘴。初见洋玩意，本来是可以问吃法的，老祖宗教导过，人非生而知之者，问则知之了嘛。然则，问不得也，天朝大国人，向洋人请教，那国格何在？圣人说不耻下问，其实这话多半要正面说话得反面听，真实情况是，下问者耻，耻下问者光荣，硬撑着不问才是圣贤。林公生了嘴巴，本来是多用途的，可以问，可以吹，而林公就是不问，只是吹，林公就这么吹啊吹，直到把冰激凌吹成了一汪水，还见冰激凌冒热气。

林公出了一回洋相，林公要大长国人志气，大灭洋人威风，林公就以牙还牙，以宴还宴，林公设了一个饭局，请洋人来做客。首席上了红薯泥，红薯泥滚烫滚烫，既不冒热气，也不冒冷气，洋人见了，狼吞虎咽，大快朵颐，大口大口往嘴里塞，烫得洋人一个个龇牙咧嘴，鬼哭狼嚎。林公大笑，国人大笑。

国人不懂洋玩意而丢丑弄怪，谓为出洋相；那洋人被咱们以国粹设上一局而弄怪丢丑，叫啥呢？姑且叫出国相吧。

林公未曾出过国，洋相出得少，而且出在国内。李鸿章出国多，出洋相也多，出到国外去了。李大人公费旅游考察，到了美国，人家递来一张名片，名片有点大，大概手掌宽，李大人气不过，怒曰："此欺我也。"叫属下制了一张大的，多大呢？近一米宽，近两米长，下次再见面，叫两人抬着名片给美国鬼子，把美国给盖帽了，尽显了泱泱大国大气度、大气派。

李大人到得法国，法国人也讲客气，自吸一支雪茄，敬李中堂一支。李大人学样，一样叼烟，一样打火，一样吧唧吧唧。不一样的是，法国人吸雪茄，烟气成圈，从嘴里冒泡，升空缭绕，李中堂却是喉咙咕噜噜，咔咔响，就是不冒烟。原来李中堂有一技术没学到，吧吸雪茄烟，得将烟剥一层纸，将烟头掐出一小块，然后才点火的。

堂堂天朝大臣，没有啥不懂的，居然这等见识输给了洋鬼子，出了天朝洋相，失了大清国威。李大人别的方面他奈不何人家，这方面有足够智慧能替国人挣面子的。李大人设了一个饭局，回请法国官员，也讲客气，叫随扈替自己上水烟袋，哗啦啦吸得大响；叫随扈敬了法国官员水烟袋。

老实说，雪茄烟的吧吸技术简单得很，远没有国粹水烟袋技术含量高，法国官员学样，深呼，猛吸，一口烟水呛入口，呛入喉，苦辣难忍，眼泪鼻涕一起奔涌。洋人这回输大了。他叫中国官员出了一回小洋相，咱叫他出了一回大国相。李大人搞外交，几乎没有胜利过，这回不但敢于胜利，而且善于胜利了。

有人说，读明朝历史，最让人气愤；我们读大清故事，啥感觉？最让人气馁吧。人家船坚，先前大清说不要怕，咱们一只弓箭把他们的坚船射穿；人家炮利，大清说不要怕，咱们把他们的大炮厌哑。结果好像都不管用，扳指头数，数不出一回胜利来。搞得后来，慈禧太后说，啥都给洋人吧，"量中华之物力，结与国之欢心"。

然则，我们船炮赢不了人家，制度赢不了人家，但大智慧赢不过人家，小智慧从来没输过；枪杆子没赢过人家，嘴巴子从来没输过；你看，洋人叫国人出了小洋相，咱也叫洋人出了大国相，咱们还是有出息的。

# 湘军那些大佬们

# 沈葆桢之死

李国文先生曾考究历代文人之死，专著了一本《中国文人的非正常死亡》，真是有心人。若有谁没事干，没事去多事，用心考究历代官员之死，著一本《官员的非正常死亡》，我疑心更好看。若文人有一百种死亡法，那官员死亡路数肯定上千，文人死路上千，官人肯定死法上万——幸福的活官个个相似，不幸的亡吏，各有各的不同。

沈葆桢之死，不好分类。说他是非正常死亡吧，他是死在自家床箦上，非挨敌人枪炮死，挨子弹死。"文肃故后"，朝廷给他建祠，棺上盖论，也是好论，美其论曰"双忠格天"，此一棺论，到大清自亡，也没翻覆，未曾起棺鞭尸，"双忠格天"的锦旗一直覆盖其身上。但若说他是正常死亡呢，好像也谈不上，他死时瑟瑟发抖，连连怪叫，手爪胡舞，脚丫乱蹬，远非安详，虽然大清要人代表大清政府，怀着沉痛心情劝他，"沈葆桢同志，请您安息吧"，但可能到现在，他还是未曾安息。

沈葆桢死时，情状甚是恐怖。死前几天，大喊大叫，怪呼怪叫，清勇持枪，给他站岗，他也保持不了安定命结的正寝局面。"濒死，辄言见冤鬼索命。"沈葆桢是大清高官，当过江西巡抚、两江总督、总理各国事务大臣，医生下达病危通知了，官吏们也难以判断首长到底是向死还是向生，若在大清发的"尽最大努力抢救"指示下，组织全国各地专家，举全国医疗力量，谁也难说他不会起死回生，那也是很有可能会挽救首长的。沈葆桢再活了过来，马照跑舞照跳，位置照坐惊堂木照拍，那样的话，来探病的，他未必记得（他一直处于昏迷状态），没来看望首长的，他个个晓得（你莫抱侥幸，认为首长昏迷啥都不明白，首长或有特异功能的）。故而，在沈葆桢病重之际的病房里，前来探望的，络绎不绝，个个眼泪里包着人事（典出明朝知府许应逵，许市长是清官，"老爷囊中不着一钱，只好将眼泪包去做人事，送亲友"），来看望沈葆桢，沈葆桢都不晓得是谁（不晓得也好，若病一场，得了巨额财产，自可推为巨额财产来源不明）。

探病者一溜溜一队队，沈葆桢没让他们留下来陪，他们放下物事，流泪抒一下情，都走了。江宁府市长涂宗瀛来看他，沈葆桢却拉住他不放，不让他走，"江宁府涂宗瀛来谒，鬼稍敛避"，宗市长可能是一身正气吧，只他来了，沈葆桢才感觉无鬼来纠缠他，"沈乃留涂侍病，须臾不许离"。涂市长一直呆在沈葆桢身边，几天几夜未曾合眼，合眼也是和衣假寐，依在床榻眯一晌神，"一日侵晨，府署有要事白涂"，早晨了，阳气回升，鬼气退隐，想来没事了，何况这时节，"适沈熟寐"，睡得跟猪儿一样深沉，会有什么事？涂市长移步病榻，到客厅去听市府吏员汇报去，"涂乃潜出晤僚属"，就这么一瞬间，"未数十步"，沈葆桢喂喂叫，呜呜嚎，"沈忽大呼"，涂市长飞跑过来，"比返，而沈已卒"。死状相当恐怖，"目突舌伸，爪痕宛然"。吊死鬼，掐死鬼，才舌头伸出如狗吐舌啊。仵作验其尸，遍身都是寸深的爪印，沈葆桢确乎是被掐死的。

没一人掐他，何以被掐而死？史册叙述沈葆桢之死，吓煞人，他是被冤死鬼掐死的，"沈已被众鬼扼吭而死"。

沈葆桢之死，也算是非正常死亡吧。

但沈葆桢之死，更应算是正常死亡。

对沈葆桢评价，朝廷与民间是未能统一认识的，朝廷表彰他立了很多功，民间切齿他造了不少孽。

沈葆桢当领导，一直是强势领导。太平天国时期，他是曾国藩手下一大干将，曾国藩一手将其提拔，但他对曾国藩也不咋的（强势领导，往往都是这样，对谁都不服）。在江西任上，他"以江西协饷事，严词劾曾"，危机存亡之秋，当不容内讧，但大清容了，何则？"予知有国，不知有曾，予为国计，即有恩亦当不顾，况无恩耳？"公忠体国哪，沈葆桢眼里只有朝廷，没有人，朝廷当然高兴，朝廷需要这样一位狠心角色——沈葆桢升官升得挺快的。

沈葆桢眼里，确实是只有国，而无人的。"沈公治兵用健武，杀人数千方为奇。"他当部队首长，敌人那边的，我们这边的，都是杀无赦，"文肃每派道员往各属查办案件"，多是一个字：杀。"所查事外，遇有不法者，即以军法行之"；杀人有功，转任地方领导，也是杀字当头，"清制，凡盗犯就获，必取具确供，详报省部，且多解省处决者"，人命关天，混账如大清，也有法律程序的，但强势领导，他可不管这一套，做贼一回，抓了关号，做贼两回，往死里打，做贼三回，"老盗无供，就地正法"，他不管有无人证物证，看到盗贼有点面熟，不再查不再审，直接捉往刑场铡刀下，切脑壳如切瓜，"即以此八字为金科玉律，刀下冤魂，不知添却几许"。有人给计算了，"有计其自授任日起，至病故日止，所杀戮者，平均每月得五十人云"。严打"两抢一盗"时，不止这个数，两江总督任上，"严于惩盗，三个多月杀盗数百名，当时有人默计，杀两个半人一日"。

沈葆桢三十余而立九江知府，近六十花甲病故，其二十多年，有多少命案在身？杀人立威，杀人求治，威确是立了，治确乎平了，"大江南北，盗风居然稍息"。大清是很喜欢这般个性领导的，大清针对人民非议，特地向人民解释，"然葆桢虽嗜杀，终不掩其公忠也"。还嘉奖他是清官，"虽历九省总督巡抚之任，身后宦囊，殊不丰裕，综其所蓄，尽两万金耳"。多乎哉？不多也，只有黄白物两万两（好事者，可去折算人民币）。

官方对沈葆桢盖棺，是那般虽然那般但是，但百姓呢，是这么虽然这么但是的：虽不掩其公忠，终无法掩盖其嗜杀；虽是"清官"（捞两万金，姑算清官），但因此可以无限杀人吗？人民不认清官能吏可以拥有杀人的逻辑。所以朝廷爱死沈葆桢，死后给其建祠，给其哀荣；人民却恨死沈葆桢，假托冤死鬼，让他不得好死。

冤死鬼扼死沈葆桢云云，不太符合现代自然科学，归属迷信范畴。然则，九层底下无鬼魂，三尺头有神明，我坚信，这是蛮符合现代政治学的。


# ▍彭玉麟的巫医岁月

彭玉麟是湘军一员大将，当过巡抚，最高官阶是兵部尚书，军委主席兼国防部长，位高权重，是大清帝国皇政要员。其履历，搁魏晋南北朝，不太好写，魏晋搞的是九品中正制，高官须有高出身，彭玉麟起跑线是务农，按某教授雄文《"穷人"，文明史的反面角色之一——从另一角度解析历史》言，彭玉麟尽拖盛世后腿；但到强调基层经历之年代，彭玉麟贫下中农出身，至上荣耀焉，历任班长、排长、营长……一路升至国防部长；历任股员、科员、村长、乡长……一路升至地方省长，从农民到将军，无疑会成为励志作家与励志杂志的话题王。

不过彭玉麟还有一样，事虽非常基层，他不乐意提，他曾有段当巫医的岁月。朱元璋当过和尚，后来当了皇帝，谁提起僧啊秃啊光头啊，他跟谁急；彭玉麟也有这般隐私，江湖郎中，社会游医——履历表上，他把这段岁月给删除了。

　　彭玉麟当巫医，说来也不算太丑，他并不乐意干。他有个发小，叫萧满，曾与彭玉麟就读于衡阳之石鼓书院。萧满这厮最喜欢给人治病，石鼓书院又非石鼓医学院，老师只教四书五经，不教本草纲目，何以悬壶去济世？大概萧满自习了些丹砂道术，夜读了些怪力乱神，不懂望闻问切，也敢给人大开方子，走神医之路，"中年以后，乃大悔之，改而习道家言"，悔学的是儒学，改习的是道家，"善敕勒之术，且好扶箕"。

　　扶箕也就是请仙。萧满好扶箕，每次都来请彭玉麟，"萧满只能焚符召仙，而运笔于沙盘作字，则皆侍郎为政"。某某生病，第一想到的不是去看医生，先请萧、彭两人来扶箕，问神仙，其人患甚病，要吃甚药，要请甚道士，要作甚道场，一一写在沙盘上，按沙盘方子，治病救人，救死扶伤，神神道道，蛮神。萧、彭两人合伙行医，据说搞出了大名声，"久之，其名颇著，有问休咎者，有以病求方者，几无虚日"。

　　萧满特别迷信这事，彭玉麟却不大以为然，跟着混。好在彭玉麟自知斤两，开方都是绿豆、陈茶、生姜与炒盐捂肚脐眼之类，药不死人；碰到寒气发痧类，歪打正着，真能起死回生。衡阳有位老吏，媳妇患了小病，请来萧、彭医疗两人组，净手，焚香，祷告，再扶箕，彭玉麟开方子："无端恶疾到心头，老米陈茶病即瘳，持赠与君惟二味，会看病起下高楼"。方子里是两味药，一是老米，一是陈茶，吃不死人，或还能治病。果然，次日，老吏给他俩送"妙手回春"锦旗与"华佗再世"牌匾来了，"其人翌日来谢，果服老米陈茶而愈"。

　　彭玉麟晓得这是十五撞月半（停摆之钟一天也有两次非常准确），萧满却真以为是通神，天天缠着彭玉麟去扶箕。某日，萧满慌里慌张来找彭玉麟，一进门就高喊老同学救我，"速助我，不然败矣"。原来是衡阳有个集贤书店，老板娘发神经，"其主妇为妖所凭"，请萧神医去治"妖怪附体"，萧满前几次喊彭玉麟一块去，老彭不去，另外请了搭档，扶箕扶了一回又一回，老板娘病情没一点好转，眼看神医神话即将破产，萧满急死了，"侍郎私念扶箕伪也，安足驱妖？不欲往。"这萧满好说歹说，拖起彭玉麟走，彭玉麟路上问病情，萧满告诉他，说老板娘居高楼，总往楼下扔家什打人，"此妇居楼上，辄从窗中飞石击人，肆中书籍皆为所毁，其余什物无完者"。

彭玉麟问切了病情，路上形成了治疗方案，一到书店，豪情顿发："青天白日，而魑魅如此，我必除之"，话落，将自己书生帽子摘了，上衣内衣脱了，光脑壳光膀子，直往楼上闯，萧满来扯他脚，说不能这样子去，要去，我俩一起去，"两人偕往，气稍壮耳"。彭玉麟扒开他，"径叩书肆之门，门启突入"，咚咚咚直往楼上，拦都拦不住，"妖能够飞石击人，何不敲吾头？"看到这么一位猛汉，妖怪都怕，老板娘跑到床铺里，拉了蚊帐藏身，拉了被子盖头，"妇在帐中，力持其帐不释"，彭玉麟喊来店老板，叫他将老板娘被子掀开，然后呢？"萧满即清水一瓯，画符其中"，然后呢？两人装神弄鬼，扶箕起来。嘿，好了，老板娘病愈了。老板娘估计是患了癔症吧，一个半裸体猛汉突然撞其闺房，她哪有不神经激灵的？神经病经了神经激，病愈。彭玉麟将病愈之功记在科学上，萧满呢，将治愈之力，记在菩萨上。

这回治人，误打误撞，误中了。彭玉麟晓得其中缘故，不敢以此做稻粱谋，更不敢以此上电视上报纸，自抬自，将自己抬进神医榜。萧满不同了，自以为神医，啥病都敢看，什么疑难病症都敢去治，其医疗器械是一副木雕，其包治药方是一碗清水，这般医疗，当然治不死人，只会误杀人。有回，萧满又死缠烂打，拉彭玉麟行医，差点出大事，差点误了彭玉麟此后国防部长美好前程。

衡阳县长金君，有权自有钱，有钱则染富贵病，爱上吸鸦片烟。其三岁小孙，一日患了感冒，熬药喝，丫鬟没分清鸦片膏与中药膏，将大碗鸦片当药喂了，"俄而儿大啼，颜色骤变，手足揸擘，殆为不堪"。请了很多名医、郎中，"医至皆束手"，病急乱投医，赶紧去请神医萧、彭。

彭玉麟逡巡逡巡又逡巡，他想的是，拖一二时辰，小孩无救了，就不找他了，"迁延一二，儿必死，即无事矣"，哪想不行，县长催得急，只好硬着头皮去。

那头一点都没拖延，都安排好了，单等两人扶箕，"至则已设香案，陈箕盘，而金君者久具公服鹄立以待矣"。这下，彭玉麟急了，那鬼医术能治甚病？这是给县长大人家属治病哪，医闹起来，不是赔钱问题，是掉命关牢房事，"侍郎惶悚，无以为计，手持箕笔，不能成一字"，只是在那乱打圈圈，"但频做旋转之势"。神医萧满也感觉有异，"萧满觉其箕笔与平时异，亦自疑惧，左右古望，汗出如浆"。彭玉麟实在不知道开什么方子，"常用之药"，一味都记不得了。"皆不能记，忽胸中骤得蓖麻子三字"，他就扶箕乱写了"蓖麻子"，药方已开，药量呢？金县长忙问："既蒙赐药，敢问当用几许？"彭玉麟脑壳已不听自己指挥，他胡乱答："一两。"

"蓖麻子""一两"。两词一出，彭玉麟冒汗淋漓，湿到裤裆，一个小孩吃一两蓖麻子，命哪还有救？"蓖麻子固能拔毒，然其性烈，法不当用三钱。今用一两，殆哉。"药方已开出，他俩是神医呢，不敢再改。彭玉麟方毕，两脚开溜，金县长死霸蛮要留他俩，"金乃命人延二客至便坐小憩，且具食焉"，彭玉麟这饭吃得胆战心惊，以为是他这一生最后的晚餐，吃得没味。忽然，金县长跑来了，彭玉麟魂都吓散了。没想到金县长忽然跪地，向他俩谢恩，道其孙霍然而愈了。原来是，"儿饮药大吐，毒尽出，今无害矣"。

萧满有这次经历，自可大书特书，为其神医生涯着浓墨涂重彩，可以到处逢人说项，大吹一番了。但彭玉麟却是吓得不行，奇迹发生一次，发生两次，发生三次，或有可能，但能验之四海？验证十次百次？那时，中医与巫医二合一，有这般大背景大气候，或真能自造神医的，但彭玉麟心存良知，再也不干这般事。彭玉麟良知一直不错，后来朝廷六次叫他当官，他六次辞职，大概他也感觉，所谓为官一任造福一方，也与扶箕治病、治病救人是一样的，惠民是偶然，毁民是必然，他不干。彭玉麟没成为"神医"，而成为彭玉麟，许是良知未泯吧。

# 彭玉麟的初心

刘皇叔三顾茅庐，诸葛亮曾亮出参加革命的初心：奉命于危难之间，不求闻达于诸侯。孔明先生践行初心了么？怎么说也兑现了一半：果然是奉命于危难之间（很多人只奉命于享福之间——去最艰苦的地方？他早逃之夭夭了），终究可赞；另一半"不求闻达于诸侯"，并没做到，封侯拜相，至死没身退，当了武侯——哎，我也不是来堵孔明先生嘴，老人家身未退，有故，功未成呢——霸业未图身先死，长使英雄泪满襟。

刘皇叔有个三顾茅庐故事，曾国藩也有，很多都有。我最近有个发现：革命事业若不要成功，有个"三周律"（亡，兴，亡）；革命事业若要成功，有个"三顾律"（请，请，请）：领导得屈尊纡贵，三请四拜，去拜请诸葛亮，去拜请彭玉麟。各位以为然否？不然，吾不以为然也。三顾律表达不蛮准确，准确当是：事业初创，三顾律才是对的；朝廷守成，还有甚三顾律呢？有之，也是反的：诸葛亮与彭玉麟得三拜华堂，四拜贵胄了——虽然禁曰不准跑官要官，但你一次都不去跑，天下不会掉面包。

曾国藩三顾茅庐，顾的是彭玉麟，老彭不曾高卧隆中，没谁听说他自比管仲与乐毅。曾国藩墨绖出山，于咸丰三年（1853年）组建湘军。大清干部多，不缺当官的；大清人才少，最缺干事的。曾国藩便去请彭玉麟，老彭其时，不是干部，在务农，又恰逢母亲亡故，正自居丧，他不肯出来，禁不住曾公反复申说大义，重复表达私谊，终答应了。

答应是答应了，却有一个条件。条件？要给个师长旅长？要给华堂庙堂？要给车子、房子、妹子、金子、银子？不是呢，彭玉麟自陈："臣本寒儒，佣书养母。丁母忧，闻粤逆之乱，激于义愤，慷慨论兵。曾国藩谬采虚誉，强令入营。臣勉应其招，墨绖从戎，初次谒见，即自誓不求保举，不受官职。"曾国藩一顾茅庐，彭玉麟即表初心，在家国层面上是：为天地安心，为生民立命；在个人层面上：不求保举，不受官职。

只干事，不当官？只卖自个老命，不领朝廷诰命？有这般高华士？不会是傻瓜蛋吧。曾国藩拇指往上窜，窜，窜，恨不得拇指窜得齐天大伸，以示夸赞之诚，内心里未必不打鼓，不发笑。曾公官场混得也久，这般人见得太多了：举右手，拍胸脯，剁左脚，发大誓，手足并用，言脸相随，曰天下为公，为私雷打；云为国捐躯，为己毙我。

彭玉麟表初心，初心表达还蛮激动，按他自说是"自誓"，表态到"誓"这级，那是语言最高级了（一诺千金解不了套，是天打五雷轰）。往往是其誓也高，其行也卑。彭玉麟是不是这样的，他是言出行随，誓高行高，初心初定，终心仍如初心定。曾国藩曾讥评大清大人物：李少荃（即李鸿章）拼命做官，俞荫甫（俞平伯曾祖）拼命著书。说来，曾公记得两个拼命的，还忘了另一个拼命的：彭玉麟拼命辞职。

不对啊，彭玉麟做了官，还做了大官呢，他是湘军水师创建者，近代海军奠基人。官至两江总督兼南洋通商大臣，兵部尚书，封一等轻车都尉。隆誉之外，不也当了高官？官，对于他人说，那是五子登科，那是福禄寿喜；对彭公来说，这是责任担当，这是做事之具。官即权力，权力可捞钱，权力可干事。要捞钱，要权力，要干事，也要权力。小人性非异也，善捞于物也；君子性非异也，善假于权也。权力，权力，彭玉麟当官，要的不是捞钱之权，而是干活之力。

　　彭公干活，不劳置喙，所建事功，功在中兴（大清有四大中兴之臣，曾左彭胡是也），可撰专著，此处要说的是，彭公拼命不做官。咸丰十一年（1861年）季春，朝廷擢之任广东按察使，官书好几卷，呼他上京领命，彭公不受；是嫌官帽小？是年十一月，湖广总督官文上奏朝廷，荐其任方面大员，当安徽巡抚，他说我干不了，我只会指挥水师，不会玩行政那一套。这有甚干不了的？我家隔壁牛尿常撒裤裆的阿三，当了七品县令，威压威压的，回避肃静，升堂掷签，依儿哟，呀儿哟，干得呼呼吼，喂喂叫。李鸿章说过嘛：天下最容易的事，便是做官，倘使这人连官都不会做，那是头腿毛猪了。顺便说句，朝廷任命李鸿章做巡抚，是在拟任彭玉麟之后一年。

　　彭玉麟不是不会当巡抚，而是不想当，朝廷便收回成命（后面排着队伍，你给让出位置来，朝廷蛮高兴呢）。不过，此时朝廷正是用人之际（这话好听，不好玩，要人给卖命呢），还要彭玉麟当官。同治四年（1865年），朝廷下红头文件，拟命其署理漕运总督，这职务大，管得宽，掌管鲁、豫、苏、皖、浙、赣、湘、鄂，是人羡称的八省总督，富庶之地，江南半壁，江山都归其打理，想来爽歪歪呐。彭玉麟推，推，连推两次，推了肥缺。哈宝啊，你不要拿给我嘛。谁要谁拿去，我老彭不要。

　　乱局基本肃靖，天国或大不太平，大清大体太平了，彭公不再慷慨论兵，他要践其"不求保举，不受官职"八字初心，同治七年（1868年），他上书朝廷，请辞一切官职，舟遥遥要回家去画梅花（彭公画梅上万幅）："臣墨绖出山，创立水师，未尝营一瓦之覆，一亩之殖；受伤积劳，未尝请一日之假；终年风涛矢石之上，未尝移居岸上求一日之安。"我该回家了，"臣之从戎，志在灭贼，贼已灭而不归，近于贪位；长江既设提镇，臣犹在军，近于恋权；改易初心，贪恋权位，则前之辞官，疑是作伪；三年之制，贤愚所同，军事已终，仍不补行终制，久留于外，涉于忘亲"。前人栽树，阴翳众生，是谓后人乘凉，谢了你，且受我实拜；前人栽树，设杆收费，是谓后人发凉，谢了你，且留块空地。彭公非惺惺作态，作伪，作秀，卷起铺盖回家了——其初心是"予以寒士来，愿以寒士归"，其终心是"予以寒士来，终以寒士归"。其奏折中言，"臣闻士大夫出处进退，关系风俗之盛衰"。这话对极了，吃苦往后推，享福往前挤，这般风俗，不衰其世么？绝不会盛其世。

当年自誓"不求保举，不受官职"，不但彭玉麟如此表过态，誓言如何如何的，你也听得蛮多，壮言沸耳。有的初心即伪，前头举手曰为人民服务，转个背则高声宣言"当官不发财，请我都不来"；有的初心是真，刚开始还算勤勤恳恳、兢兢业业、规规矩矩、干干净净，到后来，干了点事（其实也领了工资），膨胀起来了，贪位、恋权、作伪、忘亲、背民、捞钱、乱性、枉法、徇私，没有坏事不干了。初心不再，埋粪土堆；素心不存，冲下水道；壮心无有钻臭鸡蛋，忠心无有，堕污沟渠。"夫天下之乱，不徒盗贼之不平，而在于士大夫进无礼，退无义。"进无礼（礼法），有利（礼金）则进；退无义（正义），无意（意思）则退，这是甚士大夫啊，便是国之盗贼嘛。

彭玉麟初定初心，中行初心，终诺初心，享年七十五，一把湘土埋忠骨，其友人黄体芳曾撰一联曰：

于要官、要钱、要命中，斩断葛根，千年试问几人比？

从文正、文襄、文忠后，开先壁垒，三老相逢一笑云。

千年试问几人比？三老当年相逢，或拊掌一笑。还能逢彭玉麟么？一笑不能，只堪一哭。

# 方框外的彭玉麟

看相的乱说，谓清中兴以来文武有"异像"。

曾文正公器宇凝重，脸如满月，须髯甚伟。此像有何异？是说曾公方头方脑，一张国字脸，当官的像、当大官的像。德位配像，有什么样的像配了什么样的德位，正像哒，吾未见其像异焉。

李鸿章长身鹄立，据说有一米八，"瞻瞩高远"，此像也未见异处。长得高点看得远点，正理；李合肥当大清裱糊匠，高个子，不用踩凳子，拿起糨糊便可去糊大清烂窗子；又高大帅，去天桥与八大胡同穿双红袜子（据说那地方，女士穿皮裤子，男士穿红袜子），恰是"俺只跟他们打痞子腔"（李之自语）。李鸿章其人其像，性位配像，也是正像，未见其异在何方。

胡林翼精神四溢，威棱慑人，目光闪闪如岩下电，而面微似皋陶之削瓜。有点异形了，到底没见太特别。胡公武人也，武人当然威风凛凛，看起人来，眼力毒辣，电闪雷鸣，把你吓死。太平初兴，曾国藩羽翼未成，撑危局者，多仗胡公之力，功大勋高。其像也，功德配像，以相书看，也是正配，其异何处？

以相书看，"异像"甚异者，怕只有彭玉麟，彭公是武汉子，长的是一副妹子像；彭公是大人物，长的是一副小喉咙；彭公牛人牛功，长的是一副阿弥陀佛。人未见汉之张良，"余以为其人，魁梧奇伟，至见其图，状貌如妇人好女"。彭公正是"状貌如妇人好女"，见彭公者，睹之，"貌清癯如闲云野鹤"，这不奇，奇的是，"出语声细微至不可辨"，说话声音，含羞含喉咙瓜里，改变了阁下以为起起武夫声如洪钟之定势吧？到晚年，相貌也是"恂恂儒者，和气蔼然"。

和气蔼然？阁下不晓得，彭公可不会跟你搞和气，刚毅刚正，一身的刚，肚子里面是开钢铁公司的。李鸿章有个侄子，官二代，乱搞，夺民田，抢民女，高级饭店吃霸王餐，高档宾馆睡霸王觉。彭公微服私访，访得李公子为非作歹，胡作非为，彭公可不"恂恂儒者，和气蔼然"，也不出语细微，而是高呼来人，斩钉截铁，一个字：斩。斩了李鸿章之侄，他向李鸿章写信："令侄败公家声，想亦公所憾也，吾已为公处置讫矣。"彭公蛮出格，或如胡林翼所谓"胆量人人皆小，只需分别平日胆小、临时胆大耳"。恐非是也。彭公是德量甚时都大，平时也大，临时更大。

彭公男人女像，武人文像，杀敌如麻而是一副儒像，他在谁的相书里？官场官官相护，更是同一个太平天国战壕里出生入死的老战友老同事老朋友，该斩便斩，说斩便斩，彭公也不在大清潜规则里。彭公在什么像格里呢？

彭公这才叫"清中兴以来文武有异像"，其像不在文武百官之像格里。

彭公长大后，不在像格里，其童蒙时节，也不在方格里。

彭公读书，读幼儿科，读小儿科，后来读青少年科，后来读四书五经科。科书有一科，叫书法科，大清自乾隆以来，偏重书法取士，"廷试士子，为抡才大典，向来读卷诸臣，率多偏重书法。而于策文则惟取其中无疵颣"。科举取士，看策论还是看写字？看写字，作文分值高，却是不大看的，要看只看有无错别字——后人只看卷面整洁，只看穿着帅气，"衣饰不端者不得入内"（宾馆门口竖此牌的），是一样一样的。

不知描红是否自大清始，写字作业本画方格，怕是不用考证也自大清始（您若考证非始自大清，我也不管了）的吧。写字画方格，当然有道理的。不过拟问者，方格是为了写字，而是写字为了方格？写字是为了策论，还是策论是为了写字？写字是为了作文，还是作文为了写字？

"彭刚直公玉麟不能做楷书"，字是写得很不规矩的。彭公写"由"，由字出头，老师教的是，不出方格字头，要出只能出在方格里，要出头只能出在潜规则里，彭公出由头，呲，那头出作文本天头了，书桌外都出过去了。"甲"字出底，老师教他，要有底线，官场底线是什么？是官官相护，彭公可不管，呲，"甲"字末笔，雷霆万钧，插到作业本地头来了，自身都插了一笔黑的。人，左右开弓，本来都应该做大写的人，老师偏偏教他，人啊，要规规矩矩，要恭恭敬敬，要缩头缩脑，要龟手龟脚，彭公写人字，一撇，呲，撇了曾国藩（彭玉麟据说见曾国藩，是不太怕的），一捺，呲，捺了李鸿章（前有所述，此不赘）。

彭公作楷书，"试卷誊清，往往出格"，字都不在方格字内，坏事了，老师只喜欢规矩之生，老爷更只喜欢听话之属；科举，只能听他科训他才举你，彭公不在一格内，不在方格内，"九应童试，皆坐是被斥"。期中考试，老师啪的一把叉，期末考试，老师啪的一把叉；中考，老爷啪的一把鲜血淋漓的叉；高考，老爷啪的一把鲜血淋漓的叉。彭公作文作得蛮好的，作书也是作得蛮好的（刚直能诗善书），读书也是特别勤奋的（过刚直故里，闻读声良苦），老师喜欢他吗？老爷录取他吗？老师不喜欢他，老爷更不录取他。兄弟们啊，彭公九次参加科考，九次落第，何故？"往往出格"啊。

在格者，不说无才，不过多庸才。听话学生，出了多少人才？你以为企业无创新型人才？诺贝尔奖得主都被老板画地为牢，牢笼在格子间了。出格者，自然也有烂才，不过多奇才，蛮多学生，先前不听话，后来造化大得很哪，彭公便是嘛。

大清中兴，中国复兴，到底有明白人，"过刚直故里，闻读声良苦"者，是高驼。高公见识高迈，眼界高瞻，杭州人，其时视学湖南，"尝微行物色佳士"，走遍湖南，都是"佳士不可得"，湖南本来是出人才的，只是人才都在方格子里，如何出得来？高公微服私访，访到衡阳，听到此地有读书声，"循审所习，似非制艺"，这位读书人，不在方格里写字，更不在四书五经里，不在省定教材与教辅资料里，"异焉"，这才是真"异像"。高公便走近瞧去，见的是"屋宇甚陋"，人不陋啊，人非但不陋，特别出色呢；陋室有联，其联志壮："绝少五千柱腹撑肠书卷；只余一副忠君爱国心肝。"奇人奇志，奇才奇德，其书法，"书势雄杰，不颜不欧，似未曾学者（不在书格哒）"。何人，彭玉麟也。

后来彭玉麟又科举，高公"得一卷"文章雄心，能拥万夫，"书势雄杰，似曾经眼，恍然有所感触，竟拔置第一，迨揭晓，果系刚直，大阅"。奇才大才雄才之彭玉麟，便横空出世，大清便中兴；如多几个彭玉麟，复兴有望了。

## ▌荒唐只趁早

天造人才，并非是放浏阳鞭炮，噼噼啪啪一路放，响亮的人物一个接一个吗？没有吧，所谓各领风骚五百年，多是隔一代才放一个人物出来，这叫做不世出之人。天造人才，最像是猎人放鸟铳，多半时候将枪持在手，隔那么一回，砰的放一枪，便放出一个人才时代，所谓江山代有才人出。人才既然是放鸟铳，一枪放出，星云流散，散弹落地，往往是以某一区域为点，流散在一坨。以前，老天多在北方放鸟铳；宋后，来江西放了；到了大清中后期，便到了湖南境内，连放了几枪响的。

大清同治中兴三大名臣（加李鸿章，谓四大），谓曾国藩，谓胡林翼，谓左宗棠，还有其他湘军大将帅，多半落地在湖南这一坨，落地时间几近同时，便见端的。曾国藩是嘉庆十六（1811年）生，胡林翼与左宗棠是嘉庆十七（1812年）生，只差些月份（胡是六月生，左是十月生）。说来也是有趣，湘生三子，各有各的不同。比如读书吧，都谈不上是三好学生，曾国藩蛮笨，他读书读得很辛苦，花的是笨功夫，往往通宵达旦都在abc，咿咿呀呀不歇气，考试起来却不如胡林翼。胡比曾年少，中进士却还早两三年。左宗棠倒是蛮聪明的，却爱与老师斗气，老师出题目："欲穷千里目"的后一句是，括号，喊左宗棠起来填；左生填的是：更是十层楼。你说左生不对吗？比正确答案还正确些，老师却打了把大红叉，不是标准答案。故而左宗棠终生遗憾，未能"同进士"（后来朝廷赐了博士文凭）。

若说曾国藩是笨学生，左宗棠是"肋学生"（湖南所谓肋斯老倌：调皮、爱抬杠之人，也正曾国藩所谓"与吾意见每相左"），那胡林翼呢，是"流学生"。此流学生非彼留学生，流里流气，二流子之谓也。

大清三名臣中，胡林翼出身最好。曾国藩填履历，填出身这栏，只能填富农；左宗棠要填，转后百年，可气昂昂填贫下中农，但那时填"务农"却是羞人；而胡林翼高干出身，"益阳胡文忠父讳达源，官至少詹事"，是大清正四品官员，县官是七品芝麻官，他是正四品，祖坟算贯了气了。胡林翼出生落地，地上铺的便是红地毯，日子是烈火烹油，鲜花着锦。据说生他之时，他母亲做了个梦，"五色鸟飞集屋后丛，张两翼翔鸣，群鸟从飞，啄林中芝草"。吃的是灵芝草生的，当然人聪明。读书虽然吊儿郎当，但考试起来成绩超好。说句实在话，考北大清华的，不是老师教出的，多半是天赋的。

胡林翼得志早，进翰林院进得早，加上先前带来的纨绔习气，他生活起来便蛮孟浪。提笼架鸟，喝酒玩牌也是算了，他当了大清干部后，还常去平康里逛青楼，慢腾腾钻进千层锦套头。一个人去，倒还可想，胡林翼还呼朋引伴一起去扛枪一起去。《花随人圣庵摭忆》有一桩关于胡干部的轶事，说一天晚上，胡干部带着长沙老乡叫周荇农的，到北京一家"天上人间"去玩，玩得正是兴头上，突然间扫黄队伍来了，"逻卒忽至"，两人系裤不赢，周荇农狡猾狡猾的，跑到厨房里，换了一身厨子师傅装，混过去了。可怜的是胡林翼，裤带子还只系到大腿根，内侧都没捂住，被抓了个正着，与其他嫖客一块，"皆被执缚兵马问讯处"。好在当时扫黄，意不在扫黄赌毒，只是逻卒想过年，想扫黄白物。胡林翼没报身份，交了些罚款，OK，便出了拘留所。出了所，逻卒还跟他讲客气，道了再见（欢迎他二回来耍）。

这是胡林翼纨绔生活中一个小插曲，受了辱，心头发了些气。教训啊。胡林翼得到的教训是什么？是再也不能去干那些荒唐事？那时节的胡林翼，可还觉悟不高，他干那些事被抓了，他只认为是运气不好，而不认为他是思想不正确，一路走红的官人，某日被挨了一番挫，会自己检讨思想？胡林翼总倒是总结了教训，他总结出来的教训是：长沙人不好玩，以后再也不跟长沙人玩。何搞？周荇农是长沙人也，周鳌这家伙一点义气也不讲，只管自己跑，把他留那挨警察训，还挨罚款。据说，胡林翼后来出任湘军大将，当了湖北巡抚，没用一个长沙人。这据说也有点真啊，翻开湘军将帅录，好像是缺长沙人。

胡林翼将长沙人记在心了，却并没忘性。一个故事流传极广。陶澍见了八岁的胡林翼，"惊为伟器，以女妻之"。后来陶澍在南京当两江总督，招胡林翼去做郎巴公。南京甚地？六朝脂粉，秦淮画舫。新婚夜，新房里找不到新郎，去哪儿了？去了如是楼与圆圆铺。胡林翼想的是，家里的那个跑不掉，正反是自己的；秦淮河畔的，得只争朝夕，去晚了是别个的了（看看，胡林翼当年是什么家伙）。据说他岳老子听女儿新婚夜里嘤嘤哭，不发狠话说要去打断郎巴公腿，还是劝娇娇女："渠他日为国宣劳，乃一况瘁之人，今特令其暂时行乐耳。"

胡林翼早年生活放荡，还是其次（先前不也说生活作风是小节么），恼火的是，他那些年工作也是很不扎劲，不太守纪律，也不太讲规矩。他少年得志，在翰林院做了红翰林。大清翰林，有红翰林与黑翰林之称，红翰林说的是受器重，升迁快，常常外放去当学政，有的是捞外快（黑翰林则反之，坐冷板凳，吃冷猪肉，喝冷开水）。胡林翼正是红翰林，他只写了三五年材料，就谋得了一份好差，"道光庚子，林翼以编修分校春闱，是年秋，复充江南副考官"。你知道当年招生办多跑红，你就略知一二当学政有多吃香。

胡林翼正是在这肥差上出了问题，不是他捞了多少钱，而是他纨绔气重，知法犯法，乱搞一十三。纪律是他宣布的，纪律也是他违反的。他宣布纪律是：任何人都不得代考，任何人也不得代阅卷。但这次恰是有代考的，恰是有代阅卷的，"正考官文庆，携人入闱阅卷"，被人告了；胡林翼知情啊，他是管考纪考风的啊，他给领导放了水。上面追查起来，他跟那次犯生活作风一样，没逃掉，挨了批，"林翼亦获失察处分，降一级调用，逐出玉堂"。

这回降级使用，逐出玉堂，纨绔子弟胡林翼打击是特大的，他一生皆顺风顺水，乘的是风火轮，吃的是鸡鱼肉，搭的是顺风船，何曾挨过挫折？一时间心灰意冷，万念俱灭，请了长假，回了益阳老家，"家居养晦"，喝喝茶，读读书，养养花，钓钓鱼，心中生发人生理想，便是"却将万字平戎策，换得东家种树书"。胡林翼"甚佗傺无聊"，给自家门楣做了副对联："池圃足高卧，图书供古欢。"词里是生活蛮有意思，心里是前程全失意——自言放旷做隐士的，多是人生失败人。

胡林翼振作精神，得益于他的一个学生，"其江南门生某氏"，看到胡老师那般消沉，想给他心里打股气进去，"于会试时约集同年之有力者"，说"胡老师以新进骤遭诖误，恐将一蹶不振。而其才气过人，苟为外吏，必能有所建树"。

纳天下英才而育之的好处是：先前是学生靠老师，后来老师可以靠学生。胡林翼正是靠了这学生。这学生发动了很多同学，一起捐款，要给胡老师捐个市长干干，"众以为然，遂醵资为林翼捐知府"。一下子集子了一万五千两银子，相当如今最少三百万。这些钱，换诸他朝，买个市长，未必够，却在当时，也是差不多了。

感念莘莘学子殷殷意，胡老师眼泪哗哗流。他便抖擞精神，披挂再杀进机关。道光二十七年（1847年），胡林翼去贵州赴任之前，"遍谒先茔，誓不取官中一钱自肥，以贻前人羞"。他虽没剁手指发誓，却也对着祖宗之灵，立了大盟。为何要去贵州还不是去京都或福州呢？李如崐问他，"今有司之法，输金为吏者，可自择地，君何以独取于黔"？胡林翼说，他原先是饮甘餍肥，浮华奢侈，现在我要换个活法，要做个高尚的人，纯粹的人，有道德的人，脱离了低级趣味的人，有益于人民的人，"此邦贫瘠，或可以保清白之风，而不至负良友厚意"。

胡林翼任职贵州，脱胎换骨，焕然新人。后面的事不用说了，他在贵州勤政廉政善政，很扎劲，嫖赌恶习再也没沾，政绩突出。太平天国乱起，胡林翼与曾国藩、左宗棠一道，建功立业，收拾残局，成为大清同治中兴三名臣之一。王闿运高赞他，"中兴之业，实基自胡"。曾国藩在他面前，也有点自卑，谓"润芝之才，胜我十倍"，这话不足采信，乃是对胡林翼出师未捷身先死之吊唁话，追悼会的悼词，你信？而对他修身改孟浪却是真信服的，"林翼坚持之力，调和诸将之功，综核之才，皆臣所不逮，而尤服其进德之猛"。

人生每一节段，该干每节段事，那是不能颠倒的。最好的人生当是这么过：好样童年，花样青年，牛样中年，福样老年；略差一点，也当是苦难童年，奋斗青年，进德中年，享福老年；若反正之是：叫花子老年，浪荡子中年，花公子青年，那人生就算失败了。年轻时候干了坏事，天可怜见；老大了还干坏事，谁人容得？有些人恰把人生过反了，他过着的是：

有一个苦难的童年，有一个奋斗的青年，有一个上升的中年，最后是有一个悲惨的晚年。

人生最好莫干荒唐事，万一免不了要干，也只能是年轻时才干得，年轻时候有时间可挥霍，回旋余地也大，要出天花，也当是小时候出嘛，要荒唐也该是那时节荒唐一回。人到中年了，还能吊儿郎当，不扎劲，行么？那将是人生荒废，老境颓唐了。这是说，最好莫荒唐，若要荒唐，须是趁早，只能趁早，早点把天花出了，莫要到中年万事休了，才转闹荒唐，那时你或有荒唐的本钱，却已没了回转的时间了，人生就废了。

## 真爱国者郭嵩焘

事功与思功，非平行线，也不是一根线，说是交错线，更合人物建功立业之实情。说得头头是道，做得井井有条的，有，不太多；满腹经纶，干得一团糟的，不是没有。既是思想家又是实干家，那是不世出之才，人间难得。郭嵩焘不是没给过他思想的试验田，他也当过广东巡抚，干得真不怎么样。乡党曾国藩，对他大不满；也是乡党更兼儿女亲家的左宗棠，搞得也要弹劾他了。世易时移，百年后您来看郭嵩焘在广东作为，好像也没甚可圈点的。郭嵩焘留取丹心照汗青的，不是其事功，而是其思功。

有谓，郭嵩焘使西，翻转为思想家，是去职广东后，并非之前，其时不曾著《使西纪程》，若著了这书，再去任职方面大员，以书中思想去刷新政治，便可事功与思功二合一了。这种可能，不是没有，只是郭嵩焘的洋务思想，也不是"出使英法大臣"后才有的，之前他就以"外交能手"自负了（郭自道，"自南宋以来，控御夷狄之道，绝于天下者，七百余年，老朽不才，直欲目空古人"），也正因为他"明于古今治乱升降之故，尤详究海外各国形势"，故派遣他去当外交大使的。这么说的是意思是，大思想家未必可以顾盼自雄，感觉从此能政教合一，思想与政治可两头通吃了。

这么说的意思是，郭嵩焘留诸青史，在其思功，非其事功。郭嵩焘任大使之前，张眼瞭望世界，虽知世界大势，那大势不是很清晰的。改造世界，既要身在庐山外，也要身处庐山中；既要讲大势，也要讲细节，没有细节的大势，是空架子，恰如一栋毛坯房，没按门窗，没铺地板，没装水电，也没法去住。郭嵩焘使了西后，对西洋政治有切身感受，故其既知大势，也晓了细节，"论列中外得失，准时度势，洞见症结，凡所谋画，皆简而易行"。

郭嵩焘使西前，慈禧太后给他打气（西太后这回倒是没昏）："旁人说汝闲话，你不要管他。他们局外人随便瞎说，全不顾事理，不要顾别人闲说，横直皇上总知道你的心事。"有老佛爷这话当尚方宝剑，郭嵩焘"师夷长技"就有了底气，入得西洋，周咨详访，博览群书，一改夷狄老概念，称孔子是孔夫子，也称柏拉图是"巴夫子"，称孟子是孟夫子，也称亚里士多德是"亚夫子"；不但学其科技，"英人谓天文窍奥由纽登（牛顿）开之，此英国实学（科学）之源也。相距二百三四十年间，欧洲各国日趋富强，推求本源，皆学问考核之功也"。而且关注其体制，"推原其立国之本末，所以持久而国势益张者，则在巴力门议政院（Parliament）有绍持国是之议，设买阿尔（Mayor，市长）治民有顺从民愿之情。二者相持，是以君与民交相维系。迭盛迭衰，而立国千余年终以不败。人才学问相继以起，而皆有以自效。此其立国之本也"。

先知先觉五年十年者，是英雄；先知先觉百年千年者，是鬼魔。郭嵩焘生于数千年来天朝为尊的国度，也算是过于先知了吧，他便被国人当了魔鬼了（国人将其使西叫"事鬼"）。副手刘锡鸿见郭嵩焘尽在"师夷"，便扣政治大帽，谓其是"媚外"，郭嵩焘"游甲敦炮台披洋人衣"，是大罪，"即令冻死亦不当披"；郭嵩焘见了外国国君，起立致意，是大罪，"堂堂天朝，何至为小国主致敬"。有名为副手实为"监工"的老古董刘锡鸿在弹劾，郭嵩焘干不下去了，被召回了国。

郭嵩焘被召回，命运自此沦落，"大为士论所不容"，连老家都回不得，"更为湘中顽固党诟病"。如今海归，村里头打锣鼓逢迎的，那是衣锦还乡；郭嵩焘海归湖南，湘人却要扫地出门，不准他回湖"玷辱家门"。听说他要"由鄂乘白云轮船入境，官绅哄动苦劝"，他家大门都泼了人屎狗粪；更有人吓他说，你要回家，连你屋上的瓦都要给戳掉，乡绅"集议于上林寺，几欲焚其寓室"。

遭遇如此，郭嵩焘不会死心了吧？也不，他海归之后，依然不改"四观"（三观外，还加了政治观），"嵩涛家居时，好危言激论"，世人皆欲杀，"肝硬化怎杀得死他"？不但不写检讨书，反是"肯说实话，皆极大胆识"。故而，他回国后，日子过得不爽，连老婆也不理解他，"中岁纳妾有宠，夫妻竟反目，故家居亦鲜乐事也"。

郭嵩焘崇洋是实，媚外呢？谈不上。郭嵩焘崇洋，其意不在媚外，而在于强国，意在师夷长技以齐夷。魏源喊醒国人"师夷"，其落脚点是"制夷"，故而到目前为止，士论之主流，都把魏源呼为爱国主义思想家。世界和睦，天下大同，三千年前古贤便做了这个梦，梦到魏源有几千年，魏源过后又一两百年，再往后看千年，都无实现的迹象，阁下又哪能诛心以论魏源呢？郭嵩焘确比魏源进了一步，他之崇夷，不在制夷，是齐夷吧。

魏源师夷，意在制夷；郭嵩焘师夷，意在齐夷，都心向祖国的。郭嵩焘"齐夷"非"乞夷"（有骇人论：宁做某国狗，不做中国人），只要是西洋的，国人便须跪着，郭嵩焘没这意思。媚外的确也多，卖国的更不少；同理也不能说只要是崇中的，便是爱国的，误国的也多，借爱国之名以求卖国之实者真不少。不能以崇洋崇中作爱国卖国之标准，崇洋与崇中，道虽不同，而心同一（都要爱国），才有共识相谋。现成例子是，左宗棠是不太认同郭嵩焘的，"中俄事起"，郭嵩焘主张言和，左宗棠坚决主战，看来左宗棠是对的，若不，新疆或已非国土了。

说郭嵩焘是崇洋的，也是爱国的。倒不是他说了西洋多少好话，而是其晚年过着蛮苦的生活。我们的幸福不能建立在别人的痛苦之上，但，时穷节乃现，人品苦中显，我们高评人，要看他怎么过苦日子（其为理想九死而不悔，可证人品高迈）。郭嵩焘晚年在故国过得苦，"夫妻竟反目，故家居亦鲜乐事"，缘他不卖国。他若媚外，道不同何不乘桴浮于海，转身去父母之邦？他当英法大使，弄个绿卡，不难；更借一步说话，他留英不归，免受国人之辱，也并非不可，而他回了故国，老于斯（老于外而思故国的，也算爱国）。可知，郭嵩焘当不曾领取某国救济粮，也不曾暗联某国基金会。他吃家国饭，谋国家事，老于黄土地之黄土。

我要向您附耳一句，郭嵩焘都那么爱国，我等怕也只能爱国了。我们没理由不爱国：我们生于斯，长于斯，而且只能老于斯，不爱这个国家，哪个国家爱我？我爱哪个国家去？

最好的爱国，是有脑有眼有心肝；最次的是无脑无眼无心肝；之间还有不同等次的爱国，比如无脑无眼有心肝，比如有脑有眼无心肝。放出眼光来，向外寻求强国的，只"要这人沉着，勇猛，有辨别，不自私"（鲁迅：《拿来主义》），我们不能叫他卖国贼；放出眼光来，向内寻求富民的，只"要这人沉着，勇猛，有辨别，不自私"，我们也不能叫他爱国贼。凡真心寻求民族复兴之道者，如郭嵩焘如左宗棠，都是真爱国。

# ▎刷糨糊与嵌钉子

清朝曾经树立了团结共事的一对典型——湖广总督官文与湖北巡抚胡林翼。他俩在湖北当政，一唱一和，一呼一应，官总督"虚己推诚"，胡巡抚"建功立业"，使湖北保持了安定团结的政治局面，放眼寰宇，搭配无两。所以清政府把他俩树为榜样，在官方编撰的《清史稿》里，他们隆誉为"世故两贤之"。"两贤之"前加个"世故"，很有群众公认、官方钦定的意思。

官总督与胡巡抚这对团结典型的树立，也是因为清朝"督抚不相能"，两者闹分裂闹得举国不宁了。清朝设立总督与巡抚共存体制，也曾从理论上进行了权力分配，"兵事归总督，吏事归巡抚"，但总督管巡抚，巡抚监总督，体制就建立在互相撕咬之上，况且，官场里面，吏事比兵事更有咸味，总督官大，却管不到巡抚，叫他心里咋过？总督要一竿子插到底，巡抚只能心里发闷气。闷坏了，他一状投到中央，也够总督喝一壶的。故而自督抚制设立以来，督抚一直不消停。如两广总督那彦成与广东巡抚百龄闹得不可开交，那总督把百巡抚参劾下台，继任巡抚孙玉庭又将那总督告得关了监狱；湖广总督吴文熔被湖北巡抚崇纶"百计倾陷"，搞得没有好下场；魏源晚辈魏光焘任云贵总督，与云南巡抚、李鸿章侄子李经羲谈不到一块，魏总督就把李巡抚整得丢了官；张之洞督两广，与广东巡抚倪文蔚形同冰炭，督两湖，与谭嗣同之父、湖北巡抚谭继洵也势同水火……一系列的督抚相斗，使得时人思谋着换人不如换制度，清朝一度废除督抚制。只是饮鸩多了，必须饮鸩才能止渴，废而不止，除而又复，督抚制弃而又设，督与抚闹得鸡飞狗跳，也当是生动活泼的政治局面了。而在这种乱纷纷烂糟糟情景之下，湖广总督官文与湖北巡抚胡林翼"精诚团结""积极合作"，当然让清政府喜出望外，赶忙印制牌匾，颁发"两贤之"荣誉证书，为天下法，以证明制度还是好制度，是完全行得通的，可以坚定不移地坚持到底。

姑且将此称为官林新政吧。清朝督抚基本是百狗相吠，而官文与胡林翼却是两犬相安，实在是值得研究的官林现象。

按说，官文与胡林翼是尿不到一壶的。清政府派官文督湖广，起意就是来监督胡林翼的，胡是湘军大帅，拥兵湖北，为朝廷所忌惮，生怕坐地而大，尾大不掉，特派官文来节制他。官文这人，品质也焉坏焉坏的，好色而贪，有官而无文；胡林翼虽不是绝对清官，在三年清知府十万雪花银的清朝官僚中，却也算是好的，"专意吏事，惩贪恶，任廉能，吏治蒸蒸日上"，加上出身儒家，有股文化体气，与武人体气的官文没多少共同语言。他俩为甚团结如一人，试为天下做一样呢？

有个故事说，官文娶了一个宠姜，这姜有天过生，官文印发了请柬，逢人则递。清朝官场，有三节两寿的通例，端午、中秋、年节与领导本人、领导夫人生日，下属吏员必须恭送礼金。做三节两寿喜酒，比开厂办企业，钱来得多，来得轻松，领导都是不会错过的。官文自然抓住机会，问题是两寿只是局限于领导本人与第一夫人，小姜不在此例；而官文是给小姜做生日了，他在请柬上写得模糊，只道是夫人生日，没说是几夫人，所以大家都来喝喜酒。及到了饭馆，许多官员愤然离席，比如某副总督级人物，听说官总督是给小姜做酒，"方伯某大怒曰，夫人寿辰礼应庆贺，今乃若是！吾为朝廷二品大员，乌能屈膝于贱姜裙带之下哉"，兀自走人。分管政法的廉访使某，分管监察的按察使某，也都是"继之以骂，纷纷索回手版"，把自己交了的红包再要回来，这酒不喝了。胡林翼呢，也来了，"俄而文忠至，昂然入贺"。别人认为胡林翼"或未悉底蕴"，其实"文忠固知之"。他也持红包来贺了，官文"几遭大辱，得文忠乃保全体面"，真让官文感动死了。

在官僚场里做个好官，一般有两种做法。一是道德主义做法，像包公、海瑞，他们疾恶如仇，不管官员官职大小，只要有贪墨事有恶浊事，一律弹劾，搞得"官不聊生"，自己也无朋。一是实用主义做法，他们视恶虽不如亲，却也如常，反贪只反下属，不反领导，铲恶只铲疏吏，不铲宠臣，比如张居正不反太监冯保，也比如胡林翼不反总督官文。与众多官员瞧不起官总督的宠妾不同，胡林翼专与其宠妾搞关系，他叫母亲喊官总督之小妾来打牌搓麻将，并叫母亲认她做干女儿，这宠妾就喊胡林翼做大哥喊胡夫人做大嫂。与此同时，胡林翼反贿赂反得厉害，却对官文大行贿赂，有说每月一千两的，有说一年十万两的，"岁縻十万供之"，不管说法口径多不同，胡林翼给官文大笔银子，那是无疑义的。因为胡林翼既走了"姨太太路线"，又走了"钱太太路线"，"自此，事无巨细，悉取决于文忠，而文忠建一言，出一策，官从无异议"。

胡林翼这种团结官僚的方式没甚可称奇的，这是官员都在使用的刷糨糊法，以裙带绾结，以金钱黏合，裙带与金钱按比例配置，制成糨糊，黏贴关系。然则靠糨糊缝拢来的关系会特别牢固吗？木匠师傅拼木板，爱用木胶，而单靠木胶，却造不出家具，关键处还是得嵌下铁钉。胡林翼给官文耍糨糊，是固定关系之常法，而胡林翼在关键地方也是嵌铁钉的。

官文与胡林翼不管怎么"自此再无异议"，矛盾是铁定有的，制度使然，无谁能超越制度。吴钩先生在其大著《隐权力：中国历史弈局的幕后推力》里说过一则官林故实，很有味道：那次，朝廷准备动议干部了，官文推荐了某人出任道员，推荐书已写就，着人赶送京城；胡林翼听说了，打发吏员送信给官文："访闻某人有劣迹，断断不可补授道员，如果真当上了，吾必参劾！"吓得官文另选快马，把推荐书追回烧毁。烧是烧了，心里不爽，满腹怨气地问"谁可任之"，胡林翼说除了某人，任何人都可以。官文这事一直觉得憋闷，写了一函给胡林翼：吾清故例，总督领导巡抚，试问胡大人，总督真可领导巡抚吗？请复一书。胡林翼接信，马上"复一书"：总督领导巡抚，理固当然，然则大清亦有故例，总督贪渎，巡抚知而不参者，与之同罪。听说官总督曾受某千金，曾受某百金，"果有其事否？亦请复一笺"！搞得官文一点脾气也没有，打了几声干哈哈，没事了。

胡林翼一面给官文送银子去，一面将官文记本子上，他很注意收集官文劣迹，某日贪污，某日受贿，某日嫖娼，某日大赌……一一记录在案，时间、地点、人物都对得上。平时都藏着，趁着机会，笑呵呵地通报官文一声。他也并不打算拿这个说事，到了关键时候，那就说不准了。那次官文弹劾左宗棠，拟将左宗棠置于死地，胡与左不但是湖南老乡，更是儿女亲家，他写了一封温情脉脉的私信给官文，叫他高抬贵手，实质上也是给官文敲了警棍。胡林翼在给湘军领袖曾国藩的信中赤裸裸地说他掌握了官文许多"不法情事"，如果官文搞左宗棠太狠，那他是要抖搂出来的。好在官文没把事情做绝，左宗棠后来转危为安，胡林翼也就没做绝事，与官文杯照碰，酒照喝，手照握，兄弟照喊。

据说有位官一代退休了，对其官二代面授机宜：有问题的官员不是问题官员，没问题的官员才是问题官员；有问题的官员可用，没问题的官员不可用；前者服管，后者不服管；前者不会坏你的好事，后者多坏你的好事。这话不宜外传，单宜传子。大家对问题官员复出，总爱从道德层面进行抨击，而从实用角度看，既已大家认证他是问题官员了，无须"日久见人心"的观察时间了，可以直接用上了，多省心。

一面对领导刷糨糊，一面向领导嵌钉子，这才可以结成比较牢固的政治联盟与官架结构，这不是什么秘籍了。覆巢体制之下，坏官固然，好官也难以例外。这样，想做点事的官员才可将海瑞那句"这等世界，做得甚事"愤激语，改为实用句：这等做官，才可在"这等世界，做得些事"。

# 文武莫相轻

大清中兴，文武用命，其所得益者，或有书生带兵之功。将军前身是书生：曾国藩墨绖出山，左宗棠起身耕读，胡林翼投笔从戎，李鸿章做大清裱糊匠，也多仗其文人能说出一些道道来，兵马未动道理先行。书生这般身份带来的好处是，大局上兼通文武，构筑相容模式，文武不内讧，不内耗，不内斗，试看天下谁能敌？

大局相融，小局不免摩擦。文武眼对眼，常常对不上眼，文人智力偶然高，承平时节多视武人曰一介武夫；武人膂力经常大，用命时候多视文人一介书生（武人言拙，多是拣文人句子回骂）。曾国藩帐下，纯粹武人，多半与文人相处不太好，曾九帅（曾国藩老弟）读书不多，他素来不待见文士；曾帅手下悍将如鲍超如陈国瑞，多文武冲突故事。还好还好，没闹出太大事故来（统帅是书生哒）。

胡林翼本质是书生，"为鄂抚也，治军武昌，所部以鲍超一军为最强"，鲍超是没读什么书的，大字如箩，顶多认得一担；小字如螺（螺者是此螺：一螺富，二螺穷，三螺四螺卖豆腐），顶多认得一个。鲍超没文化，要用文化嘛，胡林翼便起用文人做幕僚，来补军队文化之缺，"学使俞某，浙人而北籍，少年科第也"。少年得志，裁缝师傅给做长袍，做的都是后短前长，以供其身子前翘后仰。

胡林翼有意兼通文武，意存和合鲍超与俞某，饭为局，酒做媒，胡公专设饭局，拟将媒合两人。文武不调和，倒好，井水不犯河水，搞了调和，搞糟了，差点酿成大事了。饭桌上，文俞某武鲍超，打倒是没打起来，骂也不曾相对骂，不曾闹不曾吵，却比吵闹更厉害，一顿饭局下来，两人一句话都没说，"不意俞蔑视之，终席不交一言"。这是甚酒局甚饭局？人不多，就三个，胡公、俞某与鲍超，这般饭吃起来，甚味？这般酒，喝起来，何趣？尴尬死了，饭局没完，鲍超摔了筷子，走人。

尴尬不是大事，大事不好了。鲍超酒局上碍胡公面子，甚话都没说，没滋没味，下了席，跑到其所率部队，倒苦水来浇一饭之羞："大众散了罢，武官真不值钱。俞学使一七品耳，竟瞧不起我。"鲍超要将整个部队都解散，这事有多严重？清军与太平军，鏖战正急，军心一动摇，后果如何？按鲍超脾气，可不是说着耍的。解散事大矣，比解散事更大的，军心因此激发起来，会闹出什么事来？"这班人在朝中，我辈为谁立功者？"

可能估计要出事，"正忿忿间"，其迟其快，胡公骑马驾至，"林翼于席间情形已了然，故超之出也，林翼尾随之"。不是林翼多疑，而是鲍超多怒，胡公赶来安抚军心："俞某少不更事，明日我面公训饬之。特设负荆筵，请公明午降临，使俞某陪客。公不可却。"

胡公为大清一药，是大清牛黄解毒片，是大清黄连上清丸，常能给大清内部官员，清热泻火、散风止痛。大清体制督抚同城，矛盾丛生，常常闹出事来。比如武汉三镇，以前督抚间，闹得鸡飞狗跳；后来胡公做巡抚，官文是总督，督抚和合，被大清列为同城好榜样，团结示范区。官文是满人，也是莽汉，没读甚书的，先前文官集团多瞧不起他。官文爱姜做寿，大家都不与贺，不想理他嘛。胡公亲自到堂，又打发堂客与其爱姜结姊妹，官文受用，厚待胡公，胡公所举之事，所施之策，官文不加掣肘，故，胡公妙策得以贯彻，安了天下。

胡公非大清麻沸散，是大清三合汤。其人温和，其性温霁，搞关系有他一套。搞关系，未必是坏，高而言之，关系也是关系重大，问题是怎么搞，为谁搞，才是得辨识的。关系只是蝇营狗苟，跑官要官，拉山头，圈团伙，政以贿成，寻保护伞，自是劣迹昭彰；关系为家国计，为济世功，也是要讲一讲的，关系上九流叫协调，关系下三滥叫胁从。从不注重和合同事的，多半不是骨气，多是霸气，唯我独尊，不将他人放眼里，权力欲指定大得惊人。

胡公和合官文，是为和上，胡公之可敬，并不但与上面搞好，他与下面也蛮注重心气相通。俞某与鲍超，文武相轻，胡公也来调和鼎鼐。次日午，胡公再来两位来吃饭。胡公所谓"训饬之"，也不是如阁下所想象，将俞某臭骂一顿，作色作相，甩脸子；而是温言款慰，道理服人，座位安排也蛮得体，"明日仍三人，超宾位，俞陪位"。这事总归是俞某不对嘛，这么安排也是合理。好吧，今天我们三人，不只是喝酒耍子，我们来个桃园三结义吧，"所谓不打不相识，我三人何妨换帖结为兄弟"？我堂堂书生，要跟土包子称兄道弟？"俞某意踟蹰"，胡公这时有点发毛毛脾气，我都来，你不来？换帖换帖，"即命具红柬，各书姓名、籍贯、三代而互易焉"。结义按的年齿，"胡为长，超次之，俞又次之"。

胡公三结义，境界与兄弟殊异，非为私谊，是为公计，此公大矣哉，不止是三个人的关系和合，事关是大清两大系统交好融洽。文官与武官，为家国两翼，为国家两轮，史上朝政往往飞不起来，朝代往往跑不起来，常因两翼不协，两轮拖腿，文官以批判的武器打压武官，武官以武器的批判打杀文官，闹得国将不国，家不成家，这般故事闹出事故，多见。岳飞曾论家国之复兴，有两条，"文官不爱钱，武官不惜死，不患天下不太平"，说来还得加一条，叫文官武官不相轻。文官与武官两张皮，狗跳鸡飞，互相扯皮，敌不了外敌，非吉。

曾国藩赞胡林翼："以湖北瘠区养兵六万，月费至四十万之多，而商民不敝，吏治日懋，皆其精心默运之所致也。"其精心默运者，即包括胡公着力于文武相亲不相轻，这不是我乱说，曾国藩也是明言点评的，"林翼坚持之力，调和诸将之功，综核之才，皆臣所不逮，而尤服其进德之猛"。也正如史学家蔡东藩所说："若曾、胡二公，文足安邦，武能御侮，清之不亡，赖有此耳。"

第六辑

凡鸟偏从末世来

# 张之洞招商盛宣怀

　　光绪十五年（1889年），张之洞任两湖总督，到任也就一年吧，他就兴办大冶铁矿与汉阳铁厂。自汉以来，盐铁都是黄金产业。就赚钱而言，真个是点铁成金的，官家张之洞搞这行业，以天时言，他想制个什么政策就是什么政策；以地利言，他要征用土地，他要搞强制拆迁，谁挡得住？天时地利具备，却是缺了人和。官场里，人是难和的，故而，张之洞这企业办了六年，到了光绪二十二年（1896年），已投入了五六百万两银子，却是连厂子都没建成。

　　朝廷可能看到了这形势。张之洞到京去述职，听翁同龢说，政府准备调整官办企业政策了，条条框框很多，主要精神是：凡官办赔钱的新型企业，都要改为官督商办。张之洞是不是招商引资第一人？这个没考证，但他得悉政策先声，思想解放倒是蛮快的，回到地方，四处招商。他听说天津有个盛宣怀，是商界大腕与奇才，经商了得，也就带了一干人马，一路逍遥，旅游招商，连策带骗，标语有"你发财，我发展"，口号有"经商到湖北，一生不败北"，等等。盛宣怀钱赚足得很了，也想往政治转身，人家大总督亲自垂青，哪有不高兴之理？做红顶商人，然后做商人红顶，也多是商家计划的人生路线图。

　　不知是盛宣怀听了两湖之标语动了心，还是看了张之洞之红顶起了意，他到湖北来了。湖北接待工作做得是相当好的，落后地区来了大客商，哪个地方政府接待做得不好？但商人不是官人，商人那是特别精明的，喝酒归喝酒，算计归算计。盛宣怀到了湖北，酒酣耳热过后，到了大冶铁矿等现场商业考察，发现企业的实际情况与招商项目说明书，其间差距不以道里计，根本就不是宣传资料那回事。商人盛宣怀与官人张之洞坐在一起，凭什么？凭他是人物，何谓人物？就是人有物，都说钱是身外之物，但若没了这物，是不是人都难说。盛宣怀若倾尽家产，填张之洞这官办企业填不满，那他就一钱不名了，也就一钱不值了。

盛宣怀酒喝了，合同不打算签了。张之洞说，既然盛大腕执意要走，我也不留您了，但我们湖北人民是非常好客的，今夜，我代表两湖人民向您再敬一杯酒吧。

盛情难却，盛宣怀也就赶赴湖北这场最后的晚餐。席间，大家喝酒，一巡过了，过二巡，官员敬了，美女敬，喝得半醉时，张之洞说：盛大腕，我这里起草了两份送行书，您喜欢哪一份便带走哪一份。盛宣怀也就接过来，先瞧第一份，起笔是：皇上，您好！第二行是：盛颇有才具，堪以接办铁厂。盛宣怀看了，心花还算喜放，忙说，那第二份呢？接了过来拜读：盛在任中营私舞弊，应该严加惩办。盛宣怀读了，脸色一红一白，乍暖还寒，朝晖夕阴，气象万千。有甚办法，当场签约吧，"制台错爱，敢不遵命"。盛宣怀也就被招商，将国企改制为私企，因为上有官府大手罩着，自有经商手段使着，铁厂倒很是赚钱，盛宣怀数钱数得手抽筋。

做大生意，其实是做官生意，顺官者，可繁荣可昌盛，逆官者，入地狱入班房。张之洞以此法对商人，也不是他首创，左宗棠对胡雪岩也使用过这招。胡氏先是攀了地方要员王有龄，生意做得风生水起，第一桶金，第二桶金，都装得满满的。但是没了官场保护伞，就没了经济吸金术，商业大厦必然崩溃。王有龄走了，左宗棠来了，据说老左首先就要拿胡雪岩开刀。他听说胡雪岩把银行都垄断了，浙江所有项目建设，都归胡雪岩包了，"凡解粮者必由胡某汇兑，否则不纳"，这还了得？"左怒，胡进谒，即盛气相待，且言将即日参奏"，弹劾书都写好了。胡雪岩懂经济，更懂政治，"次日，胡忽进米数十舟于左"，捐出私款做军饷，还具了一份商人也爱国的表态书给老左："今闻王师大捷"，咱们商人商装虽然穿在身，但我心是清朝心，且以个人财产捐与政府。猪啊羊啊，送到哪里去啊，送给那将军们去杀敌吧。这一封信，这几十船米，忠心耿耿加哗哗银子送达左公那里，左宗棠喜得跳："得胡禀，大喜过望，乃更倾心待胡，凡善后诸事，悉以委之，胡于是日富。"

商人而成大腕，谁无原罪？正如官员之做大官，也多是带病才可提拔起来的。有罪与无罪，界限在哪里？在于查与不查，不查自然没罪，查了多半有问题，然则，查的为何要查，不查的为甚不查？盛宣怀的经验是听话，胡雪岩的秘诀是送钱，当然，这两种法子不是二选一，更多的情况是二合一。盛宣怀与胡雪岩，后来都给解决了红顶问题的。比如胡雪岩，"迭经保案，赏头品衔翎，三代封典，俨然显宦。特旨赏布政司衔，赏黄马褂，犹为异数矣"。胡雪岩那会，将商人转官人，算是稀奇事，历来官场政策都是抑商的，这里将商人地位抬到那么高，自然少见多怪，到得后来，那就是非常正常的了。盛宣怀操作完由官场主导的企业改制后，张之洞从朝廷给他挣来了一顶红帽子，他趁机自己主导身份置换，由商场进官场，不但钱弄得多，而且官也做得大，没人再称异数了。

## 张之洞滥权

大清的权力结构有点乱，"督抚同城，权位不相下"。谁领导谁？督抚斗个不消停，皆是权字始作俑。人权、事权、财权、审判权、执法权、监察权、最初提议权、最后决策权……权力百千种，权权皆来味，最来味的是甚？用人权哒。

张之洞督两广，其他权当然不放，最想全权弄到手的，是用人。他刚上任，碰到潮州市长空缺，"私拟一人授藩司游百川"。顺便说一句，有人考证了，此处游氏有误，非游百川也，是游智开也。游百川是山东滨州的，游智开是湖南新化的。游智开当时任的是组织部长职务，干部任免都要经他过手（也只是过手而已，好比出纳，天天数钱，钱只是过手罢了）。张之洞身边想当官的人很多，都向他发过誓效忠的，他按他的排队顺序（是亲密程度，还是先后次序，抑或是红包厚薄？这个，归张之洞掌握，外人难知），排上了一人。张总督对游智开说：潮州市长，我推荐个人选吧。推荐云云，自是官话，听上去蛮谦和的，实际上是十分横冲的。游智开当着张之洞，不好驳领导面子，只是笑笑。很长时间过去了，没见动静，"压置勿用"；后来见了动静，却不是张之洞的人，而是巡抚的心腹。

张之洞那个气啊，呵口气点得火燃，"之洞大怒"，传下话去，叫游氏来见他，未待游氏站稳，劈头盖脸，捶桌摔凳，嘴里吐白沫，眼里冒红火："尔藐视我而媚抚院，亦有所恃乎？"张之洞这话相当冲，下属听得这话，谁不脚打战，心跳喉？游氏赶紧解释，道："职司何恃之有？旧制兵事归总督，吏事归巡抚。职司居两姑之间，难乎为妇，不得不按制治理。"游智开说的是实情，当下属夹在两位一把手之间，最是难当，这一把手决策要上山，彼一把手决定要下水，两一把手并不协商，只下命令给管事的。左也是婆婆，右也是婆婆，管事者听谁的？

游智开处理这个矛盾，应是得宜的，是上得台面的，他说他是按制度办理的嘛。没想到张之洞听了制度两字，怒气更加上升，如李逵说的"条例条例，若还依得，天下不乱了？我只是前打后商量"！当然，张之洞素质毕竟高些，他说的不是草莽江湖话，而是官场江湖话："巡抚归总督节制，天下莫不知之。汝安从得此言？汝速示我，我当据汝言入告，以便脱却吏事不问也！"张之洞说得也对，督抚权位不相下，按大清制度安排，同一个级别，却还是有区别，此一把手负责地方全面工作，彼一把手负地方行政全面工作。地方全面工作自然包括地方行政，既如此，巡抚不能插手总督权力，而总督却可以一竿子插到底，去管政治、经济、人权、财权、事权了。

游智开当着地方组织部长，专司这项工作，却也是不用心，张之洞要他回去找文件，他找了蛮久，找不出来，"归检会典，仓促无所得"，急火攻心，急得吐血，"忧之至呕血"。张之洞一拨又一拨，打发人来催，军书十二卷，卷卷相催逼：找到文件了吗？找到文件了吗？又不准他调遣秘书去找，游智开当领导当惯了，哪里干过档案员的活？"之洞持之急，遂谢病归"。高压之下，全身之计是，免遭张之洞斧钺相向，早点知趣，辞职走人。

张之洞获得全胜，"自是广东政权，尽归督署，而巡抚成虚设矣"。

游智开业务确乎不熟，天天做组织工作，对自己部门文件都没怎么读，也是混账。关于总督与巡抚职责分工，大清哪里没制度呢？"大致以兵事归总督，以民事归巡抚，此国家定制也"。按理，游智开平时多读文件，多读大清典章，是可以找到有利于自己的祖宗法制的。然则，游智开纵深找到了，有用吗？他找得到吏事归巡抚的文件，那么张之洞也可以找到N多总督节制巡抚的根据来。

大清文件混乱，法律打架，也并非始自张游之争。"然一城之中，主大政者二人，志不齐，权不一，其势不得不出于争。"总督与巡抚争权，在大清确是癌症，"各以意见缘隙成龃龉，虽君子不免"，总是斗啊斗啊，斗个不歇气。"两广总督那彦成与巡抚百龄相攻讦"，这是"君子攻君子也"；"吴文镕初至湖广，与巡抚崇纶不协"，这是"小人攻君子也"；更多的是小人攻小人。"曾文正公与沈文肃公葆桢本不同城，且有推荐之谊，尚难始终浃洽，其他可知矣。"曾国藩道学学得好，沈葆桢也不能说是小人，两人还曾是上下级关系，沈是曾提拔起来的，一个地方来共事，也是闹啊闹，把大清朝堂闹得乌烟瘴气。

大清权力结构的顶层设计，兵事归总督，吏事归巡抚，看来比较清晰，其实蛮混乱。"而巡抚例归总督节制"，总督要插手巡抚事，不也是制度安排？"督抚同城，势分略等，体制平行，权限之区分复相沿不甚清晰，其能和衷共济者不多见"。问题更在于，总督有一套班子，巡抚也有一套班子，"又各开幕府，行文书，不能如六部尚书侍郎同治一事也"，故而，"参差杌陧之意常多"。大清地方几套班子各自运行，最后变成强人政治，威权政治，谁厉害，谁强硬，谁有后台，谁根基深，或者谁对谁先下手，谁捏着谁把柄，地方的整个权力便归属谁；原先制度安排的分属权力，也都得向其人缴械，向他集中。

"遇兵事则有节制巡抚之权，吏治非所问也。之洞非懵于掌故也，平时恃才傲物，挟小汉家故事，故事事把持如此。"张之洞做官特是强势，把所有权力都抓到手，军政权，握手不放，行政权也一把抓在手；提拔干部，吏部事，他要揽着；撤免干部，御史事，他要揽着；地方工部、地方吏部、地方礼部，其内部调整干部分工，他也是插手……

张之洞如此滥用权力，却不曾治以滥权罪。滥权是不是问题，得看其他方面有没有问题。其他没问题，则滥权不是问题；其他有问题，则滥权肯定是问题。张之洞其他方面没问题，他滥权就没做问题来弄。

# ▍老子就想看烟囱冒烟玩

张之洞建设汉阳钢铁厂，天时是蛮合的，奈何不顾地利，到底无法人和。厂子冒烟炼云之际，便是云消烟散之时，当随风飘去了。

建设钢铁厂，时间晚了点，这怪不得张之洞。世界早进入工业时代，大清帝国还在咿咿呀呀念经，这不是张之洞所能左右的。到了张之洞，他主张大搞洋务运动，亡羊补牢，未为晚也。"之洞耻言和，则阴自图强，设广东水师，创枪炮局……"每到一地，搞得风风火火，"莅官所至，必有兴作，务宏大，不问费多寡"。

张之洞莅官湖北，大炼钢铁，立意不错。"窃以今日自强之端，首在开辟利源，杜绝外耗。举凡武备所需枪炮军械、轮船炮台、火车电线等项，以及民间日用、农家工作之所需，无一不取之于铁。"建设钢铁厂紧迫性毋庸多言，先前被枪炮砸过，大清痛是痛，却没醒。到了张之洞那会，大清被坚船利炮打得满地打滚，满地找牙，痛醒了，大多同意师夷长技。

必要性上，大家统一了思想，却在可行性上，却鸡嘴鸭嘴的。钢铁厂要建，没问题；问题是建在哪儿。有说要建汉口，有说要建武昌，有说要建襄樊，有说要建宜昌，大型项目一有立项，各地便起纷争，闹闹嚷嚷，古今都无别。

以当时条件，建在大冶是最科学的。大冶铁矿丰富，当时勘探，不测地底，单是露地部分，铁含量就有两千七百万吨，以当时年产量一万吨算，可开采两千七百年。炼钢除原铁外，另一项最需考量的，是煤炭。炼钢需煤炭，可不是几箩筐几簸箕的，附近若不产煤，运输成本会高得吓人。有铁矿之地，未必有煤矿，有煤矿之地，未必有铁矿，然则，当选其中一地，要不或选煤矿与铁矿中间地带，方是佳选。汉阳呢，不产煤，不产铁，如何来建炼钢厂？

"其时张之洞已由两广移督两湖，而大冶已发现铁矿，有议厂宜设于大冶者。"在要建钢铁厂上，没人争，在厂址方面，竞争激烈。最后自然是张之洞来拍板决定，张老板力排众议，一锤定音：哪都别争，建在汉阳。

理由呢？建在汉阳的理由呢？根据呢？钢铁厂建在汉阳的科学根据呢？什么理由？什么根据？老子我就想看烟囱冒烟玩："大冶路远，照料不便，若建于汉阳，吾犹及见铁厂之烟囱也。"

张之洞拍了脑袋，还拍了桌子，一言息争，钢铁厂选址就这么定下来了，选在汉阳大别山麓。山麓地势低洼，长江要涨起水来，不就水漫金山、银山铁厂钢厂了？这倒难不住张首长，张之洞大手一挥，气壮山河，喊几句"移山填海"口号，"喝令三山五岳开道，我来了"，他便真来了。张老板是最喜欢搞大手笔的，"务宏大，不问费多寡"。汉阳钢铁厂选址大别山麓，首先要填地基，地基厚度是一丈二，单是打地脚，便耗财政三十多万两。金子银子先填了土。

有条件要上，没条件创造条件也要上。帝国不差钱，差钱就贷款嘛。贷款搞生产，借钱生钱，过去不理解，现在可以理解了，这且不说。要说一个小插曲，张之洞立意要建汉阳铁厂，炼钢机器要去英国采购，"因委驻英国公使薛福成在英订购机器"。有生意来了，哪个老板不高兴？英国老板却迟疑了一会儿，说：乱买机器是不行的，虽说都是炼钢，但不同的生铁要不同的机器去炼，"厂主谓须先将焦煤及铁砂之样品寄英化验，始可决定设计炼铁用之机器"。张之洞革命热情高昂，一个劲地想出政绩，干工作很有精神——精神太足，便近乎有点精神病了。"以中国之大，何处无佳煤佳铁"？只要是炼钢机器，买来就是，啰嗦个鸟，"但照英国所有者购买一份可也"。

汉阳钢铁厂，说建就建，速度大跃进。只是建成之日，便是倒闭之时。那成本太高哪。汉阳不产铁矿，大冶离汉阳一百二十公里，肩扛手提，板车拖汽车运，平均下来，每吨运费是三角四分；湖北马鞍山虽产煤，但其煤灰分与磺质太多，根本不适合炼铁，需从遥远的开平运来焦煤，每吨焦煤运来汉阳，成本是十六到十七两；张老板请了外国顾问，本国工人亏待就亏待，用不着与黔首黎民来论国民待遇，而外国人得供着，待遇高了去了。

汉阳钢铁厂，土法上马，却也炼出了一些铁疙瘩。铁中含磷量高（英国老板曾说过的，不同的铁矿需不同炼法的，张不曾听），铁质易脆裂，易折断，莫说用于精密制造，就是用作农耕做锄头，都难，"炼得生铁，实不合用，而钢轨更无论矣"。这般钢铁能走市场吗？当时上海市场，钢铁需求量是巨大的，价格也高，每吨能买三十两银子，不过，那都是洋铁。汉阳产铁，价格是二十三两，也是无人问津。

张老板开设的汉阳钢铁厂，不生产，亏；小生产，小亏；大生产，大亏。从光绪二十年（1894年）年投产，到光绪二十四年（1898年），钢铁厂已累计亏了100多万两。国企办不下去了，国企被搞死了，只好搞企业改制，交给了资本家盛宣怀来办。这是后话，不提。

值得一提的是重大项目决策机制，建设钢铁厂，选址汉阳，其拍板不也太荒唐？经济学家说一千，炼铁专家道一万，他一掌拍下去，不准再嚷嚷，老张我就想看看烟囱冒回烟。为着让领导看烟囱冒烟，帝国花了多少钱？烟笼寒水月笼沙，那风景多美哪，还邀些商女们，隔江唱着《后庭花》，更是味死人哪。

烟囱冒黑烟，当时未必晓得会弄出雾霾来，环保成问题，那是后来人才晓得的事。不过成本核算，当时没有人给张之洞算过？张之洞是不计成本的，他记着的是自己能得方便。

# ┃ 肃顺的两手抓

　　肃顺的名字密码里，还真含着其性格密码。肃者严肃，似乎整天一副牛肉脸；顺者，驯顺，待人当镇日里笑嘻嘻模样才是。可是，你真难用一字几字来盖棺他，他是坚持原则的端肃的肃，还是烂忠厚做官的庸俗的俗？官场上做人，人格分裂的多矣，比如人前乖乖兔，人后食人兽；比如对上是一只羊，对下是一只狼……

　　肃顺做官，很难插标签，说他是清官吗？满人说他很贪；说他是贪官吗？汉人说他很清；说他是忠臣吗？他列入了大清奸臣传；说他是奸臣吗？他进入了后人忠臣榜。做官一边是回避肃静脸，一边是温顺低媚色，这不稀奇，但那多是以上下级来决定脸色转换的。肃顺呢，他不是，他是以满汉来分的。大清满汉分派分得厉害，满官称汉吏可能叫先生，貌似尊敬，实则生分；称满吏叫奴才，那奴才透着自己人的亲切。肃顺也分满汉，他对汉人称先生，那真是恭谨；对满人叫奴才，那真是斥责。肃顺的满汉观里，不是亲与疏，而是能与庸。他对有水平的人，向他跑官拉关系，给提拔给袒护，他一分钱都不收，是真的不收，不是做样子的；对没能力的人，向他跑官拉关系，也给提拔却又给唾骂，送多少他收多少，送少了，他不提拔你，送得很多，他提拔你，却要骂你一顿，踢你两脚……这样子做官的，算甚官？真不好标签。要归纳其做官法，只能独立起名称，叫肃顺现象。

据说在大清朝堂密室里，立着一块碑："宫内所立碑，系专谕满大臣。大略谓本朝君临汉土，汉人虽悉为臣仆，然究非同族。今虽用汉人为大臣，然不过用以羁縻之而已。我子孙须时时省记此意，不可轻授汉人以大权，但可使供奔走之役云云。"在大清有国策，满汉之大防，甚于历代相承的夷夏之大防。要汉人供牛马走又不让汉人吃草，这状况是肃顺给改变的。肃顺本是满人，靠着这个政治身份，身到凤凰栖，成为大清皇帝股肱手，"肃顺于咸丰年间始为御前大臣，贵宠用事，后遂入军机"。再后来，老皇帝辫子一翘，再也不省人事，走前命肃顺为顾拜大臣，可知满人肃顺是靠满人身份吃饭的。

但肃顺怪就怪在，"汉人有才学者，必罗而致之，或为羽翼，或为心腹"，他手下有所谓"肃门六子"，分别是郭嵩焘、王闿运、尹耕云、高心夔、李寿蓉、盛康，另外还有李鸿裔、龙汝霖、邓辅纶、莫友芝、许振祎、吴汝纶、赵树吉、刘树堂等人。肃顺看到王闿运"纵横有才略"，倒履以迎，"奉之若师保，军事多以咨之"。曾国藩秀才带兵，打出了湘军威风，朝廷不喜反忌，"非我族人，其心不异"，有满官直接对皇帝说："曾国藩以侍郎在籍，犹匹夫耳。匹夫居闾里，一呼，蹶起从之者万余人，恐非国家福也。"是肃顺在皇帝旁边打耳语荐汉人可用，拍胸脯担保曾国藩绝忠，"湘军初起，肃顺力言其可用，上向之"，没有肃顺，就没有曾国藩，"曾国藩、胡林翼之得握兵柄，亦皆肃顺主之"。肃顺如此荐举与保护曾国藩，收了曾国藩跑官费吗？没有。收了曾国藩的保护费吗？没有。这么罗致曾国藩，是要曾国藩做他死党吗？没有。后来肃顺被诛，朝廷来搜两人往来信，居然搜不到片言只语。肃顺救左宗棠，也是佳话。左公得罪了满人樊燮，樊氏参了一本，咸丰口含天宪，下了旨："如左宗棠果有不法情事，可即就地正法。"肃顺听了，将这消息放出去，又给左宗棠说项："闻左宗棠在湖南巡抚骆秉章幕中，赞画军谋，迭著成效。骆秉章之功，皆其功也。人才难得，自当爱惜。请再密寄官文，录中外保荐各疏，令其察酌情形办理。"别小看领导一句话，肃顺这般领导，一句何止顶一万句？一句话是一条命呢，不是吃闲饭的一条命，是凭他收复新疆的一条命呢。这句话，可值多少钱？若是贪官，没有百万不上千万，那是不会说的。

您以为肃顺是个好官意义上的好官吗？错了。肃顺"待汉员颇极谦恭"，然则，他待满员却是飞扬跋扈的，"肃顺秉政时，待各署司官，眦睚暴戾，如奴隶然"，眼珠瞪得铜铃大，杯子摔得炸弹响，动辄扇耳光，不时砸脑壳，不把下属当人看的。肃顺管自己管得严吗？不严，对女同志动手动脚是常事。咸丰皇帝要死了，"肃仍拥女子行宫旁，纵姿为乐"，声色犬马，哪是好领导做派？肃顺推举曾国藩没受贿，死保左宗棠也没收钱。肃顺是不是视金钱如粪土的？不是，"肃矜权嗜利"，是见了钱眼发绿光的人。

肃顺做派，蛮像患了官格分裂之官。官员大贪，也有讲究，大都是为贪腐安全起见，给自己定N条"几收几不收"。如，嘴巴不紧的不收（自然也不提拔），嘴巴紧的收；办不到的不收（好官啊，收钱是要给办事的），办得到的才收；等等。肃顺只有一收一不收，满人的收，汉人的不收，他说过，"汉人是得罪不得的，他那支笔厉害"，好像还是从安全着眼的，其实不是。肃顺这么说，不是怕汉人将其污点记入青史，而是说汉人水平了得，能力超强，咱们旗人混蛋多，懂得什么？旗人发展到肃顺时段，已是一堆稀牛粪，提不起来的纨绔子弟了，政事国事天下事，啥都不懂，却拼死要来当官，好啊，你要当官可以，我提拔你这土鳖，但你拿钱来。百姓打官司，衙门八字开，有理无钱莫进来；干部跑官职，衙门八字开，有位无钱莫进来——位置多的是，没位置也可为你因人设岗，关键看你有钱没，没钱莫当官，有钱来当官，钱少当小官，钱多当大官。

无官不贪，肃顺也是资深贪官，只是肃顺之贪，很是另类，他收钱表面上分的是满人汉人，实际上分的是人才与奴才。是人才的，他三顾茅庐，八抬大轿，抬你去当官，不要你花钱，他给你发钱；是奴才的，你三跪九叩，去抬他轿，他才提你当官，你得大出血，你给他发钱。肃顺这般当官，搞的不是任人唯亲，按亲疏来说，满人跟他亲些，宗派与山头味道浓些；肃顺这般当官，搞的是任人唯贤吗？按贤愚来说，八旗子弟算什么贤？多的蠢奴才，他也给提拔。

对人才，他爱才，他提拔，他尊敬；对奴才，他爱财，他提拔，他轻慢。肃顺这么做官，把道德的好坏概念搞乱了，把政治的忠奸标准搞混了。他两手抓，一手抓人才，一手抓奴才，两手都很硬。抓人才是替大清抓精神文明，抓奴才是给自己抓物质文明，名利都抓到手了——人才高兴，奴才也高兴。当了官，挨骂算什么？有位哥们读了肃顺故事，拊掌叹息，若领导是肃顺，就好咯！这哥们是人才，他之所遇是，不管人才与奴才，都是要钱财的。

肃顺后来被绑缚菜市口，倒不是因为贪腐，而是他与慈禧争权，他争输了。据说砍他脑壳时，刽子手叫他跪，他死也不跪，是刽子手使了刀把敲断他一根胫骨，才跪下去的。行刑之际，据说他还高呼了口号，口号据说还蛮硬气的。

## 翁同龢被打倒后

翁同龢政治锐气蛮好，政治敏感性蛮差。以慈禧为核心（非为首）的领导班子，对他下手了，处分决定已连夜做出了，他老夫子兴冲冲笃悠悠，上大早班去，"二十七日，丑初微雨，既而潺潺。喜而不寐，入看折治事如常"。在办公室看了些文件，起身去参加慈禧主持的朝会，百官作燕舞，唱莺歌，胸配出席证，鱼贯而入，轮到翁同龢了，太监将他挡住了，"中官传翁某勿入"。翁某不晓得其中何故，还张眼望天闲看风景，"余独坐看雨"——命到官穷处，坐看雨落时。意境甚是凄凉。

大概是慈禧向百官做了情况通报，通报而已，没作也不用作任何解释，故而费时并不久，"一时许，同人退"，翁同龢傻傻地干站一边，同事匆匆从他身边过，没一个拿正眼看他。未几，有太监拿了圣旨，对他宣读了判决书："协办大学士翁同龢，近来办事多不允协，以致众论不服（领导不服，便托谓众论，古已有之）。屡经有人参奏，且每于召对时咨询事件，任意可否，喜怒见于词色，渐怒揽权狂悖情状，断难任枢机之任。本应察明究办，予以严惩，姑念其毓庆宫行走有年，不忍遽加严谴，翁同龢著即开缺回籍，以示保全。钦此。"

这圣旨真是公文作法，列了一大堆罪，却并没将大罪写进去，办事不协，做官高调（判决书谓"狂悖"），云云，都是些鸡毛蒜皮，或谓欲加之罪。让慈禧对翁同龢痛下杀手的，却是没著一笔。翁同龢支持光绪搞变法，引了康有为等人作变法智囊团，动了慈禧其权力奶酪，慈禧便歇斯底里症发作，"而八月之政变突起，康有为、梁启超仓皇潜逃，谭嗣同等六臣，斩首菜市口"。翁同龢若有罪，罪便在这里，却是一字未写。判决书还有句云"不忍遽加严谴"，也是假话。慈禧最初起意，是要杀的，"下两江总督命杀同龢"，大学士王文韶"长跪哭求"，又加上荣禄在旁说了话，"本朝尚未杀过师傅"，慈禧才开恩，刀下留人，饶他一命。判决书里，自然略去了这些。慈禧其毒心思，凭刀笔吏笔法，直转菩萨心肠。

翁同龢听了判决书，是啥表现？其政治表现蛮好的，"臣感激涕零，自省罪状如此"。认罪态度蛮符慈禧心意，慈禧也就没法外加罪了——上面决意要办你了，还有什么可说的？早点认罪不吃亏。翁氏也没撂担子，回办公室，有条不紊，办好各种交接，"随即趋出公所小憩，同人退甚迟，除授亦甚夥也"。次日也就出京，不恋栈，"廿八日，晴，午正二，驾出，余急趋赴宫门，在道右碰头。上回顾无言，臣亦黯然如梦。遂行"。是处除了碰头有声，演的却是哑剧。莫说光绪是一把手，职务与权力未必对等的，没职务的慈禧不就架空了有职务的光绪？光绪对老师兼心腹保不了（他自身都难保），他心也有说不出的悲凉，"回顾无言"。翁同龢也明白，其政治理想与政治前途都没了，自然也是"黯然如梦"。

当大家将目光停在"回顾无言"与"黯然如梦"这八字上，我却转睛至"碰头"两字。翁同龢曾练过磕头操，"每夜必在房行三跪九磕头五次乃卧"，技术是练得很精的，故其"磕头"，他自述是"碰头"，碰头比磕头，力度不烈得多？但他没感到痛，可见操练有功。别误会，我不是说翁同龢奴性入了骨髓，被权力打倒了，还对权力"谢主隆恩"，未免太奴才。

很多人觉得，翁同龢此时，当昂首而去才是，进而当含愤著文章，大力批封建体制，政治家当不成，去当思想家嘛。正朝派当不成，正好去作反对派，很多人正是这么做的。这自然可以赢得思想家的美誉，不过呢，也有疑处：当你正当朝，你当时思想是什么？是因为被打倒了，才做反对派，还是你思想本来如此，倒台之后反过来思想了？倒台之后，你心生恨意，所以对权力谩骂起来？情绪产生思想，还是思想产生情绪？我有个谬论：情绪产生思想，固然不错，但到底还是思想产生情绪，才是正途。以情绪而产生思想，让我怀疑其思想的真诚——若被权力再次招安，再次返聘，你又会如何思想？

叫翁同龢著作揭露慈禧，从此做一个革命家，这太高要求了。翁同龢需要保命哪。翁同龢被打倒后，他对朝廷未放一句厥词，以慈禧来看，翁同龢的政治表现是可以打良好的，甚或还是优秀的；而翁同龢的思想表现，我却只给勉强打合格：翁同龢本来不是情绪产生思想，他有变法思想，是在当权期间就有的，被权力挤下台了，可以当思想家了嘛，他却不当，此后未写过一篇政论，也让人生些许失望。

不过，对翁同龢倒台后的人格表现，或可打高分。翁同龢"余急趋赴宫门，在道右碰头"，也可打高分？这姑且存而不论，若让我说，我有个谬说，翁同龢晓得自己的结局了，没尿裤子，难得；他还磕头，自是奴性惯性与保命潜意识使然，但这里也可作"绅士风度"解，他内心何尝不明白？只是他不变色，也不气急败坏，面临变故，淡定，如常处置，难得。"六十年间事，凄凉到盖棺，不将两行泪，轻向尔曹谈"。

翁同龢开缺回籍，他不再过问政治，"获谴家居后，自号五不居士，并谓一不穿公服，二不会客，三不写字，四不入城，五不写信"。内心或是蛮苦的，"蜷伏故里，惟每日必诣衙门，签名报到，以符地方官管辖之意"，却自个霸蛮，尽力把日子过得逍遥些，游山啊，玩水啊，访僧啊，寻道啊，虽有不写字等五不以自律，但，"晚年间复作画，亦格老气苍，非同凡近"。尤见其当政风骨的是，他当政时节真没贪，"晚年罢官家居，薄田数顷，不足供家用"。家中米缸，青黄不接，"岁暮大困"，年都过得不景气。翁同龢也未曾假借"死老虎"余威，去索食物——他当过那么大的官，官场还是有人的嘛！翁同龢官场确实有人，"闻其贫，相率酿资托昭文孙雄寄献"，这个孙某，本来也是翁氏提拔的，却将大家的捐款兜自己袋子了，"既得资，尽干没之，不以告同龢"。

翁同龢被打倒，时世情尽显，其性情也见。他字写得蛮好，但不卖字，一代帝王师，宁过苦日子，不卖老脸。他也不再问政，却"生平好作诗歌"，也是好玩，"随手取乱纸起草"，并不作存世想，"后被家人窃卖，剩缣零绢，散在四方，枉费心血，不能成集矣"。翁师傅性情落拓，书生气蛮重的。

## 翁同龢的推荐书

做官即是做脸。老汉我原以为做官得用心，错大了，做官不用心，得用脸。虎脸狗脸菩萨脸，活脸死脸大花脸。不会做官的，一生一张脸；会做官的，一秒三变脸。做官功夫全在脸上。有人比较过晚清张之洞与翁同龢，张氏做官，常做牛肉脸，对谁都爱理不理，对待同志也有如秋风扫落叶，一代枭雄袁世凯提了百年老窖来拜访他，他眼眯了呼呼睡了（袁待多久，他睡多久，袁走了，他醒了）。翁师傅大不同，大官小官名士明星，到得他府上，翁师傅都是嘻嘻嘻嘻一脸笑，脸色开满鲜花，对待同志们有如春风一般温暖（对群众是不是这样？这个没去考证），蛮有阶级感情的。

"翁则一味蔼然，虽门下士无不答拜，且多下舆深谈者。"说的是翁师傅做官，极会做脸，终日里微微笑，谁提一件玉雕去，他会往你兜里塞一包烟打发你走；路上碰到你，翁师傅会摇开车门，向你晃晃手，或竟然下车，握着你的手摇晃半天……如此这般，你不感动死去？

翁同龢做官，是脸在做，还是心在做？这个不太好说。判断领导对你脸好还是心好？表情好，是表好还是情好？最终体现在常委会上，他给不给你提名。他给你提名，纵使平时骂你猪、骂你猪仔，也是好。比如李鸿章，他要提拔你之前，定然把你骂崽一样骂一顿饱的。他不给你提名，纵使他平时喊你爹叫你爷，也谈不上好。比如李林甫，每次提拔前，他都透口风给你：这次，其他人我都不提名，单提你；到了常委会上，其他人，他都举手赞成，独对你提了反对票。

　　当然，翁师傅做官，既非李鸿章口剑腹蜜，也非李林甫口蜜腹剑。他有他的做官法。他推荐人，主要是看领导意图，领导漏出心意来，属意谁，他赶紧去考察，赶紧写推荐书；若领导没这意思，他当然也会推荐人，非重要岗位，领导放权的岗位，他也乐意安插一个几个门下士。但一方要员与六部九卿一把手及其他重要人士安排，翁师傅必然看领导，领导眼一眨，他扒开领导眨眼的人；领导眼一开，他推荐领导开眼的人。

　　领导眨眼开眼，一定是领导意思？这个谁也把握不准，领导眼本开着，恰好一只飞蛾进眼，领导就眨了一下，你说领导是属意还是不属意？这般情况也是蛮多的。不过，这个也难不倒当官的，他们做官老油子了，对付领导也是有办法的。

　　"康有为未捷前，伏阙上万言书，大谈时政，又著《新学伪经考》以惊鄙儒，一时王公大人群震其命，以为宣尼复生，遂呼为康圣人。礼闱既捷，声名愈大，虚声所播，圣上亦颇闻之，将为不次之擢。"翁师傅侦知，领导意图初露，打算下一次常委会议议人事安排，提拔康有为。翁师傅赶趟儿，先期去考察，走了程序，然后亲自写推荐报告，"具折力保"。报告对康有为赞颂有加，水平特出，能力超强，见识高迈，才干卓著……好词语都用上了。

　　康有为真个那么德才兼备，德为才首么？官场用人，千年来都是强调德才的，只是才字容易见，是骡子是马，拉去遛遛，可知。而德呢？鬼才晓得呢。德是最容易装的，才是难装下去的，偏偏呢，领导口号喊得凶，才与德，首先要德。康有为才怎么样？好像可以，他上过"万言书"哒，他写过《新学伪经考》哒，其德怎么样？给人之德打评语，是十分危险的事。贤臣定性奸臣，挨天下骂；奸臣判定贤臣，领导以后问责起来，追究连带责任，脑壳何处摆？

　　这也难不倒翁师傅。翁师傅写了一大串优点，然后呢，"既虑人他日或有越规"，便在推荐书上给康有为戳了几笔："人之心术，能否初终异辙，臣亦未敢深知。"在推荐书的结尾，翁师傅"乱曰"道："才胜臣十倍，恐其心叵测。"这里插句话，翁师傅在"叵测"下，画了个圈，圈边牵了根线到页底——"恐皇上不解'叵'字"，搞了个词语解释，"叵测者，不可测也"。这解释若搁雍正，翁师傅当有杀头之虞：你欺领导不懂这词语？但翁师傅是光绪老师，他以前没教过光绪这词，故又当了一回帝王师，再过师爷瘾。

翁师傅将人一分为二，起意在两面讨巧。前句想告诉康圣人感恩，你是我推荐的；后句想预防光绪帝追责，康有为若出问题，也不干我事。翁师傅笑脸做官，脸色对人都好，其心是否终日嘻嘻笑的？

许劭评曹操，许了十字：治世之能臣，乱世之奸雄。曹操听了，喜滋滋的，脸上心上都挂着笑。翁师傅十字论康有为，康圣人却是如何？他感恩翁师傅推荐之恩么？他恨不得杀了翁师傅。康圣人"知保折后加之词，引为大恨，疑常熟（翁是江苏常熟人，故称）从旁沮之，不去此老，终难放手做事"。此后，康圣人一逢机会，便是排挤打压翁师傅，欲去此老而后快，"乃于上前任意倾轧，极口诬罔。德宗忠厚仁弱，虽明知其所许过甚，竟不能正色折之"。

王伯恭曾作《潘翁两尚书》，记了他曾与潘祖荫一次酒后言。潘祖荫与翁同龢是老朋友，穿开裆裤就一起玩泥巴的，按理可以输心，用不着做脸的："吾于彼皆同时贵公子，总角之交，对我犹用巧妙，他可知矣。将来必以巧妙败。"翁师傅对康有为和光绪帝，确是巧妙用事，两面讨巧，最后两面都不曾讨乖。康有为未把翁当恩师，反是当了仇敌；光绪帝到出事时，也没给翁师傅免责：康有为后来遭通缉，翁师傅不也被解了职？

用人考察报告与推荐干部书，都以为最好写的，说的也是，阁下给干部堆砌好词语不会堆么？找本"吉利好词"书，抄就是了。翁师傅那时撰推荐书，写了优点后，要写缺点，当时没这规定，他给人做好事，不送全人情，末尾要给人戳一笔，最后好心没得好报，也是自讨的。如今撰干部考察报告，有规定呢，既要写优点，又要写缺点。天，缺点怎么写？我曾奉命给人写过，优点三千字，文不加点一挥而就；轮到写缺点，我是三十字都凑不出。翁同龢给康有为戳了"恐其心叵测"，不曾招来一车物送府上来，而是招来一车来撞命，我可在三千字的好词语后面加"蛮好色""或贪贿"等吗？我后来请教了前辈，解了这难，写些"学习抓不紧，工作太认真"之类啊，OK，没谁用车来撞我——翁师傅会讨巧，终究没我师傅水平高。

# 世间已无阎敬铭

阎敬铭与官文的警卫团长，并无直接利害冲突，面熟是很可能的，还可能一起在饭局上喝过酒，有过往而无过节。阎敬铭与警卫团长直接冲突上了，不为亲不为邻，不为友不为朋，单为正义与国法。在阎敬铭看来：叔要亲，舅要亲，正义更要亲——不是所有人都是你叔你舅，但所有的正义都是你的正义；爹要敬，娘要敬，国法更要敬——不是所有人都是你爹你娘，但所有的国法都是你的国法。这其中道理是，很多钱你未必有份，但人类的良知你都有份。这是说，很多事情与你无直接利害关系，却多半与你有直接正义冲突的——假如你心中富有正义感的话。

官文是湖广总督，大清对百姓不咋的，但对官员是特别爱护的，表现之一是，安排了一个建制团来保护他。这团长长得好，有仪仗队员风姿。官员位置上了档次，生活自然随着级别而烂了，官文无例外地糜烂得很，他权力通吃、男女通吃,"某弇者,文恭之娈童也。文恭宠之甚,令带卫队,且保其秩至副将"。虽在警卫团团长岗上,却宠之甚,也如知县进知府常委班子,将这团长级别升为副少将。

这某弇级别高升,人品却下降了。"一日,率亲兵数人闯入城外居民家,奸其处女"。这黄花闺女是老百姓,职位自低,操守自高,哪里肯?"女哭詈不从",他叫士兵捉的捉脚,捆的捆手,旁边还安排一排警卫,挡死少女之爹之娘近门,光天化日,众目睽睽,将民女奸了。畜生哪有半点人伦?奸了之后,丧尽天良,将少女杀了,扬长而去,"某以刀环筑杀之而逸"。

阎敬铭开始并不晓得这事,没谁来找他。他与少女家毫无瓜葛,八辈子关系都打不着,少女家想烂脑壳也想不到来找他。阎敬铭其时是官员,在官文手下干事,分管财政财务,本来如斯官员,眼中只有利的——管财政都是管钱的嘛。没想到他心中还有义,他听了这消息,晓得了这事,气不打一处来,虽然这事与他无直接利害冲突,他不必来冲突,但他认定:这事与他有直接正义冲突,他就抱定决心来冲突了。

阎敬铭晓得,这人伦丧尽的团长被提拔,是官文提的名,他不找这团长,他要找就找背后首长,"文介闻之,震怒,立上谒督署,索某弇惩治"。官文晓得阎敬铭是犟脾气,将这团长交出来,哪有好事?这团长若正法了,其龙阳之癖也无着落了,官文立意保护某弇,"文恭匿之",匿在哪里?匿在其床铺里。

阎敬铭打探了犯罪嫌疑人藏身处,"有顷,文介晋谒",越公安局局长位,来领导家里要罪犯。官文当领导当惯了,撒谎也撒惯了,张口就是谎话,打发人应付阎敬铭,说领导生病了,这事改天再研究。阎敬铭说:我有非常重要的事,要向领导汇报,如您伤寒感冒,不能见风,那我到您卧室来汇报!

作为无直接利害冲突者,对这等新闻,局外人要表达其良知,在网上匿名发个帖，骂骂某弁，喊喊口号，就算不错。就官家人阎敬铭来说，他不在新闻发布会说：干部强奸民女？没这回事。那也已是很不错了。怎么说官文也是阎敬铭的直接领导，他来搞这次无直接利害冲突，实际上，就是来与其直接利害领导来直接利害冲突，你跟领导叫板，你还要不要吃财政饭？你还要不要戴帽子？你是哪根筋不对？你是想进监狱，还是想进地狱？

官文发话：我病了，你回去吧。这话与这事看上去不沾边，其实是很有官术含量的话，这话说的是，官文对其男妾兼卫队司令犯事，已表明了领导态度：要保身边人，不保老百姓。作为下属的阎敬铭只需将领导这个意图贯彻执行，无须他说。官文给阎敬铭来质问领导给了台阶嘛：我病了，你体贴我吧。

阎敬铭如若就此打道回府，不再过问这事，也算有正义感的公务员了。但阎敬铭倔上了。好，你领导病了，好，既然领导有生病日，那肯定领导有痊愈那天，我就在这，等领导贵体康复。官文打发贴身侍卫传话给阎敬铭，阎敬铭也叫侍卫传话给官文："然则中堂病必有痊时，俟其痊，必当传见，吾久居此以待可也。"

阎敬铭来首长家搞静坐了。官文也不性急：这是我家，在这我有吃有住，你阎敬铭固然可以喊快餐，你晚上睡哪里？官文不理阎敬铭，由他静坐，他在自己家里，跟你耗得起，打得起持久战。阎敬铭一个人枯坐在官府门口，眼见天色渐黑，官文在里面欢笑：看你挺得到几时。阎敬铭也笑了，他对属员说：你给我车里拿床被子来。他再交代属员说，叫你嫂子别等我回家睡觉，我今天明天后天，都给首长祈福，给首长守门，在这睡了，"吾即以司道官厅为藩司行署矣"。

这真是一场正义持久战，"凡卧起于官厅者三日夜"。官文首先憋不住，他轮流打发其他要员来规劝阎敬铭，"文恭嘱司道劝之归署"，阎敬铭回答干脆，领导不交出罪犯，不为百姓伸张正义，他绝不回家，"必不可"。来跟阎敬铭游说者，说了很多典故，也举了很多新闻，说跟领导斗，没一个有好下场的，不是将穿小鞋，就是将掉帽子掉小命，"二公譬喻百端"，阎敬铭没吓着，"文介终不屈，誓不得某弁伸国法不止"。那受害百姓，跟阎敬铭一点关系也没有，阎敬铭却不顾帽子脖子，不顾身家性命，为之如斯上访。这真还前不见古人，后不见来者，大清人民没听说过"全心全意为人民服务"，却见到过这样的人。

下属跟领导斗法，居然领导认输了。官文先举白旗，"文恭无所为计，乃自出相见，出即长跽，文介岸然仰视不为动"。领导跪腿，下属昂头，这景致你见过？下属再怎么国法在手正义在胸，也难得见领导向下属低头吧。我们却见了阎敬铭创造了这人间奇迹。官文跪了则跪了，跪了不算完，还得交出罪犯，"与要约，立斥弁某职，令健儿解归原籍，立启行，无许片刻逗留"。阎敬铭也给了领导面子，不让给官犯抹脖子，但得给官犯摘帽子，就地不正法，就地也该撤职吧。

"文恭悉允诺，乃呼某弁出，令顿首文介前，谢再生恩。"这人出来了，给阎敬铭跪拜了，"文介忽变色，叱健儿执某弁诣阶下，褫其衣，重杖四十，杖毕。立发遣以行"。官文将这人打了个半死，开除公职。国法未曾彻底执法，正义未能完全伸张，最少，官员犯法，再无资格异地为官去了吧。

我读这段历史，心情是：我对官文毫无敬意，却也不甚太恶感。我觉得吧，官文身为高级领导，对下属如此叫板，居然没使穿小鞋、索小命等恶手段——待阎敬铭睡在官府门口，喊来派出所的，捆他投狱，饿死他，磨死他，然后说他意外死，也不是没经验可借鉴。官文此后据说"益严惮文介，然倚重愈甚"。畏怕他是真的，倚重大概是假的。正如后来官文"密疏保奏山东巡抚"，向皇帝密荐，将阎敬铭推升山东省省长，这也不完全是推荐，而是将他排挤出自己地盘。排挤以推荐方式进行，比排挤以官杀来搞，还是好些吧。所以我对官文居然也没太大恶感了，其心情如刀尔登老兄所言："有时遇到坏事，还可以安慰自己云，以前有过更坏的。不过，这种安慰竟渐不容易找了。"

# 改革生死穴

曾经有位蛮要好（体现要好的标志性事件是：他加了我QQ好友）杂文界朋友，对我说：慈禧是最伟大的改革家。当时我的认识没跟他保持高度一致（他是意见领袖，似存领袖自居意头：既然他确定了慈禧伟大，别人也必须统一到他的认识上来），跟他顶了一句。您知道的，杂文界人火气来，一言不合则两拳相向，是寻常人文景观；我俩是QQ相连，他无隔山打牛法力，我也无发力千里之外神功，咱俩拳脚功夫无着力处，没打成，只是一言兴谊一言丧友，绝交了。

不是我故意与他顶牛，而是当时我思想落后，不晓得慈禧搞过什么改革，何来认同慈禧的伟大？现在我多翻了些故纸，虽然还是无法认同慈禧是伟大的改革家，但也晓得慈禧在社会某些层面上做过一些改革，而且是正能量的改革，一些改革算是成功的，譬如，慈禧推进过财务会计改革。改了，革了，最少一时也算是成功了。

大家都晓得，大清自始到终，社会有个主要矛盾，是满汉之争，满人入主中原，满汉易势，当年被压迫的，转瞬成了压迫的。大清对汉族由此设大防，设置了权力二元制，比如六部尚书里，设了两领导，一位满尚书，一位汉尚书，但满尚书是皇权一把手，汉尚书是行政一把手，权力差别是蛮大的。大清在岗位安排上，也是坚持满权不放松的。地方机关大权力（不含军权），主要是两个，一是人事权，一是财务权。大清这两项大权，几乎从不旁落，权力都落在满人手，落在满人袋子里，"故事，天下财富汇总，皆北档房司之；而定例北档房无汉司员行走者，以故二百余年，汉人士大夫无能知全国财政盈绌之总数者"。

大家也都晓得，八旗子弟开始是猛汉子，后来成了稀牛屎，怎么垒都垒不起。到了官家N代，便成纨绔子弟，这是历史定则了。八旗子弟到了晚期，几乎是全面溃败的，不但是那些绿营兵，而且机关里头那些公务员也都是烂得不能再烂，权力都要一把抓在手，能力一点出不了手，坏透了。曾国藩书生带兵，救大清于既倒，重新扶稳了清王朝，是何等喜事？但到户部来报销军费，那些会计啊出纳啊，非要宰一把大的。看大清历史，比他朝不同，财务类的会计与出纳，易于进入我们眼目。左宗棠也遇到这情况，即使是满人鄂尔泰吧，也逃不了这些胥吏大张其口；大清子弟把守财政关口，除大贪外，做账啊，记账啊，算账啊，啥都不会。如户部尚书阎敬铭所说："满员都不谙握算，事权半委胥吏，故吏员势张，而财政愈棼。"大清一笔烂账，大清也就渐渐烂了。

阎敬铭是这次财务改革的操盘手，他的改革力度并不大，幅度也比较小，比如没搞预算改革，更没动皇生财政为民生财政，要说改革，只是竞争上岗，主要是换人，将哪些尸位素餐的官家子弟换下来，让能力强、业务精的顶上去。就这么一个小改革，却遭遇到了空前压力，"而胥吏皆惧失利权，百计阻之"。想一想啊，他们都是什么人？不是尚书的外甥，就是司长的小姨子，不是书记的舅子，就是司令的老相好。平时，领导沾亲带故，要安排子弟与亲属工作，首先要插往油水多的岗位的，在财务中心位置，都是这些既得利益集团，动一个都难，何况要动一个集团！

阎敬铭推行的这场改革，并没胎死腹中，也没半途而废，也不算改革烂尾楼（后来又翻了过来，那不能算是阎敬铭没改成功）。阎敬铭改革决心下得很大，"欲为根本清厘之计，非参用汉员不可"。虽然，阎敬铭收到过要挟的短信，也接到过威胁的电话；有几次，醉驾的车子打醉拳似的向他开来，也被他躲开了生死劫。这场改革到底进行了，岗位给换了人，意外成果还有，财务顺势公开了，"邦计出入之赢缩，至是乃大暴于天下"。国家财政收支及盈亏，纳税人算是有了部分知情权（其实也只是知道个数目，到底用在何处，到底怎么用的，还有雾蒙蒙雨蒙蒙）。

这项改革成功，是阎敬铭之力吗？当然也算，他在初当户部司员时，"夙知其弊"，后来当上一把手，"及为尚书，即首建议"。但主要功劳也应算在慈禧身上，这次改革，汇报材料上写的"在慈禧的正确领导下，取得了改革胜利"，这话不是套话不是官腔，慈禧在这次改革里，坚强领导真是真的。阎敬铭碰到了围攻与阻吓，慈禧说不要怕，有问题我给担着。有一把手强有力的领导与支持，大清财务改革终于成功，"幸是时慈圣眷公方殷，竟从其请"。阎敬铭推行改革，时机选得特别好，他与慈禧关系最好之时，即所谓"幸是时慈圣眷公方殷"，易以他时，换到阎敬铭与慈禧关系弄糟了，那这项改革还进行得下去吗？早就死翘翘了，不但改革早死了，估计连改革者也将死得早。

阎敬铭其貌不扬，"状貌短小，二目一高一低"，但他是干才，慈禧很看重他，慈禧当着文武臣工之面，对他抒过情："吾敬汝德望，在宫中语及汝未尝不以字也。"背着人面，也是一口一声"敬铭"，确乎是"眷公方殷"。跟领导关系好，领导支持他，他也就敢于改革，放手改革，也就成功了（为官有一口诀叫，老大难，老大来了不难）。

"文介长户部数年"，他能推进"其最有力的改革"，确实是时机选得好，若等到他与领导闹翻了，那就百事无成了。机关人事，几无永久情谊，阎敬铭与慈禧关系那么好，最后也闹了个不欢，"文介得政，忽失慈眷"。有人说源自慈禧大寿，要挪用海军军费去修建颐和园，"文介不与款，以此恶而逐之者"；更有人说，慈禧将财权放汉人手，到底不放心，于是安插了一位满族尚书，名为和衷共济，实是潜伏眼线。这满尚书，经常到慈禧面前去挑拨离间，戳三弄四，"朋比而倾文介，所以疙瘩者备至，文介遂以此积失慈眷"。最后，改革者黯然走人，原先下岗的财务人员又陆续恢复工作，已换上去的汉人一个个调往其他岗位，好像什么都没发生，局面复原了。

成也慈禧，败也慈禧，这局面的背后是什么？搞腐败需要全靠与慈禧搞好关系，搞改革也得全靠与慈禧关系搞得好。君以为国朝最大问题是基尼系数？此论恐怕"犹是皮相之论也"，清朝最大的问题可能是"权力基尼系数"。95%的人只掌握了5%的权力，5%的人却掌握了95%的权力——皇帝是九五之尊嘛，其他人都是零五之卑，而这零五的权力里，其他官员又分出了九五（不是有土皇帝一说吗），轮到百姓有多少推进改革的权力？改革都是由权力来主导，权力者却在改革之外。

改革者阎敬铭最后走人，官方给的理由是，"责以'不谙国家体制'"（国情特殊），这是啥国情？国情者，君情也，一人代表一国也。改革要搞顶层设计，就是这意思。要搞顶层设计，首先就要设计顶层（领导哪是容易被你设计的？），才能说得话进，借得权来，推得改革下去。也许小事顺着领导算了，送点小钱，赎买改革权，也是没办法的办法，问题是慈禧要挪用海军军费了，这大的事，还能顺着？与领导搞好关系，一时可，长久难；或此时可，彼时不行，大改革成败（指与领导切身利益大的）全靠领导人品好坏；小改革（指与领导没有或少切身利益的）成败全与领导关系好坏挂钩，这，恐怕是改革的死穴吧。

# 袁世凯的糖衣导弹转弯打

慈禧太后的大公主不是组织编制的人，但升官发财事，若你跟慈禧关系一般般，那建议你去找这位大公主，准没错。大清吏部尚书，算是专门负责组织工作的，但按不成文的规则，能自主安排几个副部级实职岗位，就算抓到了权的（据说有一种权力分赃是：常委都可以推荐一位副职，吏部尚书除了副职外，还可以鼎力荐举一名正职，还要多一个几个指标，就莫想了），而这大公主虽不在吏部位，却可以影响一个几个封疆大吏的升降、去留与沉浮。说是大公主，其实不是慈禧所出，而是他小叔子奕䜣的长女——慈禧与小叔子有过一次联手：慈禧老公翘了辫子，他老公将权力授予肃顺等顾命八大臣，气得慈禧跳脚——权力不送给老婆，倒送给别个，慈禧哪不气的？她就联合了小叔子奕䜣，搞了一次宫廷政变，一把把权力抓到了手，牢牢系在裤带子上，再也没松开。为感谢小叔子，慈禧将小叔子的大女，接到宫里认亲女，封为大公主。大公主11岁入宫，19岁嫁人；嫁人不久，老公死了，她又入宫，陪慈禧打牌、听戏，搞文娱活动，直到慈禧蹬了腿，一直都是陪在慈禧左右的，其能量了得，其他不说，在人事安排上，真比编制内的吏部尚书管用。

举个例吧，岑春煊是比部长级别还更高的官了，岑氏的某个职务，基本上是大公主在安排的。光绪三十三年（1907年），慈禧酝酿人事大洗牌，七大政区八大军区，搞对调搞换班啥的，比如闽督端方与江督周馥对调，粤督岑春煊调云贵（岑也不肯，在广东工作不比贵州强百倍？）。最初人事方案这么确定了，但被这些疆吏将卦打烂了——周馥不愿去福建，慈禧拿得头痛（莫拿村干部不当豆包，别说土皇帝不是皇帝）。方案又变了，其他人重安排，岑春煊也转任川督，岑氏还是不愿去，待在上海玩，不赴任，慈禧最后拍板：岑来京都，当邮传部长。

方案一变再变，变三次了，这下该确定了吧，还不确定，那慈禧雌威何在？慈禧本来想发一发雌威的，却最后还是变了，岑春煊原地踏步踏，继续当粤督。是谁最后这么决定的？当然任命书是慈禧最后圈定的，但官场权力戏比较好看，不在结果，而在过程。岑春煊这次任命，起大作用的是大公主，大公主在给慈禧洗脚、洗澡、捶背、捏颈椎时候，给慈禧进言，夸说岑春煊能力了得，广东情况复杂，非岑春煊坐镇不可："岑某所陈时政，意在力图富强，其策未尝不善……不如仍令在外坐镇，以固国防，俾奕劻等从容整理庶务，太后稍安逸，而国事亦可望治，是两全之道也。"其夸赞岑春煊能干，提高到很高的高度，意谓清朝不可一日无广东，广东不可一日无岑春煊。话说到这高，慈禧直点头，邮传部长位置上屁股都没坐热，二十天后，再调他当粤督去了——今日一变，明日一变，政治在慈禧太后那里，真个是治大国若玩小家家。

人事安排大局定了，干部群众最爱打听的是背后内幕：谁是谁抬举的，谁是谁的人，等等。大清干部都在打听，岑春煊这么安排，是谁在着力气？大家都晓得了，岑是大公主在帮忙，这就引发了大清干群更大好奇心：大公主与岑春煊啥关系？一打听，二打听，都打听不出什么名堂来，网上编故事的便多了。说岑春煊送了大公主好多好多钱，送了几张几张卡；想象力大的，还说岑春煊与大公主某深夜在某某宾馆开过房……网言网语，流言蜚语，到处有小道消息。岑春煊气得要死，逢人解释，都解释不赢：大公主哪是帮我？是害我，害得我要死呢，我想的是去首都当官的呢，谁老想还在岭南瘴疠地支边？

岑春煊说的是实话，封疆大吏当了那久，谁不想到中央去玩一玩？却没想大公主插了一足，搅黄了好梦。那么大公主跟岑春煊有甚仇？也无风雨也无晴，他俩没什么勾搭，也没什么勾当。那么，是不是大公主一片真心为国谋？鬼！若是大清既得利益者都是一切从国家命运出发，那大清哪会灭亡？

大公主在背后操作岑春煊，谁又在背后操纵大公主？袁世凯也。

慈禧先前找岑春煊，要他当邮传部长，岑春煊这下高兴啊。听说慈禧在找他谈话时，还漏了口风，说要给他再压担子，入军机的；这话击鼓传花，传到袁世凯的耳朵里，说是岑当邮传部长只是过渡，慈禧是要他来当直隶总督的，直隶总督在大清所有总督里，权值最大，此时是谁在当呢？袁世凯啊。这位置得腾出来，让与他人，袁世凯哪肯？纵使岑春煊不来抢他这位置，那如传说中的让岑春煊入军机，那也够袁世凯喝几壶的；纵使岑春煊不入军机，就当邮传部长，袁世凯也是如坐针毡，坐不住的。岑春煊是谁啊？他是官场里的屠户师傅。大清有三屠，张之洞叫士屠，专屠士子的；袁世凯是民屠，专屠群众的；岑春煊是官屠，专屠官吏的。官人最怕的是岑春煊。岑春煊上任当邮传部长之前，没到任，就把该部副部长朱宝奎给弄下了台，他屠官是特厉害的。

岑春煊蛮受慈禧器重。当年慈禧仓皇往西安跑，后面并无联军洋鬼子追，慈禧却是跑得飞快，跑得像丧家之犬，惊惊惶惶。一路上官员都跑光了，连弄餐饭都弄不到；而岑春煊却远道奔来，带了一千兵马来勤王，让慈禧眼泪八点掉。若真有洋鬼子后面追杀，纵有十万百万兵马，也顶个屁用，但岑春煊态度好，心好啊，态度决定一切。待慈禧缓过劲来，重主紫禁城，慈禧对岑春煊那个爱啊，爱得如心腹，如果大清只有一个人可以信任，那这人就是岑春煊。岑春煊能屠那么多官（据说被他参劾下位者，上千人呢），现在又任职京都，脚一迈，就到了慈禧裙边，官僚谁愿看到这情景？

岑春煊是慈禧心腹，是慈禧红人，要弄垮岑春煊，泼他硫酸？造交通事故现场？请职业杀手？跑到慈禧身边去说他坏话？皆非良策，说不定都是惹火烧身，别人没倒，自己死得快。您知道的，论官术权术，大清无一人超袁世凯的。袁世凯审时度势，这回他要搞岑春煊路子，他想的是得制造一个炸弹，掀岑之裤子，翻他袋子（看其裤里有无黑金银子），都不太可行。想来想去，袁世凯想的是制作糖衣炮弹，尽说岑春煊好话，夸他德能勤绩，样样都是大清榜样，是大清先进典型。这炮弹制好了，让谁去打为好？袁世凯想到了大公主，大公主与袁世凯也不太亲，也不太故，她哪会听袁使唤？她不会听袁使唤，但会听钱使唤，袁世凯车载斗量，一把砸了一百五十万两银子。大公主也是欲壑，欲壑蛮宽大的，但有了这么多钱，砸了进去，那壑也填了个满实，自然便给袁世凯投弹了。

袁世凯这颗糖衣炮弹，当叫糖衣导弹了。为什么？因为这炮弹会转弯炸人啊，技术不先进的糖衣炮弹，都是一发过去，直接命中目标的。袁世凯却转了弯，糖衣炮弹不向慈禧射，而先射大公主；射到大公主这里，那金子银子先行脱落，落到大公主的裤袋里；然后，那炮弹转个弯，往慈禧那里飞；到了慈禧那里，精确打击，转落到岑春煊头上。嗯，这不是一般的炮弹，而是精确制导的导弹了。果然是一打一个准。

袁世凯这炮弹打了去，岑春煊作声不得。老袁跑到岑老面前，一个劲地讨好卖乖，哎呀，老岑啊，岑老啊，那天老佛爷跟我说起您老，我可是拣尽好话，尽说您好——不是我说您好，而是您真的好（这话当让人最舒服）。袁世凯说过岑春煊好吗？袁世凯回回打诳语，这回真没打："周馥，臣姻家也，人虽忠诚，年力衰迈；粤寇再起，而其地革命党甚多，恐非周馥才力所能控制。"那么，谁有才力可以控制广东革命党啊？岑春煊啊。周馥是袁世凯的亲家，他说周馥能力差，当不了粤督，慈禧听了，蛮高兴的，呀，大义灭亲啊。慈禧对后面那句话，也就容易听进去了，看来袁世凯是耿耿忠心为国谋啊，没带半毫私心哒。嗯，看不到官僚间倾轧的恶习，忠臣哪忠臣。袁世凯这发导弹制作得好，也打得好啊，三弹头的——一弹头，打到了慈禧心坎上；一弹头，打到了岑春煊脑壳上；一弹头呢，打掉了要落自己地盘的小彗星（岑春煊是官员扫帚星），自己这位置保住了嘛，坐稳了嘛。

袁世凯这发导弹打得好，却不算威力大，虽然打了岑春煊一个闷弹，却没将他打个半死，连打晕都没；后来呢，他另制造了一发带核弹头的，一下将岑打残了。怎么打的？有兴趣的，且过天听我下回分解，没兴趣的，自个翻故典去。

# 荣禄的永远有多远

荣禄也算是晚清一大人物，他是个什么人呢？一棺怕难盖定，不过其为政功与过及为人之正面与负面，放诸史评，恐怕只堪二八开（功二过八，好二坏八），这还算是高置他了。"荣禄声名甚劣，新者目为逆臣，旧者指为汉奸，尤以贪渎著称。"撇开新进士人与保皇派人所谓"逆臣"与"汉奸"指称（这两称号，后人最爱翻案），单是贪渎就让荣禄钉在耻辱柱上翻不下案来。

荣禄只能归入历史垃圾堆，这是史评，然而当年的时评却截然相反的。有位做时评的，对荣禄赞颂之至，无以复加："故中国事势，现虽无定，而有一事则毫无疑义者，即吾人当永远记念此明决勇敢之荣禄。"国家还不知道是死是活，是盛是亡，荣禄当以丰功伟绩垂诸青史，居然是"毫无疑义"的，听那口气，好像是华夏地大物博、历史悠久，荣禄是唯一伟大的。不但自个如此认定，这位作家他还代表古人今人甚至还代表所有外国人，要求地球人，都得跟他一起定评荣禄（他老人家定调，其他人在他指挥下唱歌），"其（指的是荣禄）言行可法，无论中外之人，皆当一致"。

荣禄到底做了一件什么事情，让这位报告文学作家兼首席评论员如此烂造顶天高帽子给荣禄戴呢？无他，杀改革耶。

康梁鼓动光绪改革维新，谈不上是大清命根子，却在一定程度上挖了大清权力墙脚，这在大清保皇派看来，这是"满清皇族盲于大计，倒行逆施（词语运用，真是没规矩的，本身是倒行逆施者，却可以用"倒行逆施"去骂非倒行逆施者）、既暴且弱之时，荣禄之先见及勇毅，大有补救于国家也"。荣禄先见是什么呢？恐怕就是告密吧。袁世凯小站练兵，康梁改革派要借重他为改革保驾护航，乃去与虎谋皮，袁世凯当面是点头如鸡啄米，背过脸去，赶紧去报告荣禄。荣禄连夜敲慈禧卧室，将康梁与光绪的全盘改革计划，一一汇报给西太后，使得西太后先下手为强，拘禁了光绪，去追捕康梁，这就是荣禄的先见。

那么荣禄的勇毅又是什么呢？恐怕就是杀人吧，敢于举屠刀，毅然开杀戒，荣禄确乎是"勇毅"的。"太后与荣禄商议处置新党之事，既久，荣禄主严办，谓非如此，则不足以保存满清之国运及名誉。"荣禄是慈禧信任最专的人，"授军机大臣，节制北洋军队，兼握全国政治兵对之权，此等重权实为清代绝无仅有之事，盖太后之信任达于极点"。既是如此信任之臣，那么对康梁新党的处置，荣禄具有相当分值的话语权与执法权。戊戌六君子之死之生，很大程度上取决于荣禄一句话（若是荣禄不愿意杀，而慈禧要杀，估计荣禄一句话说服不了慈禧，得多说几句话），荣禄却是"主严办"的，审理这一案子，荣禄直接插手，"于是谭嗣同等六人，遂由刑部审问，荣禄亦承审，凡康梁预谋太后之事，审问极详"；刑部审案之后，归紫禁城（皇党）判案，"杀六人乃太后亲笔也，荣禄助之"，谭嗣同、康广仁、林旭、杨深秀、杨锐、刘光第等戊戌六君子或死于慈禧之笔，却也算是死于荣禄之手的。

　　从清政府特别是慈禧一人之私来看，荣禄是立了大功的，是一条忠实的走狗（荣禄死后，确也是谥号文忠的）。办了戊戌变法这案子，大清开动宣传机器，连篇累牍给予鼓噪。个别（还可能有一小撮）作家、时评家"识时务为俊杰"，大肆宣扬荣禄保清之功，从《康熙字典》里，搜罗绝妙好词，全往荣禄身上垂挂，好像是一座新坟，让人见不到黄土以及黄土下的枯腐形骸，远远望去，单能见到飘舞的挽幛与彩色的花圈（很多士子，是开冥铺的，确是制作挽幛与花圈的工匠）。因此，就让我们能见到这般歌德体奇文，要求古今中外广大人民群众，对荣禄的"言行"，须"皆当一致"，齐声赞颂，更玩穿越，越过时光，跑到现在，来指手画脚发号施令，指令大家"当永远纪念此明决勇敢之荣禄"。

　　也许迫于压力（也不怀疑有出于衷心的——有立场无立论的媒体也是有的），当时大清的皇报皇刊，都转载了这篇社论，也有些人或许还真是附和了（舆论掌握在大清手里，谁知道真相？），以为荣禄真是国家干城，是挽朝廷于既倒的伟大人物。可是荣禄事迹传到今天，不过是百余年，谁还要他永远活在人民心中？莫说现在，再上溯百年，谁真纪念了他？荣禄是死于光绪二十九年（1903年）的，也许在这一年，有那么几天（可能有七天吧，荣禄官大家大，灵柩摆七天，请道士念经七天是完全可能的），皇家主持追悼会，报上发了一些讣告，让人避无所避要见这个名字，但七天后，待荣禄被"升起来，喔"抬上山之后，估计是没人去纪念他了的。

　　有一个现象确也值得一议，很多人都有一个梦想，叫人民永远纪念他，立志要永垂不朽，这或许是值得鼓励的，但得如何才能达到？孔子、屈原、岳飞等，史上真还有很多人物，让一代又一代铭刻在心，永远怀念，这些人凭的是什么？我不知道谁能流芳百世，但我敢肯定荣禄这些人不可能，单为维护君主权益，单于忠诚一人天下，昧于改革大势，阻滞时代进步，且又既贪又腐的人，尽管级别很高，让报刊歌颂一时，是可能的，但要求人民"永远纪念"，怕是妄想。你可在当年发文件，你可向未来发文件吗？大清向现在做指示，还管用不？大清一亡，荣禄则无人记起。其实像荣禄，用不着等到朝廷完蛋，他若一命呜呼，顶多是其靠山一倒，对于他的一切歌颂，就寿终正寝。反之，清算他罪恶的声音，随其落气而响起。现在看荣禄，他是大功臣，还是刽子手？他是社会进步的引擎，还是时代倒退的绊脚石？花圈纸花褪尽，留给荣禄的，只是一座烂草岗，草岗下面哪有光辉形象？只有一堆腐骨。

荣禄的永远有多远？远在权力落气那一瞬间。荣禄的光环，只在这一瞬，倒是他的斑斑劣迹，却是永远挂在历史账本上，让一些爱翻故纸堆的人，算算他的功过账；其他广大人民、"毫无疑义者"，没一人来"永远纪念此明决勇敢之荣禄"。在这点上，"无论中外之人"，确是"皆当一致"的。

# 是非的摆位

王文韶当过大清百僚长（武英殿大学士），"京师士大夫艳传文勤有油浸枇杷核子之徽称"；油浸枇杷核子是其一称，另有一呼是"琉璃球"。诨名两称，其实同一，琉璃球，滑也，枇杷核，滑也，枇杷核又曾猪板油浸过，"其为滑，殆有不可以方物者"。

慈禧主持了一个什么缩小会（非扩大会），也就那么几人小组会（千万别以为是收作业本的小组会议。会议越小，议题越大；会议越大，议事越小），会议小，会议室自然也小。这里强调会议室，说的是，不用麦克风，蚊音也是雷打冬，如雷贯耳，震耳震聋，这是说，声残只要不是十级，哪怕九级也听得见的。

会上未知何议题，小道消息是，袁世凯转了基因，由忠清之臣拟转反清之帝——这是后来人乱猜想，其实没那大事，接近事实真相的是，这次会议一个议题，是某明星闹绯闻事，他应排明星渣男第几名（您别以为慈禧主持的会，定是国计民生，蛮多是相当八卦的）。荣禄说当排第一，袁世凯说第一绝对够不着，比某人烂糟糟的，多的是。两人各抒己见，莫衷一是，意见相当不统一。慈禧转头问：老王，你怎么看？老王只是笑。慈禧提高分贝八度：王相国，你怎么看哪？王相国仍是笑，"臣耳聋"。王大学士，慈禧尖起喉咙叫：你觉得如何？女人尖叫了，那声音四弦一声如裂帛的。王文韶答：老佛爷，臣"耳聋愈甚"。王公大臣确有耳聋贵恙，更患上遇事性耳聋大病，"有聋疾，而又遇事诈聋"。气得慈禧发恼："你是怕得罪人？真是个琉璃蛋。"王公大臣没恼，仍是一脸笑。

不是王氏大人耳聋，而是王公大臣心滑。"清代官场，无论京官，外官，大官，小官，皆含有枇杷核子性质，未可专谥文勤也。"遇利赶紧追，遇事赶紧溜，遇到好事如猴子抢苞谷，遇到矛盾如兔子被狗撵，阁下比王文韶更甚嘛。

王文韶固然枇杷核子，国有疑难，邦有大事，他还是有点担当的，"然其督滇勘缅甸界物，颇守旧线；戊戌谏孝钦宜称训政，不当称听政；又谓德宗非孩提，不可废朝"。缅甸与大清划国界线，这是大事，王文韶并不耳聋。慈禧要搞垂帘听政，这事大矣哉，都不敢说，王文韶却站出来：老佛爷，您关门训政可以，垂帘听政不好。光绪没穿开裆裤了，可以独当一面了，老佛爷，您就退二线吧，让光绪来亲政。这些话，谁敢向慈禧叫板？王文韶这几回都没当缩头乌龟，而是做出头小鸟，"殆亦临大事不糊涂者欤"。

若说王文韶只是五花肉，只是软骨头，那是冤枉了他，小看了他，他也是硬骨头，是愣头老的。王氏抬举光绪，喂叫喂叫，向慈禧叫板，要让光绪来执政，太岁头上动土，你不敢，他敢。他把光绪抬上台来，他对光绪也不是一味圆融，跟光绪也顶撞，"先是德宗毅然变法，欲模仿赵武灵王胡服故事，衣已制矣，而文勤强聒噪不已"。衣服不仅是一种装束，更是一种政治，大清官人不能换制服啊。朕换了朕就换了，怎么样？皇上，不行不行。光绪性子比较躁的，"盛怒之下，时御用砚台适在几上，遂以砚台飞击之，几中文勤头额"。王氏却还在那里喂叫喂叫的：皇上，使不得也么哥，使不得也么哥。

先别说王氏阻皇上换装对不对。王氏是保守派，保守与激进谁对谁不对？不好说，这回算王氏不对吧，不曾与时俱进，没赶上时代。但他不以皇上之是为是，坚持自己观点，即使虎口也送上脑壳，被光绪操起墨水瓶，飞击他，他也不曾躲避，是一条汉子，非枇杷核子。

"我师常熟翁文恭公之被诬也，满员刚毅与公有宿怨，持之急，必欲置之于死地。"这事算大了，翁同龢与刚毅有矛盾，翁支持变法，属帝党一派，被慈禧废弃。原先与翁公有矛盾的刚毅高兴坏了，可把政敌弄死了，刚毅作死加罪，要将翁公斩草除根，来势何汹汹？翁同龢门下走狗，都跑得鬼影子都不见了，却有王文韶不再耳聋，站了出来，替翁公说话，王文韶敢抱不平，一股正气冲天，非琉璃球可比的。

王文韶是保守派，他保守也算有些底线。"康梁案起，朝议将以公戍边，当时人人皆阿刚意旨，无敢言者"，刚毅其时，权势熏天，炙手可热，又加上慈禧老佛爷正发母老虎脾气，朝议要将支持康有为与梁启超变法的翁同龢流放，没谁敢来放屁，独有王文韶举手发言，我谈个意见："我朝待大臣自有体制，列圣向从宽典，翁某罪在'莫须有'之间，今若此，则我辈皆自危矣。"今天翁同龢被无辜流放，明天被流放的是谁？

荣禄与同僚吵架，王文韶装聋；翁公被同僚陷害，王文韶大嚷。王文韶到底是什么人呢？是琉璃球，还是钢筋板？是枇杷核子，还是硬骨头子？荣禄与人闹，是些宫廷斗之类，这类事有甚是非？没是非，算有是非吧，不过是些小是小非。闹个人待遇，争个人荣辱，闹个人意气，逗个人闲气，这般事情，不用掺和，不用站边，不用去管谁对谁错，不用去管谁对得多，谁错得多，家务事是分不出一二三四的，个人纠葛是弄不清子丑寅卯的。

事情确乎是有是非的，然则有些是非如何分辨？大是大非，必须分出是非来，小是小非，则不用弄明白谁对谁错。诸葛一生唯谨慎，吕端大事不糊涂。家务事，宫斗事，个人事，纠葛事，非国事，非天下事，非治国安邦事，装聋作哑，不与争锋，不见得是坏人坏事，或还是好人好事呢。

是非如何摆放？或者可划个坐标，若将事情是非线作直线，那么，心灵开关线可作横线，事情直线与心灵横线交叉出，交叉而延伸，便是价值观坐标。先把横线摆放吧，你心里将哪些事要摆上面来呢？鸡毛蒜皮，家长里短，这些事当然有是非的，有对错的，这等事是非再大，也是小是非，将小是非当是非，闹得鸡飞狗跳，便是没是非，便是乱是非。"来说是非者，便是是非人"，这般是非人，不招人爱。国事天下事，朝廷大事情，这些是大是非，大是大非，须得旗帜鲜明，立场坚定；在大是大非前，也在装蒜装糊涂，不是庸吏，便是奸臣。

是非之摆放，当有坐标，心灵是横线，是非是直线，横线与直线相合处，便是是非之正负分界点，这点是，大是非要管，小是非不理。小是非放在横线之下，隐起来，无他，只是负价值；大是非摆横线之上，摆桌面之上，摆嘴面之上，摆脸面之上，摆纸面之上，突显出来，这才是正价值。有正价值的是非，当是：是非审之于己，毁誉听之于人，得失安之于素。

横线与直线，摆放位置，自然也是有高低的。横线摆得太低，是非观便低，他人谁长谁短，自个有得有失，都放在心上，是非安置便是高了，这般是非坐标一高，境界便低了。百姓的大事小事，家国正义正气，都放在心上，是非安置要低一点，这般是非坐标一低，境界便高了。横线摆放正位，直线才有正值。

讲是非，是有正负值的，当讲是非而不讲，大是大非不分个曲直，站个立场，你的人格值肯定为负，当打开窗子说亮话才是正值。不当讲是非而大讲，非争个高下，站个队列，你的人格值肯定为负，当人生难得是糊涂才是正值。事物是非观决定人格正负值，人格正负值托付心灵高低线：把小是非门槛抬高些，不讲，少讲，你便是厚道人；把大是非杆子放低些，多讲，大讲，你便是正气者。

王文韶大是非是讲的，中等是非却不讲，心灵横行线抬高了，厚道变成了烂忠厚，老实变成了老滑头。《清史稿》盖他棺论："文韶历官中外，详练吏职，究识大体，然更事久，明于趋避，亦往往被口语。"是非坐标摆得不完全对位，被人物议，也是自然。


# ▌担当先敢当


张之洞与刘坤一，都是晚清重臣，重臣谁重呢，以粗磅来称，同重同重，以天平来称，湖南新宁刘坤一还或重于湖北南皮张之洞。两人都当过总督，刘坤一当过南洋大臣。大清两大臣，北洋大臣李鸿章，南洋大臣刘坤一，江南半壁，都在其掌之中，手掌够大的了。若论重臣之重，两人半斤八两；若论名臣之名，刘坤一输张之洞多矣，世人皆知张南皮，人间无识刘坤一，名实未孚谁可怪？湘南少了笔一支。

不谈名不名的，谈点别的。人总是要有点精神的嘛，那就不谈物质与名位，来谈点精神。史有论，张之洞精神差于刘坤一呢，史说也不是乱说，是有史事支撑的。"惜西后欲废帝，征之洞与坤一意见。"光绪支持康有为与梁启超搞维新变法，慈禧开始并不反对，变就变吧，莫动老娘椅子就可以；变法者，多半是，上要开窗子，下有动椅子的。椅子动到西太后来了，西太后屁股翘翘的，撬动中华大地了，"德宗景帝之初变法也，大忤皇太后，图废立，已阴有代之者"。

家天下动皇帝，可是动国本，太上皇，哦，这回是皇太后，起了其意，也要大臣来支持与拥护。西太后来征求张与刘意见。张之洞态度，一个字，媚。他深刻领会了领导意图，斯时斯际，领导最大意图是换领导，这事，西太后既已提出，可见其内心有多迫切，有多急切，有多紧切。顺其意者，可昌，拥立新主若有功，到新朝则有位。故，张之洞举四手赞成（用手投票外，双脚也举起）："此陛下家事，更问何人。"这话有个典故，唐高宗要立武媚为后，大家都反对，却有李勣"力排众议"，说了一句，"此陛下家事，何必更问外人"。

这是陛下家事不，这是天下大事，算是你家天下之家事，后来却国将不国，家将不家了。大唐有段时间，不姓李，而姓武了。动一国之君，固然是家天下之家事，更也是天下家之天下事。慈禧要把光绪撤换，"中外噤不敢出声，公独传电匡不可"，话说得含蓄与隐秀，却是蛮恳切与坚定，"望太后，皇上母慈子孝，让天下人安"。不换光绪，天下人安；换光绪，天下人不安。

刘坤一用手投票外，也用脚去投票，朝廷调他入京，也是夺其江南半壁大权意思，斯时，若要固宠，当媚西后才是。刘坤一还是说不，他对慈禧换光绪，坚决反对："君臣之义久定，中外之口难防。"据说，慈禧除了征询张之洞与刘坤一外，还征询了李鸿章，李鸿章是脚踏西瓜皮的，他说，这个这个，这个这个啊，听您领导的，建议领导还问问西方诸列强。张之洞顺毛支持，李鸿章模棱两可，刘坤一逆鳞反对，"坤一为国谋者以此，为公谋者亦以此。荣禄悚然变计，于是密谏太后，得暂不动"。刘坤一不为己谋，也不为慈禧家天下谋，而是为国谋，其心可鉴："所以报国在此，所以报公（指荣禄）亦在此。"

换帝风波定，有人比较张之洞与刘坤一政治品质，"固见之洞之软滑，亦以方厚结后党，不愿持异议也"。张之洞骨气大差一筹嘛，刘坤一呢，"乃二人态度如是，故士论称坤一之有守，无愧大臣风节，非之洞所及也"。

坤一为国谋，不为己谋，不为家天下谋，这便是刘坤一担当精神。担当两字，最是难得。逆慈禧，轻则挨训，打入冷柜；中则撤职，打入牢房；重则割头，打入地狱。哪般处置，都是人生难以承受之重，捡最轻的说吧，读万卷书行万里路，从湖南一步步走到京都，当了官，都削尖脑壳，想受宠，想重用，若领导把你撂一边去，好多人都如丧考妣，如夺少妻。更不用说，撤职了，双开了，坐牢了，掉头了。

刘坤一敢担当，不止这一端。山东义和团起，大清原来对义和团"剿抚并用，以抚为主"，后来听说，义和团战洋人蛮厉害，想起要用义和团去打洋鬼子。光绪二十六年（1900年）6月21日，老佛爷以光绪名义，对列强宣战。慈禧宣战，做过甚可行性论证没？没有；做过甚前期准备没？没有；她就是脑回路起火了，脑子烧坏了。

慈禧宣战令，下发全国，让刘坤一等大吃一惊。刘坤一掌管江南半壁，他不想江南亿万百姓，生灵涂炭，不想让万里江山毁于战火，不欲"全局糜烂"，必须"力保江南"，他与张之洞、李鸿章等，抗拒慈禧乱令，与各国驻沪领事商定《东南保护约款》，保得江南半壁得完璧，"庚子拳匪乱起，骄王奸相倾危国家，公力拒矫诏，绥辑远人。会同两湖总督张香寿制军与各国订互保之约，东南半壁烽燧不惊。他日和议告成，旋乾转坤未始不由乎此。是微特外人蒙保全之福，而揢拄危局，国家实深资其功。古所称社稷臣者，惟公当之无愧色"。

国家宣战，当是朝廷最大事，这等事敢于抗命，得多大勇气，弄得不好，不是撤职事，不是坐牢事，不是杀头事，是株连九族事。刘坤一却抗命了，抗得对不对呢？光绪后来评江南互保："两江总督刘坤一秉性公忠才猷宏远……前年近畿之乱，该督保障东南，匡扶大局，厥功甚著，老成硕望，实为国家柱石之臣。"

这里看出，臣子担当，不全是肩膀事，好多官人，肩膀不硬，溜得很，有权，跑来了；有事，跑开了；有禄，争鼎鼐来了；有责，躲茅厕去了，双肩生，本职是担当，他担个鬼，肩膀上的骨头比牛屎还稀下下的。自然，担当是肩膀在担。首先是脑子事，对世界形势看得清，对国内情况摸得明，昏头烂脑，想有担当，也是担当不了的。其次是心房事，担当，为谁担当，为自己，为老婆，为孩子，为家族？为房子，为票子，为车子，为妹子？刘坤一都是为国谋，为民谋，为江山谋，为社稷谋。再次是胆魄事，逆鳞与抗命，素来多悲剧，别以为衷心报国，就能保家保身，有时恰恰相反，衷心报国的，多是糟心丧身的，比干是嘛，岳飞是嘛；倒是诣心奉君的，吃甜的，喝辣的，可以跑红，可以升官，可以发财，可以五子登科。故，担当，自是胆当，得有忠肝义胆，方有担当精神。再次脚跟事，要站得稳，立得定，屁股坐得正，屁股坐歪的，也是太多了，士与仕，双脚站敌人那边去的，屁股坐洋人那边去的，嘴巴歪鬼子那边去的，常常见。刘坤一始终是爱国爱民的，爱中华社稷与华夏江山的。

这里看出，担当不是容易的，得三观正，得五官端，五官端者：脑子清，心子正，胆子猛，脚子定，肩子硬。

# 腐败笼络术

岑毓英是大清之高官，也是大清之高官。前高官说的是，他官阶高，曾任云贵总督，死后追赠太子太傅；后高官说的是，他官德高，为官低调，内敛，清廉，简朴。大清蛮大，大清不清，岑毓英却是好官，好难得。说到坏官气死人，说到好官吓煞人。说破岑毓英，不晓得会不会吓着你。

说岑毓英会吓着你，不是他暴虐，清官必酷吏，有人说，这快是个定律了，其实信不得，清廉又清懿，也很多。清廉是心好，哪会太恶呢？贪腐心坏，才多恶棍。岑毓英吓人，真非清廉即酷，反而是清廉太软。他手下多悍将，动辄杀人，放火，剽掠，越货。对这些悍将，岑毓英何以带队伍？"杨玉科初颇骄蹇"，谁都不服，不服谁管，后来据说服了岑毓英管。岑毓英是不管为管，杨跟护士乱，岑不管；杨下馆子，不付款，岑不管；有回，"尝杀仇，持其头，血模糊，谒公"，岑司令，我杀了人，您怎么着？"意诘责，即为变"，岑司令敢批评我，我就反了反了。岑毓英批评他吗？法办他不？"公笑而释之"。

岑毓英这一声笑，是吓着你，还是暖着你？属下无缘无故杀了平民百姓，他不依法，连批评一句都没，反是"笑而释之"，阁下是打冷战，还是来热血呢？岑毓英待部下，都是宽大为怀，大慈大悲，看上去多美。可怜那位被杨悍将被杀者，也是对他大慈大悲不？"李维述杀人莫敢忤，公惜人勇不深罪。"人命关天，属下乱杀人，岑都不深罪；不是不深罪，浅罪都不罪；不是不浅罪，根本就不罪；不是根本不给罪，反是重用这些大罪。

岑毓英当官，不仅对官好，对兵据说也蛮好。怎么个好法呢？"每克一城，纵士兵取财物。"同志们冲啊，冲进黄龙府，抢个良家女；同志们冲啊，冲尽黄龙府，抢个猛财主；同志们冲啊，冲进黄龙府，抢个侯爵府；同志们冲啊，冲进黄龙府，抢个大致富。岑毓英所领之军，本是兵士，却成兵痞，本是国军，却成匪军。兵匪为兵，对百姓恶，对领导阿，"故士兵乐为效死"。他只要士兵乐为他效死，他不管百姓因他因其士兵而遭死。

岑毓英纵士兵烧杀抢掠，据说自己是蛮清廉的。率部攻城，士兵抢财抢屋，抢女抢物，他自己不抢，士兵给他抢，他也不要。"纵士兵取财物，不以入己"，廉洁得很，廉明得很，廉直得很，廉正得很。好高尚是吧，岑某是高大了，是崇高了，国家呢？百姓呢？个人之高誉，建立在祸国蠹民之上。祸国是，这些国军，抢夺国民，抢劫公民，群众对这个国家是何印象？贼过如篦，兵过如剃，你说，百姓对国家还有多少认同度？若说，祸国暂且是虚的，朝廷腐败，是百足之虫死而不僵，要僵也会过些日子；那么，蠹民却是实的，百姓含辛茹苦，节衣缩食，积累起来的家产，岑军没来，还是自己的，岑军来了，被抢个精光。土豪被抢，还能过活；贫民被抢，明天怎么活？土匪都不大抢底层百姓的呢。

据说，岑毓英是好官，"公状貌奇伟，目光闪闪如岩下电"，本来是一副恶煞像哒，可以以像镇人的，岑却装低眉菩萨，"生平无声色撗蒲之好"，艰苦朴素，"食不兼味，终日赤足芒鞋，履山险如平地，卧木榻不用衬褥"。确乎来了一个好官态势。这好官，对谁好呢？是对官好，还是对民好呢？抑或是对官对民都好呢？判断官好不好，当以待民为标准；待民好，才是真好官，待官好，也许是好官，但待官好待民坏，决然非好官，绝对是坏官。

"纵士兵取财物，不以入己。"岑毓英不贪钱，他贪什么？他要的是官兵服他管，听他话，当他奴，建立他的岑家军，岑家丁。腐败很腐，腐败不败，也是有缘故的，有些官人，把腐败当投名状，下属腐败啊，OK，从此，你不敢不服我？想调皮，御史来，御史操着绳子来了，腐败下属吓蜷了，跪上司膝盖前，抱着大腿：爹，爷，臣妾再也不敢了；臣妾臣妾，臣从此为妾；臣子臣子，臣从此为子。岑毓英当领导，当然也有把腐败当投名状意思，他更把腐败当笼络术，腐败是好处，给你；腐败是福利，分你；腐败是奖励，颁你；腐败是赃物，分你。肥差，你去，是让你多贪；重点项目，派你任指挥长，是让人多贪；首县之区，经济发达之地，任命与你，是让你多贪。你贪你贪由你贪贪贪，我管我管归我管管管。你贪心越大，我管你越紧，纵贪纵腐，就这样成为一种笼络官心之术。

自个不贪，谓之廉；纵人大贪，还可否谓之正？歪吧。或谓，岑毓英自个不贪，还是很清正，很纯种的。清字勉强，正就免谈。纯种？杂毛？岑毓英带兵，岑毓英理政，心思决然是不纯的，内心挺杂的，他心杂要名，他心杂要权，他心杂要爵，他心杂要义，他心杂要官，他心杂要恩，他心杂要他人颂。与众多俗不可耐的贪官比，他不过是少了一杂：心杂要钱。杂七杂八，一般贪官是杂八，他当贪官是杂七。杂七比杂八，不过少了一根杂毛而已。

对官善对民恶，这般官僚，纵容清官，也是坏吏，而且是坏透了的吏。岑毓英有个儿子，叫岑春煊，恰是反之，他也当过大清高官，位至总督，却与其爹大不类，他对贪官是伸手必捉，捉必捉之入狱。大清有三屠，张之洞用财如水，叫屠财；袁世凯杀人如麻，谓屠民；岑春煊劾官无数，谓屠官。岑春煊与乃父岑毓英比，才算真好官。

# 杀臣没杀政

肃顺不是绝好人，也不是绝坏蛋，这厮，好中蛮坏，坏中有好。他贪钱又贪权；他贪，比群里那人到底好些，阁下爬楼，爬到七层楼去看，正发言的，才坏透了。肃顺贪，有些禁忌，比如，满官行贿他，他来者不拒，汉官行贿他，他基本不收，其理由说来也不光明：汉官那支笔厉害。给他贪腐戳一笔，他形象就毁了。到底有怕，有怕就好。

肃顺这厮，说不上好也说不上坏者，满官送钱给他，给钱未必给办事；汉官不送钱给他，不送钱有时也办事。曾国藩没送钱与他，他在皇帝那里常常帮衬曾国藩；左宗棠与满官闹矛盾，满官恶人先告状，要置左宗棠死地，肃顺对皇上说：中国不可一日无湖南，湖南不可一日无左宗棠。若无肃顺这话，左宗棠此龙不出山，早被当蛇给打死，不能有大清中兴，更不能收复新疆。

咸丰死翘翘前，有遗言，指定八人当顾命大臣，其中便有肃顺，肃顺是最八大臣有能耐的，见识高，办事强。能臣都不太喜欢当奴才，肃顺便不喜欢慈禧，怕慈禧牝鸡司晨，对慈禧多有不恭。慈禧是何人哪，心肠狠着呢，权欲大着呢。本来，肃顺是宗室之人，宗室者犯罪，有八不之特殊待遇：不枷、不锁、不侮、不骂、不饿、不渴、不刑、不虐。慈禧狠毒，全取消了这八项待遇。拖他到菜市口吃铡刀。肃顺算硬汉子，行刑路上高喊口号：杀剐爷都不惧，爷只是为家国遗恨千古。到了菜市口，刽子手喊他跪，他不跪，刽子手挥舞刀把，打断其胫骨，他骨立菜市口。

这里要说慈禧了。慈禧出手狠毒，你就晓得，慈禧有多坏。慈禧坏透了，但也有一样好，她狠心杀了肃顺后，她对待肃顺器重的汉官，却并不喊打喊杀。肃门有五子，都是汉官或汉儒，曰高心夔，曰王闿运，曰龙汝霖，曰李寿蓉，曰黄锡焘，慈禧都不曾来追杀。曾国藩也是肃顺那边的，慈禧也没对他兴师问罪；左宗棠也是，左宗棠是肃顺救的，跟肃顺关系铁着，慈禧不曾来斩草除根。

这个说的是，肃顺活着时，其用人方面是，用汉人不用满官。肃顺本满官呢，他对满官很不满，他说满官都是些混账东西，稀牛屎扶不上墙。这个也不是肃顺一个人看法，史上有专词，曰八旗子弟，纨绔子弟代名词，提笼架鸟都在行，行政从军烂糟糟。肃顺用汉人，相当难得，他没私心，算任人唯贤吧，比群里爬楼，看几层楼上那些人好多了，楼上那些人，是任人唯钱的。肃顺坏，坏得有点好吧。

慈禧十个指头，九个是坏的，却也有一个好指头。照我们楼上那人做法是，斩了肃顺，便要对肃顺那边的人，搞清算，一个个赶尽杀绝，慈禧这回，没搞杀人扩大化。杀了肃顺一个，便收手了。不扩大化杀人，算慈禧这回好。更好的是，她没对肃顺用人之政，没搞什么拨乱反正。肃顺用汉官能臣，不是什么乱，是对嘛，不是什么歪，是正嘛。考诸历史，政敌搞死政敌后，不但要对政敌心腹，举屠刀，更要对政敌之政策，来一个全面反动。不但要把颠倒的，颠倒过来，而且要把正立的，也颠倒过来。不对的，是不对；对的，也是不对，不折腾，他就不放手。朝廷之政，最怕的是，人亡政息；更怕的是，人被枪毙，好政策更被枪毙。把人枪毙就枪毙嘛，干吗把政策也给废呢？恶人恶政，当然可杀，恶人善政，干吗杀？

慈禧杀了肃顺其人，却不曾杀肃顺其政，继续重用汉官，曾国藩与左宗棠很少受肃顺影响，汉官之军政大权，都没受影响。这算是慈禧老佛爷，一点点佛心吧。慈禧佛心稀薄，魔心浓重，魔心之中，还残存些佛心，也是好的。慈禧杀了肃顺后，有些恶毒马屁精，起了歹心，上疏要去肃顺家查日记，查诗词，查书信，查出肃党来。慈禧说，这不用，大清有肃顺，没肃党，这才让汉官躲过大劫。汉官依然坐着位置，在位置上竭能。国家用能，不用庸，是国之福。大清本来摇摇欲坠，大厦将倾，因曾左李胡得到重用，也能起死回生，来了一次回光返照，时谓大清中兴。

慈禧好人？若据此以为慈禧是明君，真是老佛爷，那你也是会错了莺莺意，斯时斯际，慈禧地位未稳，她举屠刀，没开机关枪，保权故也。慈禧心性，没影响其权力，她心稍微宽些，若影响她那把座椅，别指望她发善心。比如，康有为等搞戊戌变法，之前，慈禧听人搞，还或支持康梁改革，慈禧曾以光绪名义，下发过改革宣言：要以"西政之本原"，以"补中国之短处"，支持改革，乐观其成。不知她在哪里听说，改革要把慈禧搞下台，慈禧马上露出凶相，到处抓人，磨刀霍霍，屠刀嚓嚓，杀了谭嗣同、康广仁、林旭、杨深秀、杨锐、刘光第等戊戌六君子。

若说慈禧杀肃顺，是杀臣没杀政；那么慈禧杀六君子，是既杀人又杀政：戊戌变法，推行百日，寿终正寝，史称百日维新。慈禧杀心中"恶人"，而不杀其善政，朝廷中兴；慈禧杀心中"坏人"，连其善政也一并杀，大清玩完。

# ▍与敌人共存

王明山不算湘军大将，也算湘军一员少将吧。他是湘潭人，"初隶岳斌营，积功至守备"。后来转队到彭玉麟手下，打仗有智有谋，算个常胜将军，《清史稿》有短传，"明山在军十余年，屡当大敌。江南平，遂不出。光绪中，图功臣像于紫光阁，明山与焉"。

彭玉麟的兵士，多有彭玉麟的气息，这个王明山便如此。"江南平，遂不出"，打江山，不坐江山，先天下之忧而忧，后天下之乐而不乐，这是受彭玉麟之道德影响吧。老彭平定太平天国后，七辞官阶，回家画梅花了。王明山是老彭教育得好，也修出了这般境界，难得。

若无彭玉麟言传身教，这个王明山多半也会当个坏将军。他领兵打仗，常常打领导"眼皮子"下面的仗，甚意思？就是说，领导在场与不在场，不一个样。领导在场，他拼起老命，死里打；领导不在场，他挺起壮尸，睡懒觉。这也不止是王明山如此，湘军蛮多将领都存这般小心思，跟您是一样一样的。

同治元年（1862）五月，老彭指挥了一场大战，"督彭楚汉、王吉、喻俊明、成发翔、王明山从溧州会陆军，攻江宁城西头关，破之"。王明山所部参战，因有老彭督战，战得挺英勇顽强的，战果也辉煌，"入夜，火起，宿苇枯根延烧新茎，燎一洲，寇走出，因袭烧其垒，夺炮数百，斩冠无算"。

这一战是夜战，前方将士死战，后方将领死睡。这个也不必非议，人家是镇定自若嘛，谢安指挥淝水之战，前线炮火连天，谢安安然下棋，大家都夸他有大将气度，胜利者是不受指摘的。王明山指挥倜傥，出师告捷，他睡个懒觉，便是细事矣。"时昧旦初辨色，王明山未起，哨官廖德茂迎候，言明山连夜战，初还坐船，玉麟颔之。"哨官向领导作假汇报，说王司令亲自带领大家夜战，现在回舰队司令部去了。这话给领导打掩护，彭玉麟信了，也就不去督王明山了，开着船，突突突走了。

是夜，廖哨官砰砰砰，把睡得梦里梦冲的王司令喊醒，大传捷报，"明山闻捷喜"，战斗胜利了，谁不高兴啊？王司令不高兴。他只高兴一下下，忽然晴转阴，大骂起来：你们这些蠢猪，谁叫你们打胜仗的？要打胜仗，打得慢一点行不行，打得差一点行不行。你们是吃猪饲料的吧，胜仗，打得那么快，打得那么好，你们真是"诸蠢奴"。

　　诸位以为王司令是在嗔骂？王司令可不是矫情妇女，骂男士坏蛋，是爱男士爱得哭。他是真骂。打胜仗挨骂？当然。何故？"欲急灭长毛，归饿死耶？"你们那么快地想歼灭太平军，是想饿死不？这话怎么说？阁下不理解啊，很好理解的：你们这么快地消灭敌人，我们还要不要活？没有敌人，要制造敌人，敌人存在，我们才存在。

　　"欲急灭长毛，归饿死耶？"这话意思是，当兵就是吃粮，给大清打仗，大清才拨款，拨款才不抠，大把大把军费拨来，咱们才可以吃甜的，喝辣的，闻香的，吞咸的。狡兔死良狗烹，长毛灭湘军亡；便是不亡，你们不被烹，大清也不会给你们烹牛宰羊了。这是一。二，你们那么快歼灭了长毛，很多人不能向上报战功了，不能报战功，就不能升官哒；三，那么快打败了敌人，我们哪里去敌人那里抢东西去？当年打仗，胜利后是要放三天道德假的：三天内，随便抢金银宝贝，随便劫良家妇女。好东西不能一次性吃了，要多做几次吃。

　　不只是王明山这么想的。曾国藩老弟老九曾国荃也是这么想。曾国荃九围天京，自1862年开始打围城战，直到1864年才真正完成合围，近两年呢。合围当然不易，外围有蛮多太平军，然则，真要包围天京，也不会那么难。所难者，剿山中贼易，剿心中贼难。老九心中蛮多贼的。证据是，老九围了天京，久攻不下，他想的土办法与笨办法：挖地道，通天京。挖啊挖，工兵技术不高，眼看挖成，砰，垮了，很多战士便土葬了；挖啊挖，眼看挖到天京城墙下，太平军砰，一声炮，一连一营的战士便火葬兼土葬了。

　　曾国荃攻天京，挖了三十多条地道，死伤数千人。大家急啊，曾国藩也急，纷纷劝他别打地道战了。不打怎么办？非常好办，其时也。湘军分部，李鸿章所建淮军，已是现代化武装力量，有洋枪有洋炮，拉几门炮过来，"大炮开兮轰他娘"（军阀张宗昌诗），然后可以早点"威加海内兮回家乡"。曾国藩曾有意调李鸿章来天京助攻，曾国荃坚决拒绝。干吗呢？天京是太平军首都，拿下天京，立第一功。这第一功不能让他人分享。宁可多死几个人，也不能来一杯羹，一份功。宁可让病毒肆虐，让地方经济停摆，让区内群众生活停摆，也不能让我等企业，让我们公司，让俺这董事长失去立功。发国家劫难财的，蛮多，吃百姓苦难饭的，不少。

曾国荃不让李鸿章来助攻，起心的是功要全得，不可分享；曾军中，还起了另外一心，天京之战，围而不打，打而不胜，是一桩极好事，按王明山说法是，不急灭长毛，便不饿死了。天京被封城了，粮食紧张了，蔬菜紧张了，日常用品都紧张了。天京人们生活好苦啊。你之苦，恰是我之福。曾军中一些脑子开窍的，错了，一些心灵开拆的，便开始与敌人作起了人道主义生意，卖米卖菜卖日用品。观察员们好兴奋的，大夸曾军讲人性有人道。赚钱，赚大钱，他们愿意天天这么讲人性与人道呢。一斤面粉，之前不过一毫银子，现在卖价一两，利润百倍之；一把蔬菜，剁给猪吃，几乎不要钱，卖到封城了的天京去，五十上百一把，这生意好得不得了。您不用邪能量眼睛看我，我又没说假话，清军有个叫何桂清的，围攻天京时候，掌握着一支水师，叫红单船，干的就是这个买卖，送粮送菜给太平军，利润不止百分之三百，有时百分之三千都有。曾国藩气得不行，后来湘军全胜后，参了何氏一本，何某被斩杀于菜市口。顺便说一句，王明山被彭玉麟教育，教过来了；这个何某，怎么教都教不转。

道德是难教转人的，利益转得了人心（何之红单船军，真叛了大清）。三倍三十倍利润，如此如此，这般这般，他们不想让天京城解封了。商家个个喊：天京，要躺平；这些人嘴巴小，更请一些专家（未审价格几何）帮着喊：天京，要与敌人共存。敌人是其老爹，人民倒是其敌人了。

与敌共玩，这些家伙玩嗨了。

# 回头是"暗"

　　教导与教训，是两般截然不同的感受。教导是语重心长，教训是语重心短。曾国藩对洪容海之批牍，是教训，非教导。看起来是好心肝，想起来是恶心肠，恶，言过矣，让人老不舒服是真的："据禀已悉。凡带勇者，声名最关紧要。驻扎之地，能严约勇丁，与民秋毫无犯，则声名从此起矣。若擅作威福，纵勇四处索扰，则声名一坏，人皆避之，万事都行不动。"

　　曾大帅这段话，么子毛病都挑不出。教部将爱惜声名，教部下爱护百姓，这话一点错都没有，政治正确，道德正确，职业正确，思想正确，反正是无比正确，无限正确。诸位就晓得，曾大帅一直干着正确事。领导怎么会有错呢。聆听曾大帅教导，你不能反对什么。不过，洪偏将听起来，心里会毛毛不舒服。这个要从头说起。

　　这个洪某，是安徽无为县人，先前走错了路，跑到敌人那边去了，曾当太平军大将。本姓洪，在太平军那里，改姓童了。洪秀全姓洪嘛，要避洪皇帝之讳，姓名都姓不得，投诚到湘军，才再改姓过来。洪某是猛将，杀人无数，一将功人靠杀人，洪某于是受封"保王"，手下领兵6万，威风凛凛，胜比兵团司令。封了王的嘛。

　　同治元年（1862）夏，洪某本与湘军大将鲍超作战的，突然间，反戈一击，枪口对太平军，向鲍超投诚。敌人要投诚，是蛮好的事，却也是蛮麻烦的事，谁晓得是诈降，还是真降？真降真真是极好的，诈降真真是极坏的。鲍超想了又想，权衡又权衡，觉得洪某真降概率大。太平军天京事变后，将心已散，军心更散，稍有思维与判断力的，都晓得太平军必败无疑。服务于败军，若还不识时务，是蠢货了，要当俊杰，须转队。

鲍超不敢自做主，报告给曾大帅，曾大帅有判断，他相信洪某是真降，"不至再有反侧"，指示鲍超受降。欢喜心生恐惧生。一下子六七万敌人，变成我们这边的，其欣喜为何如？却也让人恐怖，洪某掌握六七万兵哪，若再反复无常，反戈一击，再反戈一击，湘军受不了。曾大帅忧心忡忡，"人数太多，后患孔长"。曾大帅告鲍超，受降可以，只接收二千人，其他士兵，都给遣散。六七万人，只保留二千。再怎么傻蛋，也晓得曾大帅对投诚者的心中所忌，缺乏根本信任。

六七万人，留下来的零头都无，让洪司令基本上变成光杆司令，这个这个，鲍超觉得不太合适。便是朝廷也觉得过分，来了指示，"（洪）真心归顺，不妨酌量多留"。鲍超反复向曾大帅陈情，曾大帅心头松了一下，答应增加接收一千，给洪某五个营编制，洪营起名为"启化营"，营名并不好听，跟赵匡胤给李煜封侯为"违命侯"有一比。

受降工作不太好作呐，鲍超再次向曾大帅相请，曾大帅再也不松口，一来一往，两月有余。当兵吃粮，六七万人所以参加太平军，本来就没什么信仰，不过是脑壳别腰带上，弄口饭吃，现在叫他们回家，他们吃什么呢？曾大帅打发他们的遣散费，每人一千文，折合银子是半两，换算为人民币，一百多二百块，这些钱，连回家路费都少了。洪某有心投诚，部将却是心头起恨，俺们不降了，洪某部下有张得胜与陶子高等，再次反戈，拉走了两万人马。军心再次不稳，朱大椒与黄三元等，叛太平军后，再叛洪容海，也拉走了二万多。洪容海六七万大军，剩下不到一万了。

要说一下，曾国藩对投诚者，不太信任，他对自己人也是不太信任的。平定太平军后，曾大帅为对大清表忠心，解散了湘军。解散湘军，曾大帅个人是安全了，湘军吃饭问题麻烦了：叫他们回家种田，他们哪里还会种呢。湘军大多数，转去了哥老会，哥老会是反清的。可怜这些保卫大清的部队，最后成了反清的力量。曾大帅是理学人，严肃得很，不太爱开玩笑，这个事情上，却开了一个大玩笑。

洪某倒是没再翻盘，他真归降了，威风不再，由兵团司令变成了营团长，曾大帅给了他一个职务是"游击"，游击队长啊。后来职务也升了一次，又一次，上奏朝廷，给他升职为"参将"，为"总兵"，总兵在大清也是司令，只是相当于军分区司令，无甚实职，多是虚衔。

现在回过头来看曾大帅给洪氏的批牍。曾大帅对洪某之教，有错吗？字面上没任何错，思想正确。思想是特别正确，心思却不太正确。名为教导，实为教训；名为鞭策，实为鞭打，每个字都是棍子，打在洪某脑壳，一捆一红印，每句话都是鞭子，打在洪某脊背，一抽一鞭痕。洪某自然知道曾大帅心思，他又能怎么样呢？掩着鼻子吃酸菜吧。像魏征那样，反叛后得到重用的，史上太少了，少至于凤毛麟角。这里，有一个特殊因素，唐太宗是胜利者，而且是一把手，大唐已经那么稳定，魏征再反也反不了了，只能以忠诚而当忠臣了。曾国藩不是唐太宗，他自己都心头惴惴，身家性命，稍有不慎，脑壳可能搬家的。

那么，曾国藩错了吗？"本部堂"没错。曾国藩自己知道自己处理这事上，并不光明正大，但他没办法，他自我辩解："招降之事，古无良策。"历史上对绝大多数投诚者，都是这样，既欢迎又忌讳，他们投诚后，生命是无虞了，生活多半无忧了，不过，想得到重用，那也是想多了，多半是靠边站，弄个闲职，干些闲活，天生其才无所用，用在吃闲饭。

曾国藩们没太错，大错是洪容海们。"人生的道路虽然漫长，但要紧处常常只有几步。"最紧要的是第一步，第一步错了，后来步子走对了，也走得不会太顺了。洪容海若最先参加的是湘军，非太平军，那他人生定然是另一番模样。可是他又如何判断，人生第一步是走对，还是走错？人生第一步是人生第一困局。

回头是岸。洪容海早回头，没被推入大海，他第二步走对了。只是这第二步走得很灰暗了，走得暗淡了。他人生是，回头是"暗"。灰暗也罢，暗淡也罢，第二步也是紧要一步，没走暗道，不是黑暗，不是大好，也是小好。

# 白天巡抚夜晚总督

左公是君子，得罪他，也不用紧张；这里不得罪他，是得颂他。左公者，左宗棠也。鄙人早已不颂圣，一直常颂公。据说杂文人词典里，只许留存批，不许使用颂，谁颂谁就是品质恶劣。鄙人不以为然，偏偏要批也要颂，倒觉得只批不颂的，心思太猛恶，人家做得好，歌颂一下没什么问题，反见心思正常而健康。

左公是值得歌颂的，这里我要歌颂他的是，白天做巡抚，夜晚当总督。

其时也，左宗棠不是巡抚，离总督更远着，他不过是秘书。秘书也谈不上，只是一个幕僚。秘书与幕僚，貌似都做文字工作，差别是蛮大的。打个不恰当的比方，秘书是公办，幕僚是民办，秘书是正式工，幕僚是临时工。湖南巡抚骆秉彰三顾茅庐，三请四拜，三次派了三支队伍去请民办教师左宗棠，到巡抚办去工作，顾茅庐时据说是"甘词厚币"的。

甘词者，显然不是张飞猛子，拿绳索去捆，而是持吉利好言去邀请；厚币者，指定不是给临时工工资，或还是大教授福利，什么博士房啊，什么博士后安家金，什么博导课题费，银子叮叮咚咚响，给左宗棠。左公说不要，这里不是左公不爱金钱，而是左公重人格。左公看来，如果领取工资，那就是骆秉彰下属了，吃人嘴短，拿人手软，便得如小媳妇，便得如小秘书。左公说，工作的要干，工资的不用。拼命工作而不拿工资，阁下心理如果不阴暗，你也觉得左公可赞。收入还是有的。左公入了骆秉彰巡抚，在长沙置了左公馆，费金500两，骆秉彰与胡林翼搞AA，各出一半，给左公买的。

不说钱，说钱真俗。说左公工作吧。左公以幕僚身份在湖南巡抚办，工作真个是废寝忘食，旰食宵衣，全心全意，尽责尽职。国家不可一日无湖南，湖南不可一日无左宗棠。左公能力摆在中华大地，人皆见之，人皆颂之。却是有一样，不好评述，挺不合文秘之制。左公当幕僚，他之当法，前不见古人，后不见来者，现在估计没谁敢对此放什么炮。

嘭，嘭嘭，嘭嘭嘭，左公却大放其炮，在长沙校场，嘭嘭嘭，连放三声大炮。这炮在清朝有专称，叫折炮。折炮是，地方要向朝廷快递奏折，先要整齐队伍，洗手，焚烟，设香案，行跪拜，然后连放三声礼炮，礼毕，快递小哥扬刀跃马，或五百里快驿，或八百里加急，赶往京都送文件。

某日，骆秉彰正在午睡，睡得正酣，猛然听得校场嘭嘭嘭，三声大炮，惊天动地，把他给吓醒了。什么事呢？骆秉彰起得床来，站立窗口，他知道是有人向北，他却找不着北。找不着北，不找了，继续睡吧，把被子拉到脑门顶，蒙着头，睡入梦，梦入芙蓉国。窗外日迟迟，大堂春睡足，他就起来了，去了办公室，左宗棠也恰好在。骆就问：左公，今天折炮响，您向皇上呈了么子折子？我可以瞧瞧不。这时节，左公把存件给了领导。骆秉彰点点头，OKOK，要得要得。

这个发文体制，不可复制吧，没出现复制机的唐宋元明清自然不见有复制，出现了复印机的时代，更不见有谁复制，不是不能复制，而是不敢复制。发文，是有制度的，这制度是，所有发送上级机关的文件，必须领导签字，领导不签发，秘书谁敢发？谁发，脑壳都要给铡掉。一者，秘书不经领导签字，是严重越权，领导权力被剥夺，领导不气得跳脚啊；二者，秘书使个坏，文件参领导一本，领导脑壳也会被领导铡掉。古今文件治国，文件权旁落，那就是治国权沦落他手。木匠皇帝朱由校干木匠活，魏忠贤送来文件，朱头头说：不见我正忙活吗？去去去，你签去。魏忠贤还是朱头头授权的，最后弄得治国大权，都窃在九千岁魏忠贤手上，国家就乱了。

骆秉彰这个文件拟定权，给左宗棠，是合制的。草文者，操也，操心也。领导谁操这个心啊。草文时，领导在搓麻将呢，在搓澡搓背呢。然则，发文时，他是要操心的。骆秉彰也不操心，都拿给了左宗棠去操。这叫什么呢？一，左宗棠能力摆在中华大地上，不用怀疑他；更关键的是，左宗棠品质摆在中华传统美德上，其美德者何？便是信任，"君子信而后劳其民"，领导信任下属，则由下属去干。反过来说也是对的，民若劳须君子信，下属放心干事，须得有领导信任，"以信接人，天下信人；不以信接人，媳妇疑之"。

折炮事，见左公之能，更见两人之信。骆秉彰绝对信任左宗棠，很难得。骆秉彰虽则能力不怎么样，他心灵倒是健康的。左宗棠对骆秉彰，绝对信任，这也是难得的，很多小官僚，一旦大权在手，便徇私，便舞弊，便滥权，便使坏，便打自己小九九，蛮可恶的。而左宗棠却是谋国以忠，奉公以诚，"君子养心莫善于诚，致诚，则无他事矣"。左宗棠，致诚，至诚，便无龌龊勾当，便无宫斗权术，上下级便"无他事矣"。

"同心若金，攻错若石，相期无负平生。"同心若金，左宗棠不只是在骆秉彰幕下是那么攻错若石，光明磊落，人称其是白天巡抚，他曾在张亮基手下也当过幕僚，人称他是夜晚总督。张当总督，延请左公赞襄公事，其时张公已老，人老了，精力有所不济，入了夜，熬不得。张公白天办公，把总督章子拿在手上，到了夜晚，便将关防印信，全交给左宗棠，有什么突发事件，要安排什么干部，乃至夜里要调动部队，都由着左宗棠拿着总督府印信，去办理。这个权力大得很。重点项目，左宗棠给盖了章；人事升迁，左宗棠给盖了章；财政安排，左宗棠给盖了章；军国大政，左宗棠给乱盖了章，贪事腐事，左宗棠给乱盖了章，公家便乱了章法，国家便乱了章法，私心从公章中兑换，只需一念，只需一按。左宗棠手头有章，不乱章，章必有法，章必有方，章必有家国，这章在左宗棠手上，国家因此有希望。

同心若金，信任若玉。黄金有价玉无价。信任如玉比信任如金，更人品贵重，更人间难得。金若碎了，可以重新打制，玉若碎了，不可再复原。温润易冷，琉璃易脆，信任是易碎品，并不坚牢，说一句假话，干一件龌龊事，信任便荡然无存，很难再修复。左宗棠在骆秉彰那里，在张亮基那里，在曾国藩那里，在家与国那里，都赢得信任，赢得天下信任，实实是千古可信之人。

"臣闻为国之基，必资于德礼，君之所保，唯在于诚信。诚信立则天下无二心，德礼形则远人斯格。然则德礼诚信，国之大纲，在于君臣父子，不可斯须而废也。"信，国之大纲；信，人之大格，都不可须臾而废也。

## 曾国藩决裂曾国藩

有人没事干，学魏晋人物搞人物品藻，谈及左宗棠，曰，"湘人胸有鳞甲"；谈及彭玉麟，曰，"老彭有许多把戏"。把戏者，湘方言也，意思是蛮丰富的。小孩玩具称把戏，这个小把戏爱玩小把戏，前者小孩子，后者小玩具；老实老实，门背后耍把戏，大人搞名堂也；躲猫猫叫耍把戏；重复建设弄钱叫耍把戏；街头玩猴，叫耍猴子把戏；客房、厨房、卧房、阳光房，跟美女聊与撩，叫耍把戏；职场人斗法，玩手段，叫耍把戏。"老彭有许多把戏"，据说是李鸿章说的。李是湘军中的皖人，把戏两字说得蛮溜，可见当年，湘方言也是强势语言。

曾国藩也说自己喜欢耍把戏，"我自从己亥年在外把戏，至今以为恨事"。曾国藩此处所谓把戏，与上举语义大不同，非指摆家家、撩妹妹、躲猫猫，非指动心计、玩手脚、施诡计，说的是打秋风、揩油水、蹭酒局以及招摇撞骗与文化挂羊头、弄钱卖狗肉。曾国藩是理学正经人，人称纯儒，自诩正人君子，也耍过这般没脸皮的把戏？耍过，耍得蛮厉害的。

国藩同志耍这般把戏，是在己亥年，去年没耍，后年没耍，何以这年耍呢？这年在其履历中蛮特殊，十年二十年窗下无人问，这年是第三次参加会试，国藩中举了，不，进士了，皇帝赐同进士了。赐同进士，当年好高兴；当了大官后，却是掩面羞，谁说同进士，他跟谁急，说如夫人都不行，昔日龌龊不足夸。

己亥这年，国藩同学春风得意马蹄疾，湖南没马，故，准确说是，春风得意脚丫疾，不是方圆百里，而是方圆三五百里，国藩同学到处跑去了。干吗呢，一者演戏：我成了天之骄子了，唱歌歌，跳舞舞，当地方一号；二者把戏，给人写写匾，挂挂牌，对对联，教教字，然后收银子，收票子，收镯子，收到袋子里，其时国藩同学，不止是收金银，便是干红薯、老南瓜、坛子菜、熏腊肉，大小通吃，贵贱全收。世间所谓十大俗，国藩同学不说占全，少说也占了六七八条：一，腰有十文钱必振衣作响；二，每与人言必谈及进士；三，遇美人必急索登床；四，见到问路之人必作傲睨之态；五，与朋友相聚便喋喋高吟其酸腐诗文；六，与人交谈便借刁言以逞才……

国藩同学本来没钱，他老爹农民一个，家里南瓜子倒有，瓜子金的没有，送他读书送得家里穷得卡卡响，万般皆下品，唯有学费高。国藩同学还好，十多年教育投资，一举科考能回报。己亥这年，刚考中进士，尚没当官，便始有回报了。宗族送贺礼的来了，你一两，我十两，遇到曾家当老板的，三五十不在话下，姓曾的不来？我姓曾的去。国藩同学在己亥年放榜后，几乎走遍附近所有曾姓祠堂与院落，题词啊，对联啊，修谱啊，唱莲花落啊，曾府大佬、曾家族老、曾家姥爷、曾家老板，都要往他上衣四个口袋、下裤两个裤袋，塞些大红包、碎银子。国藩同学曾到衡阳松陂曾氏祠堂，主事者答应送贺礼的，却是言而无信；国藩同学不远百里，亲自去要，衡阳曾氏大概想赖账吧，说八月再付。国藩同学勃然大怒："余盛气折之，祠内人甚愧畏。"愧，确乎有愧，食言自愧；畏，确乎有畏，国藩马上要当官了，得罪官家，不是要处。可是可是，国藩同学啊，这是人家慈善你，并不欠你，你如何盛气折之？耍这个威风把戏，没道理哪。

己亥这年，曾国藩弄钱，耍过蛮多把戏，走曾家是把戏之一，耍这般把戏是弄碎银子；走官家是把戏之二，耍这般把戏才得大包包。他先后拜访了耒阳县令宋凤翔、衡阳县令沈春江、永兴县令邹扬芳、衡州观察费鹤江、新化知县胡廷槐，自然，自己老家父母官严丽生，指定要走的。比如走访武冈，知州杨超任"请酒极丰，又送席"，吃了喝了，还拿了兜了，拿银二十两，一两相当如今人民币三四百，二十两是七八千呢。

走家族，走官族，己亥这年，国藩同学耍尽了把戏。比如当讼师，以进士身份调解士绅矛盾，绅民矛盾，官绅矛盾，绅绅矛盾，绅民矛盾，调解一次，调解费收得蛮高的；还比如，他到处给人写新闻稿、通讯稿、诔墓文与祝寿词，如给宁乡县曾仙舫母亲赚寿辞，收费是二十两，还事先排队，预付稿费。搞有偿新闻与有偿报告文学，到底费脑筋，脑筋费了，来费未必多。曾国藩在这年耍把戏，耍得轻松又来钱的，是去附近步行街、商业街、专业街与专卖街，把进士录取书一亮，老板们眼光发亮，于是递过来亮晶晶、亮堂堂、亮闪闪、亮铮铮、亮光光、亮花花、亮锃锃、亮灼灼的真金白银，给曾国藩同学。有好事者给他算了账，在己亥这年，国藩同学耍把戏，在湖南跑了3000里，弄来的把戏钱能买30000斤猪肉。

当年得意处，移至后来羞。曾国藩进士后，当了官，接受了理学教育，对照修身理论，他想起了己亥那年耍的把戏，脸如桃花红，汗如檐水滴。人家赠钱不赠了，他像叫花子一样去讨，讨钱脾气还蛮大；说好了要与老板建立亲清关系，他建的是亲浊关系；文人搞有偿作文，素来让人不齿，他却干得蛮起劲，蛮得意，以能文章赚钱傲然女文青。想起这些，曾国藩脸上火辣辣发烧，心头羞愧愧生惭。道光三年（1823年），他给其弟写家信，特别后悔当年孟浪：

发卷所走各家，一半系余友人，唯屡次扰人，心殊不安。我自从己亥年在外把戏，至今以为恨事。将来万一做外官，或督抚，或学政，从前施情与我者，或数百，或数千，皆钓饵也。渠若到任上来，不应则失之刻薄，应之则施一报十，尚不足满其欲。

故兄自庚子到京以来，于今八年，不肯接受人惠，情愿人占我便益，断不肯我占人的便益，将来若做外官，京城以内，无责报于我者。澄弟在京年余，亦得略见其概矣，此次澄弟所受各家之情，成事不说，以后凡事不可占人半点便益，不可轻取人财，切记切记。

有说，当年曾国藩实在是缺钱，读书把人读穷了。谁不缺钱呢？没工作缺钱，工作之后不缺钱吗？没当官缺钱，当官之后不缺钱吗？工作后月资五千，离月薪一万，还缺五千呢；年薪百万，离年薪千万的，还缺九百万呢；比尔盖茨，收入万亿了，他离十万亿，隔得蛮远，缺钱缺得很哪。

人人都是缺钱的，时时都是缺钱的。

曾国藩当学生缺钱，当科长缺钱，当巡抚当总督，一定缺钱，缺钱缺口会更大，看看人家知府，三年清知府，十万雪花银，曾国藩当三年清总督，有那么多钱吗？隔得远着呢。那么，要不要去耍把戏弄钱呢？曾国藩当了总督，更有很多把戏可耍，曾国藩不要了。

当年曾国藩没当着讨米乞丐，却当过人格乞丐，回想起来，那是人生之耻。有耻就好。有了羞耻感，人生就有了荣誉感；有了羞耻感，人生就有了人格感；有了羞耻感，人生就有了道德感；有了羞耻感，人生就有了尊严感。曾国藩坚决与过去划清界线，曾国藩官越当越大，要把戏机会越来越多，要得越来越少，他时时在脑壳上置冷水，把念头浇灭，"自誓除廉奉之外，不取一文"。

"苟日新，日日新，又日新。"这里说的是，前日做的是旧自己，昨天做了新自己；今天、明天更应做更新的自己。前日龌龊，昨日湔洗；昨日差多，今日自省；今天进德之我要与昨日缺德之我，割裂、分裂、决裂，便日新、便日日新、便又日新。日日日日新，才能真做日新新人嘛。

## ▌胡林翼去贵州

才与财，同音同调，是造字者乱搞了，被造字者搞乱了。炼得才来为求财，求得财来便是才，才便来财，财便算才。照千里求官之为财造句，是不是可以造一句百年求才只为财？才等于财，用约等于号，都好像不对，把才字弄得太庸俗了吧。也许造字者入世很深，知世太明，词意是完全不同的，字音偏偏读同一个音，也是造字人知人论世，造字知世。

鄙人乱发这个感慨，乃是为胡林翼抱屈。人问，胡公您千里迢迢去贵州为官，为啥？胡公答：千里求官只为才。人家便笑，冷笑，哼哼笑，皮笑肉不笑。嗯嗯，为财啊。不是，是为才。晓得晓得，是为财。对话，没几个对话是使用笔头的，多是使用嘴巴比较多是吧。胡公说是为才，人家硬是听成为财，解释个鬼清楚。

胡林翼去贵州为官，还真不是为财，他是真为才。胡林翼是湘军大佬，与曾国藩、左宗棠、彭玉麟合称为"曾左胡林"四大中兴名臣。胡死得比较早，若假以天年，在曾左胡林四人的排名可能还要靠前。与其他三位起身草莽、鲤鱼跳龙门不同，胡公是"大院子弟"，您也可以叫他是"纨绔子弟"，所谓是"曾起农家，胡称贵胄"，他爹胡达源曾为探花，位列高干。胡公读书便是在京都读的，起跑线比曾国藩高N个档次。

他岳父老子也是大清高官，叫陶澍。胡公曾在外祖父家玩，陶澍见之，"惊为伟器"，岳父当媒婆，把女儿相亲给了胡公子。这里还有一则轶事：后来叫胡公，此时叫胡公子的胡林翼，跟着岳父陶澍到南京，却在岳父眼皮底下，常去秦淮河畔，找陈圆圆与陈扁扁玩。有人告状，陶澍说："润芝之才，他日勤劳将十倍于我，后此将无暇行乐，此时姑纵之。"若评五好家庭好岳父，陶澍当评一个。

胡林翼虽为纨绔，读书却是蛮厉害的，考举人中举人，考进士中进士，还可以说是应届生考的，不是复读生。他考进士是24岁（曾国藩考进士是28岁），算少年得志，想来前途一片光明。然则，他是翰林院，只是闲职，人生被闲置，加上几年后，泰山即靠山陶澍过世了，屋漏偏逢连夜雨，一年后，他老爹也驾鹤西去，他回老家益阳守制，沉了宦海。

守制毕，闲在家里坐吃山空，不是法子，胡林翼再上京都，是过闲曹生活，还是去过才忙日子？再也不能那么过，再也不能那样活，胡林翼也在想，他不能在京都当混日子的京混，他想下去练一手。若是按部就班，副科升正科，正科升副处，难熬。胡林翼当时心灰意冷，很有个叫但明伦的，跟他岳父与父亲都是好友，看到这位青年才俊那么沉沦，心里"捉急"，便想着让他早日振作起来，想到了"按军功捐例"去买个官。大学士潘世恩、卓秉恬与陈官俊，还包括林则徐，都来给他众筹。两淮盐政使但明伦最有钱，出大头，大家一起凑了一万两银子，交给胡公。

一手交钱，一手交帽，这买卖算公平吧？若这算公平，那大清更有更公平的呢：交足了钱，你想去哪里，你自己选。很人性是吧？买官的，花了那么多钱，不让他加倍翻倍三倍五倍七八九十倍赚回来，都对不起买官者。官都是官，钱都是钱，看在官与钱份上，官卖官与官，官不能卡着官不给官。这个便是大清官官逻辑，或者叫官钱逻辑。

胡林翼花了那大一笔钱，人家说了：你想去哪里？去秦淮河畔，还是去岭南沿海？胡林翼去吏部，填去向表，他大笔一挥：贵州。吏部办事人员，眼珠子如橡皮筋吊玻璃弹，吊到桌子上又弹回眼眶里，来来回回弹跳了四回。吏部问：胡公，写错字了吧，贵州之州，应该写成贵都之都吧。不，没错，就是贵州。

胡林翼捐官，要去贵州，让不少人惊落眼珠。贵州风景确乎异美，去旅游可以，去当官不是地方，地瘠民穷，财源枯竭，那么大的投资好难回收。胡公老弟听说了，大骂他傻；更不用说诸位好友，纷纷相劝：贵州乃欠发达地区，挖地三尺，挖出来的是石头，不是玉器，胡公莫非有收藏石头之好？没听说贵州有奇石；还有人跟他说：胡公，你捐官之资，是朋友投资，你不早日回收，如何还款？

胡公不听劝，下定决心，不怕贫穷，坚决要去艰苦地方。胡公说："天下官方，日趋于坏。输金为吏者，类皆择其地之善者，以为自肥计。黔，硗瘠之所，边僻之境也，为人所掉首而不顾者。然兄独有取于黔者，诚以黔之官吏尚能奉上以礼不以货，以礼则知自重，不以货则知恤民，而治理庶几可冀。"胡公这话意思是，官场越来越坏了，花钱买官的，都想扳本，都想选富裕地。我不想，我不想贪贿。我只想去改变一个地方的面貌，千里求官，我不为财，我只想练才，越是艰苦越向前，越是艰苦越历练。

　　贵州不仅地方穷，省情也挺复杂的，尤其是治安，蛮麻烦，别的不说，当时苗汉矛盾，就让人磨脑壳。胡公去贵州，发了一誓："不取官中一钱自肥，以贻前人羞。"胡公在贵州，锻炼十年，历署安顺、镇远、思南三府知府，继补黎平府知府，后又升贵东道。基本是，哪里最艰苦，哪里最麻烦，他就去哪里。穿芒鞋，着短衣，混同于普通老百姓，真混同，不假混同，走村入户，跟百姓同住同吃同劳动，兴教育，表旌节，修水利，移风俗，"用心"而非"用兵"肃匪患，对官人抓得特别紧，禁止官人"上下其手，贪贿受贿"，把贵州治理得如其上任理想，"治理庶几可冀"，不是可冀，而是已冀："民无私谒，案无宿牍。"官风与民风，与之前大变样了。

　　若说去贵州之前，胡是胡公子，那么去了贵州后，胡是胡君子了。曾国藩对胡林翼人格与官格之变，高度点赞："忧国之诚，进德之猛，好贤之笃，驭将之厚，吏治之精，无善不备，无日不新，同时辈流，固无其匹，即求之古人中，亦不可多得。"后来，胡林翼任职湖北巡抚，当了湘军大帅，治下湖北旧貌换新颜，把"天下第一破烂鄂"治理成"天下第一富强省"。

　　胡林翼去贵州，可见其人品高贵，更可见其官品高贵，其人品与官品之贵者，便是其从政理想高贵：不谋求取一块土地，而谋划开辟一方天地。想当土地官的太多，想当天地人的太少。胡林翼自谓："吾等做官如仆之看家，如视主人如秦越之处，则不忠之大焉。"当官是当主人么？不是，是当国家仆人。公仆之称，胡林翼言行一致，践行得很好。

# 附录 答《廉政瞭望》记者问

**《廉政瞭望》记者曾勋（以下简称"曾"）：**这本书描绘了清代官场百态，既颂清官、扬正气，又刺贪官、惩腐恶，激浊扬清，为什么会选择清朝这段历史？

**刘诚龙（以下简称"刘"）：**清朝是中国历史上一个非常特殊的时期，努尔哈赤以十三副铠甲起兵，建立了一个疆域阔大的大王朝，这不是蛇吞大象，算得上是蚂蚁吞大象了。可悲的是，推倒大清的，也不过是一个连一个营的规模。大明已经早腐了，风一吹就可以吹倒不可雕的朽木。大清经过了太平天国、捻军以及与列强的战争，也已经变成了纸糊的江山；其兴也勃焉其亡也忽焉，这里包含什么样的兴亡密码？李鸿章将大清兴亡，呼之为"此三千余年一大变局也"，此言不虚。这不是以前一个朝廷换另一个朝廷之变局，而是整个制度在翻篇，千年封建帝制被结束了，这对中国影响要有多深刻就有多深刻，而更重要的是，人民思想与意识形态也"走向新时代"了。

大清是被谁推翻的？"灭六国者，六国也，非秦也；族秦者，秦也，非天下也。"亡大清者，清也。大清之亡，是他们自己造成的。这个"自己"指谁呢？大清有四万万人，都算"自己"吗？不是。这个"自己"范围没那么大了。晚清郭嵩焘说"本朝则与胥吏共天下"，那就是说，这个"自己"，首先是"本朝"，也便是爱新觉罗家族，其次是"胥吏"，也就是大清"广大干部"。明末清初思想家顾炎武说"天下兴亡匹夫有责"，顾公这话有其特定含义，他要反清复明嘛，官僚多是坐享江山的，要他冒着身家性命去造反，多半不会去的，顾公只好号召"匹夫"们。其实，天下兴亡精英首责，官员要对国家盛衰负起主要责任来——你是治天下的，没能力治，把国家治死了，你说是百姓责任，说不过去。做官好坏与国家兴亡，是有对应关系的；做民好坏与国家兴亡的对应关系，没前者那么大。

清朝离今不远，从读史角度来看，确实是一座富矿。大清官员千千万，大清官员做官法子万万千，贪官、清官、庸官、能官、循吏恶吏、良臣奸臣，组成了一幅色彩纷呈的百官图，确实有料，着实好看。但是，百官做官法，不是我要说的重点，对宫廷斗争，我兴趣不很大，更多关注的是百官其做官，如何去影响一国之兴亡，这才是需要去思考的。

**曾：**你在书中写到，即使是曾国藩这样的朝廷重臣，也免不了为别人题词，拿不到钱还大发脾气，这种官场陋习古已有之，似乎一两个清官不足以改变这种体制性、文化性的弊病。

**刘：**您说的这个是早期的曾国藩。曾国藩中举了，赢得当官资格，他就拿着进士名号，到处去吃大户，去打秋风，人家不给或给少了，他还大发脾气，这与曾国藩理学代表及"曾圣人"形象大不符。但是，这在当时却不是羞耻之事，整个文化都是如此啊，当时的人不以为耻、反以为荣。这好像是历史上有些时期，将"贪"当一种能力。你能贪，说明你有能力；你贪得多，说明你能力强，所谓笑贫不笑娼。历史上很多时期，价值观真乱套了。

这里说的是曾国藩早期事，是不是说，后来曾国藩官当大了，为圣明除了弊事？到了后来，以题词之类手段去弄"灰色收入"、去大搞"陋规"福利这类事，曾国藩确实做得比较少了，甚至是没有了，个人操守树立起来了。但这不意味着他彻底改造了官场，他对官场"潜规则"依然是俯首称臣的。比如湘军剿杀了太平天国后，要向户部报销军费，不管什么名目，哪怕是将士流血牺牲，以户部的潜规则都需要行贿，即给"小费"、给"加班费"。这回，皇帝高兴，亲自批示财政，可以不用户部审批，直接报销。曾国藩高兴坏了。但是，曾国藩先前谈妥的八万两"贿款"，一分钱不少，还是给了户部。这里可以得出一个结论：个人操守难以抵御体制与文化的腐败。

体制往往难改，文化更其顽固。但我还是始终认为，官员个人操守在行政中是起作用的。你若是清官，你若不单是独善其身，而是一批批清官、能官、循吏、良吏，也可以以量变促质变。若好官在数量上超了坏官，能赢得少数服从多数之效应。事实上，曾国藩领导的湘军，腐败有，但不严重。湘军廉洁，这是一个课题，值得深入研究。

**曾**：左宗棠、李鸿章、张之洞这些名臣也相继在书中登场，清朝重臣中，你最敬佩的是哪一位？

**刘**：晚清名臣（也算"奸臣"）、曾任伪满洲国"总理大臣"的郑孝胥曾经点评过大清部分官员：春煊不学无术，张之洞有学无术，袁世凯不学有术，端方有学有术。这个评论指定不对，塞了个人私货，端方算甚"有学有术"呢？这里只是让我们知道：幸运的国家与不幸的国家，做官各有各的不同。在您所说的这三个人中，按喜欢之由低到高，我自个这样来排列：李鸿章、张之洞、左宗棠。

李鸿章自称是大清裱糊匠，他做官确乎是很"糨糊"的，我不认为"李二先生是汉奸"，他在面对列强时，也有其骨气，有其难处。但李鸿章做官，爱搞小圈子，多起用其乡党。李鸿章另一个问题是，他没有超强意志力，做一个承平宰相或许可以，问题是他处于乱世啊，他做不了救时宰相。在与列强的较量中，他往往自输阵脚，仗还没打起来，就投降，就输诚。十四年的抗日战争，赢在哪里？赢在国家与人民的坚强意志。

张之洞最先做的是"清流"，骨子里有一股书生气，是大清末年一位难得的明白人。武汉城市建设，应该感谢张之洞。张之洞的明白，也是有限度的。他任湖广总督，行政上比较开明，搞洋务，发展经济有他一套；晚清时候，湖南成为"新力量"，跟张之洞也是很有关系的，当时湖南巡抚是陈宝箴，改革力度很大，张之洞多是支持的。但对湖南越来越呈现出的"反叛"姿态，张之洞是压制的，对康梁思想在湖南的传播算是"始乱终弃"，他也没能成为救时宰相。

左宗棠在大清乃至在整个"家天下"制度下，是一个异数，是"这一个"。他个性鲜明，为政强悍，是一头闯入"瓷器店里的公牛"。他可不是循规蹈矩的，他做湖南巡抚幕僚，反"臣"为"官"，只有他"搞场"（说了算，做了算），很多材料上报，是没经过首长签字的。左宗棠有很强的个性，更有很强的家国情怀，他跟曾国藩绝交，不是个人之间有私仇，而是对曾国藩甩"清剿乱臣贼子"之担子，大不满，不惜绝交。我们所见到的情景多是：因家仇而结仇的多；因国恨而衔怨的少。很多人是，天大地大不如家大自大，国大朝大不如权大钱大，而左宗棠家国至大，当大赞。与李鸿章比，他有超强意志力，收复新疆事便是一力证。为家国计，曾国藩是打落牙齿和血吞，左宗棠是抬着棺材进新疆，李鸿章从来没有过这种壮举。敢于担当，敢于亮剑，有个人操守，有家国情怀，官场最需要的是左宗棠。虽然他有他的弱点，如在培养官员上，他比不上曾国藩。

**曾：** 你写过一本叫做《民国风流》的书，如果说《大清名相》的属性是"冬天"，那么《民国风流》就属于"春天"，可以看出，你十分推崇民国那一代知识分子。你认为是什么造就了他们的精神和气质？

**刘：**先要说一下，我不把民国当天堂，同样，也不把民国当地狱，民国只是中国历史的一个过渡，它远没有完成它该完成的任务。这个话题宏大，此处不表。

有人说民国如战国，这种比拟主要是就思想的活跃而言的。民国与战国，确有一定可比性。江山不曾一统，朝廷不曾一统，民国好像国家一统，其实不然，如鲁迅所说的，国将不国，国还不国。一是军阀割据厉害，二是国中有"国"（有租界呢），三呢还有一个伪满洲国。国家不幸英雄幸，朝廷不幸文化幸。民国思想界是非常活跃的，一定程度上如战国。但与战国不一样的是，战国时代其思想是内生的，就是在中华版图里自己生长起来的；民国之思想多是外侵的，十月革命为中国送来了马列主义，欧美为中国送来了普世价值，据说民国有各种各样的政党达数百个，各种思想与思潮且多是有命名的，如无政府主义，如新专制主义。思想不一定是对的，但思想碰撞一定是对的。

民国知识分子有特立个性，有独立思想，有自由精神，我更想赞颂的是，他们有家国情怀，有天下担当，不管他们秉持甚思想，不管他们取何反叛姿态，他们都是在为国家前途想，为人民命运忧。而后来的知识分子，更多的是忧职称、忧工资、忧自己的位置，即使他们发宏论，内里也藏着"小九九"，这就是所谓精致利己主义者。民国人，或者思想不成熟，很粗粝，然则再粗糙的利国主义者，也强于与好于精致的利己主义者。

民国士子的成长，与以前大不同——他们既受传统浸淫，也接受外来熏陶，不管他们以多么激烈的反传统姿态示人，其实传统文化已烙印在其基因之中。他们（如鲁迅、胡适）比我们一些对国学推崇备至者，更富有国学底蕴。但他们很多实实在在是喝过洋墨水的，学贯中西，这一点非常重要，植物杂交有优势，能优产，思想杂交也有同样效力，比植物成长更有优势更能优产。

**曾**：知名作家王跃文称你是潜伏在官场的"文学特工"、官场"深喉"，有人说你写的历史好看。你是如何在真实与好看之间平衡的？

**刘**：王主席这个自是谬赞，王主席让人敬重，待人平易，不摆名家架子，对其"领导"下的作者，总是费心又费力，不遗余力"抬举"。我谈不上是"文学特工"，更谈不上"深喉"，谋食官场多年，按我们老家说法是：没吃过猪肉，但见过猪跑。

如何让历史真实又好看，这是一个麻烦事。因为起意让"历史好看"，这就挨过不少人"一顿好骂"，特别是学院派及其培养出来的正雅之士，他们对我那种"爽歪歪"的写法"衔恨刺骨"，但也有很多读者，包括编辑，偏爱这种写法。每个作家，要明白一点，没有一部作品会受所有人喜欢。不要怕骂，不要怕有人不喜欢，你把文章写好就是。

写得好看，并不是乱搞。我常常最感觉脸红的是，文章中有硬伤，若有人指出，感激之余，立刻在电脑里改，以后不误人子弟嘛。我特别看重历史真实性，包括细节。以前喜欢从野史里取材，现在多从正史，但我不是研究历史的，很大程度上，我是借历史之旧瓶，来装我思考之新酒，爬罗剔抉地去考证，惭愧，我用力不够。

历史也是可以写得好看的。第一，历史本身好看，历史上有很多故事是挺好玩的，本身情节十分生动而富趣味，我读历史，对这些故事最感兴趣，纳入文章中的，就是这样"微历史"与"趣历史"，老师有时根本不需要你进行生动性改造，你就觉得好玩。第二，古人注意语言简洁，叙事历史大节，往往省出很多细节，供人发挥想象，以"当代"所见去"复原"历史现场，这就让读者感觉陌生，文学就是要陌生化嘛。第三，我个人偏好，喜欢用"歪一点"的俚语、俗语、网络用语，去描述古人，去"煮"历史。作者不歪，也是读者不爱？自吹下鄙人作文，用词是歪的，用心是正的，虽无能却有梦——梦想世界变得更好。

　　小书《民国风流》后记，题目就叫《把历史写得更好看》，有点长，万多字，此处不引。您若有兴趣，可找来批判。鄙人已站在靶场了，各位，请打靶。

# ▋主要参考书目

1．赵尔巽等撰：《清史稿》，中华书局1977年版。

2．李春光纂：《清代名人轶事辑览》，中国社会科学出版社2004年版。

3．王跃文：《大清相国》，湖南文艺出版社2013年版。

4．（清）曾国藩著，檀作文译注：《曾国藩家书》，中华书局2016年版。

5．（清）曾国藩著，唐浩明编：《曾国藩日记》，岳麓书社2015年版。

6．周玉柳：《向曾国藩学领导艺术》，新世界出版社2012年版。

7．张宏杰：《曾国藩的正面与侧面》，民主与建设出版社2014年版。

8．周玉柳：《左宗棠绝活》，中华工商联合出版社2014年版。

9．（清）左宗棠著，刘泱泱等点校：《左宗棠全集》，岳麓书社2009年版。

10．（清）曾国藩著，姜萌整理：《曾国藩全集》，万卷出版公司2010年版。

11．吴永口述，刘治襄笔记：《庚子西狩丛谈》，中华书局2009年版。

12．李国文：《中国文人的非正常死亡》，人民文学出版社2004年版。

13．眭达明：《清朝秘书政治》，山东人民出版社2013年版。

14．眭达明、眭立：《清朝三大幕》，江西人民出版社2015年版。

15．肖仁福：《李鸿章》，贵州人民出版社2022年版。

16．王开林：《敢为天下先：湖南人凭什么纵横天下》，经济日报出版社2007年版。

17．王开林：《湖南人的境界》，岳麓书社2023年版。

18．王开林：《功名诀：左宗棠镜像》，湖南文艺出版社2025年版。

19．马平安：《中国近代政治得失》，华文出版社2014年版。

20．张宏杰：《给曾国藩算算账：一个清代高官的收与支（京官时期）》，中华书局2015年版。

21．张宏杰：《给曾国藩算算账：一个清代高官的收与支（湘军暨总督时期）》，中华书局2015年版。

22．谭伯牛：《湘军崛起：近世湖南人的奋斗史》，山西人民出版社2009年版。

23．高阳：《清朝的皇帝》，海南出版社1997年版。

24．孟森：《清史讲义》，中国人民大学出版社2012年版。

25．徐志频：《狂澜之下：左宗棠的十张脸孔》，湖南文艺出版社2023年版。

26．阎崇年：《正说清朝十二帝》，中华书局2014年版。

27．李丽：《彭玉麟传》，北京时代华文书局2016年版。